张国臣博士(2002 年)

张国臣考察嵩山少林寺(1982年)

张国臣陪同国家主席杨尚昆考察嵩山文化(1993年)

师生情深
——张国臣向全国人大副委员长费孝通教授请教学术问题(2003年)

张国臣陪同全国政协副主席胡绳教授考察嵩山文化(1994年)

法学传递
——张国臣、张小羽向全国政协副主席、著名法学家
罗豪才教授请教法学问题(2008年)

张国臣陪同最高人民检察院检察长曹建明考察嵩山文化(2009年)

张国臣陪同国学大师文怀沙教授考察嵩阳高中(2011年)

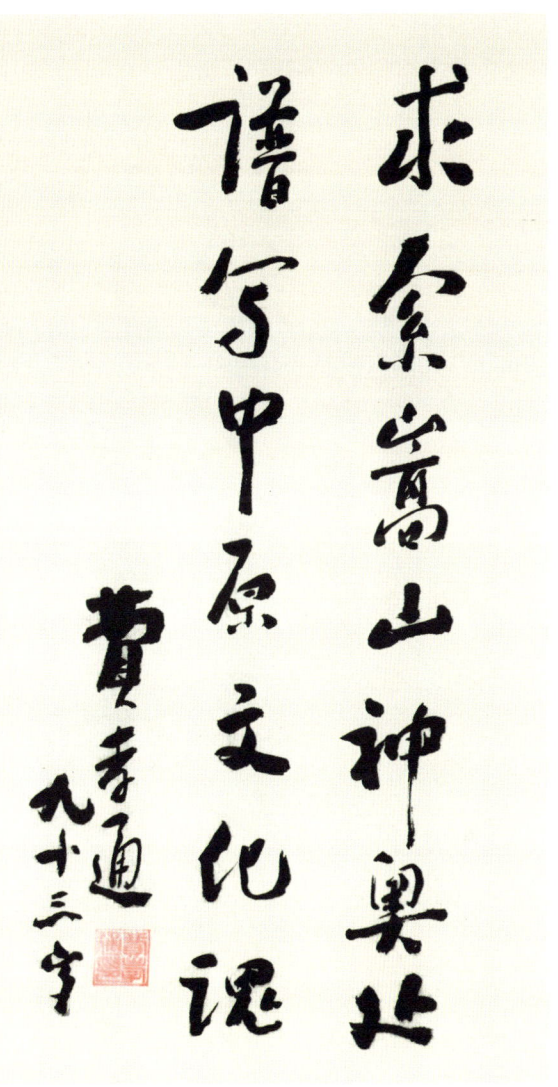

全国人大原副委员长费孝通题赠张国臣"求索嵩山神奥处　谱写中原文化魂"

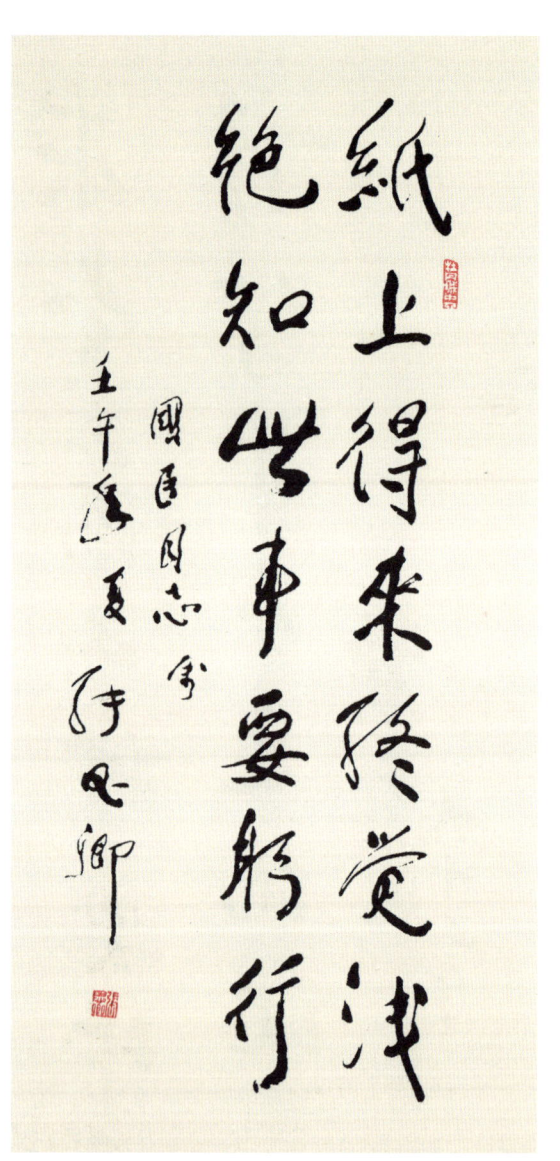

全国政协原副主席张思卿题赠张国臣"纸上得来终觉浅 绝知此事要躬行"

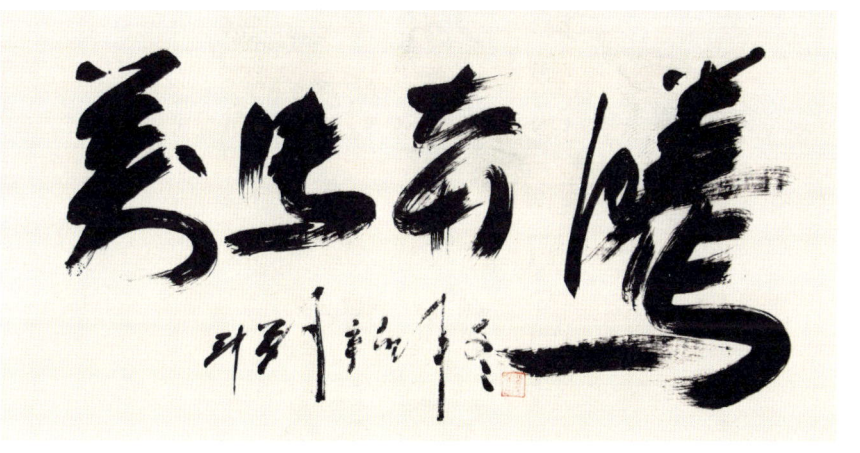

中央军委原副主席张万年题赠"万马奔腾"

中央文史馆员、著名书法家侯德昌教授题赠张国臣
"用先进文化弘扬精神　借秀美山水再创辉煌"

著名国学大师、书法家文怀沙教授为嵩阳高中国臣图书馆题名

中嶽蒼蒼黃河泱泱
仁者之風山高水長

国臣世兄鄧正
二〇一〇年孟冬 楊祥麟

台湾著名书法家杨祥麟教授题赠张国臣
"中岳苍苍黄河泱泱　仁者之风山高水长"

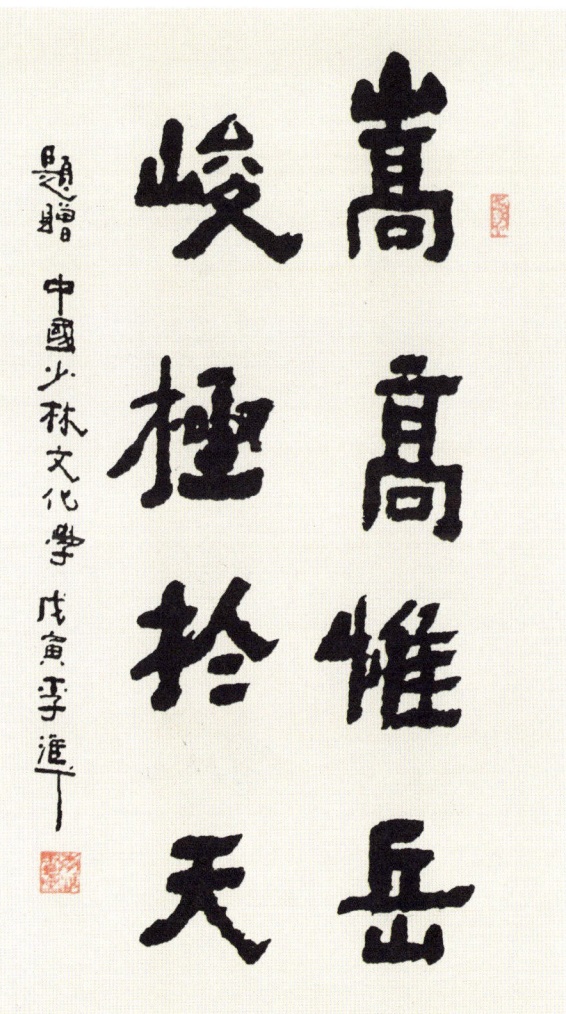

著名作家李凖题赠张国臣"嵩高惟岳　峻极于天"

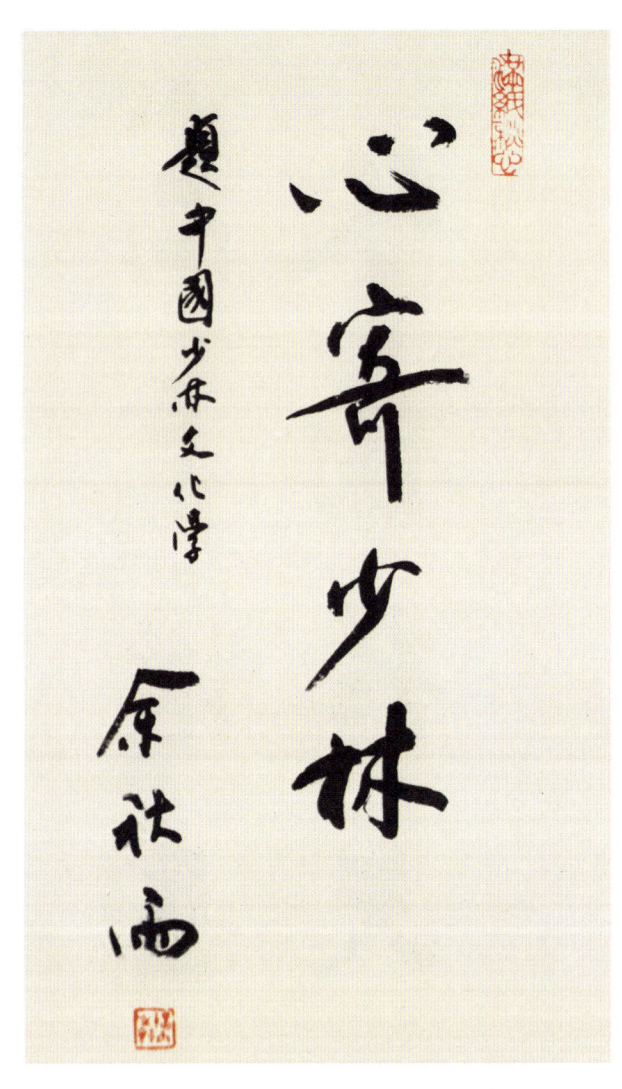

著名文化学者余秋雨教授题赠张国臣"心寄少林"

中华诗词学会原会长、著名书法家孙轶青题赠张国臣
"峰高无际自有山岳　泉流不息终成大海"

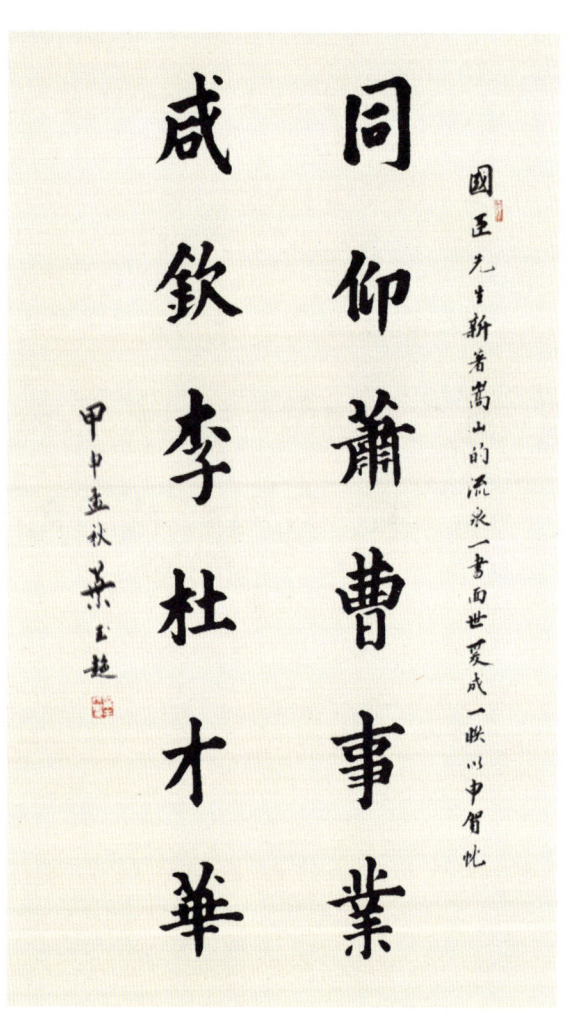

香港著名诗人、书法家叶玉超题赠张国臣"同仰萧曹事业 咸钦李杜才华"

嵩泉的回响

河南省社会科学界联合会　编

河南大学出版社
·郑州·

图书在版编目(CIP)数据

嵩泉的回响/河南省社会科学界联合会编. —郑州:河南大学出版社,2012.9
ISBN 978-7-5649-0862-1

Ⅰ.①嵩… Ⅱ.①河… Ⅲ.①社会科学—文集 Ⅳ.①C52

中国版本图书馆 CIP 数据核字(2012)第 170003 号

封面绘画	王一汀
英文翻译	张小羽
责任编辑	廖尚可
责任校对	陈康迪
封面设计	王四朋

出版发行	河南大学出版社有限责任公司
	地址:郑州市郑东新区商务外环中华大厦 2401 号
	邮编:450046
	电话:0371-86059712(高等教育出版分社)
	0371-86059713(营销部)
	网址:www.hupress.com
销　售	新华书店
排　版	郑州市今日文教印制有限公司
印　刷	郑州市今日文教印制有限公司
版　次	2012 年 9 月第 1 版
印　次	2012 年 9 月第 1 次印刷
开　本	889mm×1194mm　1/32
印　张	13.5
字　数	351 千字
定　价	39.00 元

(本书如有印装质量问题,请与河南大学出版社营销部联系调换)

目 录

嵩山见奇奥　奋笔书华章
　　——《嵩泉的回响》序 …………… 李恩东　杨　杰(1)

第一编　嵩山的圣泉流向四方

嵩山的圣泉流向四方
　　——张国臣博士九卷本《嵩山的流泉》学术研讨会撷英 ……
　　………………………………………………… 侯永胜(3)
张国臣《嵩山的流泉》捐赠仪式暨文化丛书出版研讨会在河南大
学举行 …………………………………………… 史周宾(22)
张国臣九卷新作受好评　《嵩山的流泉》流进河大 …………
　　………………………………………………… 尚　杰(26)
思想深邃　意境高远 …………………………… 梁　静(28)
从政为文有机结合　收获丰硕的典范 ………… 王　耀(29)
嵩山提升境界　流泉润育情怀 ………………… 詹玉荣(33)
一个学者型官员的心路历程 …………………… 张　锐(35)
经济发展的探索　社会管理的创新
　　——评张国臣《嵩山的流泉》 ……………… 程传兴(40)

法制建设理论的思考和创新 …………………… 陈景良(44)
刻苦　上进　坚韧 …………………………… 王家坤(48)
法律人的情怀 ………………………………… 田　凯(50)
嘹亮的启示
　　——读张国臣《嵩山的流泉》………………… 孟宪明(54)
我认识的张国臣 ……………………………… 张志超(58)
勤奋的成果　智慧的结晶
　　——读《嵩山的流泉》有感 ………………… 宋　赞(61)
盛世翘楚　引无数名流唱诗赋文竞礼赞 ……… 林丛龙等(64)

第二编　嵩山少林文化的拓荒者

少林文化学第一人
　　——访河南省委政法委副书记张国臣教授 …… 王衍诗(77)
开发文化资源　提升河南形象
　　——《中国少林文化学》研讨会纪要 ………… 姚　伟(81)
张国臣：苦创少林文化学 ……………………… 桂　娟(90)
嵩山深处考察中华文化 ……………………… 于友先(110)
少林文化研究的重大突破
　　——读张国臣《中国少林文化学》所得录 …… 康　群(112)
评《中国少林文化学》………………………… 林炎志(118)
中国区域文化研究的巨大收获
　　——评张国臣《中国少林文化学》… 李松晨　王德春(120)
岳立天中 ……………………………………… 李庚香(123)
少林文化的大成之作
　　——读张国臣《中国少林文化学》…………… 孟宪明(126)
区域文化研究的一枝奇葩
　　——读张国臣《中国少林文化学》…………… 苏长青(129)

不惑之年的不惑之书
　　——张国臣和他的《中国少林文化学》……… 张鲜明(132)
嵩山仰止
　　——张国臣《嵩山散文三十篇》序 ………… 文怀沙(139)
嵩高惟岳
　　——张国臣《嵩山散文三十篇》序 ………… 廖　奔(142)
嵩山吐翠　翰墨流香
　　——读张国臣《嵩山散文三十篇》………… 张鲜明(145)
诗词嵩山小天下
　　——张国臣《嵩山诗词一百首》序 ………… 二月河(151)
嵩岳万木竞葱茏
　　——张国臣《嵩山诗词一百首》序 ………… 杨匡汉(155)
泉流不息　终成江海
　　——张国臣《嵩山的流泉》总序 …………… 霍松林(159)
人间有好诗
　　——张国臣《嵩山的流泉·诗词卷》序 …… 王怀让(164)
心随朗月高　志与秋霜洁
　　——张国臣《嵩山的流泉·散文卷》序 …… 王剑冰(170)
嵩山：不竭的生命泉源
　　——张国臣《嵩山的流泉·演讲卷》序 …… 关爱和(177)
真情　真知　真实
　　——张国臣《嵩山的流泉·箴言卷》序 …… 二月河(179)
丁冬的泉水象征着春天的到来
　　——张国臣《嵩山的流泉·文学脚本卷》序 … 孟宪明(182)
前瞻的理念
　　——张国臣《嵩山的流泉·理论卷》序 …… 郑永扣(185)
少林武术创新的一大贡献
　　——张国臣《嵩山的流泉·武术卷》序 …… 栗胜夫(190)

思索　追求　奋斗
　　——张国臣《嵩山的流泉·评论卷》序 ……… 王文金(198)
嵩山的眸子　文化的长卷
　　——张国臣《嵩山的流泉·摄影卷》序 ……… 王一汀(200)
《嵩山诗选》序言 ………………………………… 任访秋(205)
《中国艺术之最》序言 …………………………… 靳德行(208)
《中国文化之最》序言 …………………………… 靳德行(211)
评张国臣新著《神奥嵩山》 ……………………… 王　晨(213)
《神奥嵩山》序言 ………………………………… 黎志成(215)
辞章但谱少林曲　画卷多描中岳云
　　——评张国臣新著《神奥嵩山》 …………… 康保成(218)
控告申诉检察工作管理的创新
　　——张国臣《中国控告申诉检察管理模式研究》序………
　　………………………………………………… 蔡　宁(223)
理论的升华　实践的超越
　　——张国臣《中国控告申诉检察管理模式研究》序………
　　………………………………………………… 张晋藩(226)
可贵的探索
　　——评张国臣《中国省会城市治安防范管理模式研究》……
　　………………………………………………… 李良栋(230)
不变的情怀
　　——张国臣《中国省会城市治安防范管理模式研究》序……
　　………………………………………………… 关爱和(233)
攀登嵩山峻极峰的人 ……………………………… 甘子茜(236)

第三编　学习嵩山　感恩嵩山

"嵩阳高中国臣图书馆"揭牌仪式在登封举行 …… 李晓光(247)

张国臣教授向中小学捐书暨图书馆揭牌仪式在登封举行 ………
………………………………………… 登封市委宣传部(250)
传承嵩山文化　提高文明素质 ………………… 连维良(253)
推进文化创新　提升教育水平 ………………… 徐济超(254)
奉献爱心　收获希望 …………………………… 蒋笃运(256)
学习嵩山　感恩嵩山 …………………………… 张国臣(259)
在张国臣教授向登封市中小学捐书暨"嵩阳高中国臣图书馆"揭
牌仪式上的致辞 ………………………………… 王福松(263)
情系教育　催人奋进 …………………………… 刘秋珍(267)
嵩山文化学者向登封中小学捐书 ……………… 徐建勋(269)
嵩山之子　情系家乡 …………………………… 李　岚(271)
研究嵩山　感恩嵩山　回报嵩山 ……… 吴元成　王富晓(274)
做人的楷模　做事的典范 ……………………… 阎振国(277)
平凡之中的伟大追求
　　——嵩山之子张国臣的智慧人生 ………… 辛晓青(280)
国之臣　嵩之子　人之师
　　——嵩山文化学者张国臣教授印象 ……… 李　韬(289)
身体力行践行嵩山文化传统美德　张国臣资助11名贫困学生上
大学 ……………………………………………… 袁建龙(302)
播下感恩的种子 ………………………………… 徐建勋(304)
在张国臣捐助嵩阳高中贫困学生仪式上的致辞 … 张学军(306)
在捐助贫困大学生座谈会上的演讲辞 ………… 张国臣(308)
拳拳爱心 ………………………………………… 王富晓(311)
捐资助学　感动学子 …………………………… 高传伟(313)
爱心接力 ………………………………………… 王富晓(315)
嵩山赤子："天地之中"写大爱 ………………… 吴元成(317)

第四编　嵩山流泉的回响

做劲翔太空的嵩岳雄鹰
　　——张国臣与女儿张小羽的通信 … 张国臣　张小羽(333)
越是漂泊,归属感越是强烈
　　——致张国臣伯伯的一封信 ………… 吴　琬(341)
我的大学生活
　　——致张国臣教授的一封信 ………… 弋鹏玮(345)
圆梦大学
　　——致张国臣教授的一封信 ………… 吴俊青(349)
因为爱,我才在这里
　　——致张国臣教授的一封信 ………… 王亚萍(352)
报恩思人杰　奋进莫闭关
　　——致张国臣教授的信 ……………… 范泽坤(355)
感恩嵩山　感恩母校 ………………… 孙国豪(357)
滴水恩　涌泉报 ……………………… 杨璟璐(359)
感恩与回报 …………………………… 王高雅(361)
这个世界 ……………………………… 陈文婷(363)
唱响心中的绝唱 ……………………… 高丽鹏(365)
高尚无需证明 ………………………… 王文静(367)
学有所成　感恩家乡 ………………… 高　洁(369)
感恩的心 ……………………………… 赵丽丽(371)
向您致敬 ……………………………… 王启蒙(373)
像张国臣同志一样感恩着 …………… 王乐蒙(375)
学会感恩 ……………………………… 韩燕荣(377)
像鲜花一样活着 ……………………… 崔莹达(379)
他教会我感恩 ………………………… 许亚鹏(382)

目　录

滴水之恩	杨一星(384)
心中的明月	翟亚丽(386)
做人,要有一颗感恩的心	张国强(389)
富有的是精神	景晓慧(391)
将文化之火永传	刘　洋(393)
我和你,心连心	
——写给嵩山	王梦迪(395)
嵩山流泉　泽润天中	任世泽(397)
点亮感恩的灯	李菲菲(401)
情系教育　感恩家乡	马雯珂(403)
读《嵩山的流泉》有感	程晨怡(405)
滴水之恩　涌泉相报	范玉玺(407)

后记

情似嵩山　心若嵩泉
　　——学习《嵩泉的回响》体会　　鲍晋选(410)

序

嵩山见奇奥 奋笔书华章[*]

李恩东 杨 杰

嵩高惟岳,峻极于天。

张国臣教授生于嵩山,长于嵩山。巍巍嵩山给了他奋进的动力,潺潺嵩泉润泽着他笔耕的良田,嵩山文化哺育他健康成长!

张国臣教授是著名嵩山文化学者,多年来,他孜孜以求,勤恒精进,锲而不舍,与时俱进,为嵩山"天地之中"登封古建筑群申报世界文化遗产成功作出了理论宣传上的突出贡献,受到人民群众的敬佩和赞扬。本书辑录的文章,就是社会各界对他辛勤耕耘、上下求索嵩山文化精神的评论总汇,内容丰富,文字朴实,题材广泛,图文并茂,从不同侧面勾画出他执著探索嵩山文化规律的心路历程,彰显出他勤奋研究嵩山文化发展的坚毅个性和人格魅力。读了本书,启人心智,催人奋进。通览全书,主要内容可见五个特点:

一、名家的期望。嵩山神奥,雄奇险秀。嵩山文化以其鲜明的风格气派在中华文明中独树一帜。大学时期,张国臣就开始学习研究嵩山文化。参加工作后,他几十年如一日,笔耕不辍,著书立说,先后出版了《中国少林文化学》、《神奥嵩山》、《嵩山的流泉》

---

[*] 李恩东,河南省社会科学界联合会党组书记。杨杰,河南省社会科学界联合会主席。

等文化著作30多部,建立起了"中国少林文化"体系,开创了一门新的学科——嵩山少林文化学。许多名人大家为他开拓创新、执著奋进的精神所感动。全国人大原副委员长费孝通为他题词"求索嵩山神奥处,谱写中原文化魂";全国政协原副主席张思卿题词"纸上得来终觉浅,绝知此事要躬行",寄语他在弘扬嵩山文化的道路上更进一步、再创辉煌;中华诗词学会会长孙轶青题词"峰高无际自有山岳,流泉不息终成大海",香港著名诗人叶玉超题词"同仰萧曹事业,咸钦李杜才华",贺其恢弘巨著《嵩山的流泉》出版;张国臣为中学捐赠图书和图书馆,国学大师文怀沙题写馆名——"嵩阳高中国臣图书馆";台湾著名书法家杨祥麟也题赠"中岳苍苍,黄河泱泱,仁者之风,山高水长",称赞他嵩山、黄河一样的高风亮节和高尚情怀。情之切切,意之殷殷!可以说,这也是对所有热爱文化事业的仁人志士的期望和鞭策。

二、学者的赞誉。多年来,张国臣教授致力于嵩山文化研究,揭示了嵩山文化的博大精深,丰富和发展了嵩山文化的精神内涵,也引起了学界的极大关注。河南省社会科学院、河南省社会科学界联合会、大河报社邀请专家学者举办《中国少林文化学》专题研讨会;河南省社会科学院、河南省社会科学界联合会和河南大学联合举办张国臣《嵩山的流泉》丛书出版学术研讨会。国家新闻出版署原署长于友先教授认为,《中国少林文化学》"在区域文化研究上是一个重大突破",著名文化学者余秋雨评价该书"心寄少林"。省政协副主席、书法家靳绥东说,《嵩山的流泉》让世界了解了历史悠久的嵩山文化和博大精深的中华文化,丰富了国学经典,弘扬了中华民族的传统文化。中国杜甫研究会会长霍松林教授认为,《嵩山的流泉》以宏阔的历史眼光、深厚的文化积淀,真实地再现了时代发展的足迹。河南大学原校长王文金教授以一首小诗"毓秀嵩山接四边,龙光更引凤来旋。九卷甘苦文星胆,解秘嵩山第一篇",深刻地赞扬了张国臣为学的艰辛和研究嵩山文化的丰硕成果及其重要意义。

三、媒体的高评。张国臣教授对嵩山文化的研究所取得的成就,引起了新闻媒体的高度评价。《光明日报》评价张国臣是"少林文化学第一人"。他向家乡登封中小学校捐赠图书和图书馆,用郑州市政府奖励他"弘扬嵩山文化特别贡献奖"的全部奖金和部分工资捐助贫困大学生,河南卫视对此进行了专题报道,《河南日报》以《播下感恩的种子》、《检察日报》以《捐资助学,感动学子》为题进行了报道,《郑州日报》以《平凡之中的伟大追求》、《郑州晚报》以《国之臣,嵩之子,人之师》、《河南法制报》以《嵩山赤子:"天地之中"写大爱》为题专版专题进行了报道。人民网、新浪网、凤凰网、大河网等多家知名网站也在第一时间报道并给予高度评价。善可感天,善为人爱。被他的拳拳爱心所感动,一位企业家也捐助10万元资助贫困优秀大学生,进行爱心接力。这就是爱的力量!

四、赤子的情怀。嵩山是张国臣教授的家乡。作为嵩山赤子,从莘莘学子到著名学者、勤政领导,他时刻怀着一颗感恩的心。谁言寸草心,报得三春晖。他深情地说:"我感恩,是党组织精心培养了我;我感恩,是人民群众养育了我;我感恩,是社会各界的领导、老师、朋友支持了我。"真诚地表达了他内心深处的感动。嵩泉流大海,报恩常思追。他把报效国家作为人生品德的最高境界。他心系百姓福祉,向省委、省政府建言献策,推动建立了郑汴洛三点一线旅游黄金路线,促成了利用国债资金修筑嵩山步道的重大工程;他心系教育事业,推动河南大学与登封市政府联办了河南大学少林武术学院,推动郑州大学成立了嵩阳书院;他心系贫苦学子,把自己的心血之书捐赠给大、中、小学校,捐赠图书馆,资助贫困大学生。这些无不体现了他作为嵩山赤子的高尚情怀,令人感动!

五、学子的感怀。张国臣教授笃信天道酬勤,知识改变命运。

他感恩嵩山、造福桑梓的善举也感动了莘莘学子，而这感恩也化作一股清泉，流向嵩山，流向中原，让年轻人学会感恩，用感恩填满心灵。登封市的中小学生自发地把"感恩"作为"命题作文"来写。高洁同学在《学有所成　感恩家乡》中写张国臣："这是一颗感恩的心……他汲取的汩汩嵩源，如今化成他报答家乡的滚滚恩情；他汲取的嵩山博大之气，如今化作他想撑起、壮大家乡的坚实的脊梁……当你叶落归根时，请带一滴雨露滋润它；当你学有所成时，请携一丝清香芬芳它。"张跃聪同学也动情地写张国臣："追逐心愿的脚步，听风吹过自己心灵的声音，心中那一片属于春天的花田，定然开得卓然艳丽。"

嵩山吐翠，翰墨飘香。《嵩泉的回响》评论集反映出张国臣教授研究嵩山文化数十年的心路历程，也是学者研究嵩山文化发展的重要资料宝库。祝愿张国臣教授在研究和弘扬嵩山文化的道路上取得更加辉煌的成就，书写更加亮丽的华章！

是为序。

2012 年 5 月 1 日

第一编

嵩山的圣泉流向四方

嵩山的圣泉流向四方[*]
——张国臣博士九卷本《嵩山的流泉》学术研讨会撷英

侯永胜

核心提示

张国臣博士是喝嵩山的泉水长大的,对嵩山文化、中原文化的研究取得了令人瞩目的成就。他的九卷本文集《嵩山的流泉》甫经河南大学出版社出版即引起社会的广泛关注和好评。河南省社会科学院、河南省社会科学界联合会、河南大学于2009年12月3日在河南大学举办张国臣《嵩山的流泉》捐赠仪式暨文化丛书出版学术研讨会。与会专家学者认为,《嵩山的流泉》以独特的视角揭示了嵩山文化、中原文化的博大精深和经济社会发展的基本特点与规律,忠实记录了一个在红旗下成长的共产党员在中国改革开放30年中执著追求、拼搏前行的进步足迹。嵩山的圣泉必将流向四方,滋润大地。

与祖国同心　创立嵩山文化学　填补中华文化研究空白

娄源功(河南大学校长、教授):
由河南省社会科学院、河南省社会科学界联合会、河南大学联

---

[*] 侯永胜,《河南法制报》高级记者。该文为侯永胜根据研讨会记录录音整理。

合举办的"张国臣《嵩山的流泉》捐赠仪式暨文化丛书出版学术研讨会"在河南大学隆重召开。我代表河南大学52000名师生员工对各位领导、各位专家的到来表示最热烈的欢迎!

在会议举行之际,我们收到了河南省人民政府副省长徐济超的贺信。

徐济超(河南省人民政府副省长、教授)贺信:

《嵩山的流泉》出版学术研讨会组委会:

欣闻国臣同志《嵩山的流泉》出版学术研讨会召开,谨表示衷心的祝贺。中华文化源远流长,博大精深,嵩山文化是中原文化、中华文化的重要组成部分,国臣同志多年来致力于嵩山文化的研究和传播,积累了跨学科、多领域的学术成果,推动了嵩山文化研究不断深入扩展,把理论创新、人文关怀、法制精神与文化传统结合起来,丰富和发展了嵩山文化的精神内涵。这个研讨会很有必要,对弘扬嵩山文化、中原文化、中华文化具有重要意义。

省委省政府提出,要加快从文化资源大省向文化强省跨越,我们要深入挖掘、开发和利用我省的文化优势,动员各方面力量,不断探索新路子,努力开拓新局面,全面提升嵩山文化的知名度和影响力,为推动中华文化大发展、大繁荣,推进文化强省的建设作出积极贡献。

祝此次出版学术研讨会圆满成功!

靳绥东(河南省政协副主席、书法家):

《嵩山的流泉》文化丛书出版得好!国臣这么多年是在审视中前进,在改革中升华,对于嵩山的感情可以说是成就国臣的嵩山文化研究,或者说嵩山文化学科的一个基础。国臣同志生于嵩山,对嵩山的感情和理解,以及他看嵩山的文化角度,是常人所不能比的。从嵩山走出来的国臣,不仅在成长的过程中成为学习和工作的一个典范,而且能够深刻地领悟嵩山文化现象,把博大精深的中华文化从嵩山这个角度,从嵩山文化的阐释中进一步弘扬,进一步

第一编　嵩山的圣泉流向四方

丰富了我们国学的经典，国臣同志作了非常大的努力！

中岳嵩山佛儒道三教荟萃，是中华文明的发源地之一。国臣同志在这套书里，不管从哪个角度来述说嵩山文化的深奥，实际上都是对中华文化的一种阐释。作为中原，作为中岳嵩山文化，在中华民族特有的行进规律中，是有很多特点可以探索的，是可以总结出中华民族前进的诸多原动力的。《嵩山的流泉》丛书作出了许多可贵的创新和探索。我要祝贺国臣同志在工作之余能有这样大的成就。在会议开始之前我看了许多领导和专家学者对国臣的高度评价，觉得都不为过。

二月河（著名作家）：

嵩山这座山是一座非常了不起的山！为什么呢？它聚天下之众，是河洛文化的中心，河洛文化的中心也构成了我们华夏民族的一个文化之源。河南要建设文化强省、文化大省，就要对我们省里所有的文化、文物进行整理、包装，要进行深入的研究。你看少林寺，是中国禅宗文化的祖庭，从菩提达摩，到二祖慧可、三祖僧璨、四祖道信、五祖弘忍、六祖慧能，在延续发展。印度的佛教已经式微，早已经不行了。那么释迦牟尼是在哪里呢？在中国，在少林寺，在白马寺，少林寺真正的精髓是禅。我们应该对此进行深入的研究。

我今天是有感而发。张国臣是嵩山之子！《嵩山的流泉》丛书九卷出版，是件非常了不起的事。我浏览全书，从国臣老弟对于哲学的理解，对于文化的理解，对于诗歌和人文理想的追求，以及他对自己内心世界这种真、善、美的极端的追求，就是对嵩山文化、对生活的极端热爱。他自己做官做得很好，诗做得很好，文章写得很好，对人生哲学研究得也很好，又会武术，还会摄影，你说这个人还不会啥？我都弄不清了。从本质上说，我觉得应该学习国臣同志这种对于人类善良本心的善愿的追求，以及对于人类这种构建和谐美丽文化的追求、热爱和信念。作为作家也好，企业家也好，作为教育家或者政治家也好，如果具备这种心，那么或多或少，或大或小都会在自己的岗位上做出对人类、对社会有益的事情，为构建我们和谐社会作出应有的贡献。

王福松（登封市委书记）：

《嵩山的流泉》彰显了张国臣同志深厚的文学之基。《嵩山的流泉》全书观点精粹，意境高远，文笔清新灵动，字里行间透射着作者思想的火花和厚重的知识积淀，充分彰显了作者的深厚文学根基。《嵩山的流泉·诗词卷》收录了国臣同志不同时期大量的诗词创作，读国臣同志的诗往往给人以心旷神怡之美感。如《登嵩山》中的"李杜叩嵩门，日照太室林"，描写的晨光就很有诗意，他笔下的嵩山大门是用诗叩开的；又如《月满嵩山》中的"日照红叶红似火，月挂嵩门嵩染蓝"，描写的山色很有画意，他笔下嵩山的颜色是月亮给染上的。还有，国臣同志所著的《雄伟壮观太室山》、《千古名刹少林寺》等嵩山系列散记，构成了一幅宏阔的散文画卷，情深意厚，情景交融。作为一位知识结构丰富、学养精深、视野开阔的学者，可以说，国臣同志为读者提供的不仅是知识，还有自己长期浸润在中华文化中领悟到的智慧。

有一句话说得好："做官是一种大俗，读书是一种大雅，大俗成就大雅，大雅拯救大俗。"国臣同志所著《嵩山的流泉》涵盖了诗词、散文、剧本、理论、演讲、武术、箴言、评论等卷目，从多个层面论述了嵩山的一山一水、一草一木、一风土一人情，种类繁复、化物育人，从多个层面印证了嵩山文化的博大精深。作为嵩山文化研究第一人，他把我们引入嵩山古奇神奥的文化世界，再次使我们对嵩山的文化有了无尽的向往和深刻的把握。

我尽管到登封工作仅仅一年多的时间，但确确实实为嵩山博大精深的文化内涵所折服和震撼，对嵩山文化有了一个比较全面的、深刻的认知。为更充分地利用好嵩山文化资源，打好"嵩山文化牌"，2009年以来，我们登封市委、市政府确立了"文化立市"、

"文化名市"、"文化强市"的发展战略,立足于丰富的嵩山文化资源,打造"现代国际旅游目的地城市",这已成为登封社会各界的发展共识。

因此,我们需要更多的像张国臣同志这样的文化学者、专家加盟,使嵩山文化享誉四海。三百年前,清代登封籍名儒景日昣撰写了三十二卷宗的巨著《说嵩》,详细记述了嵩山的地理风貌、物产人情。今天,登封籍的领导干部中的领军人、文化学者张国臣同志的鸿篇巨制《嵩山的流泉》,使我们从崭新的视角,重新认知了嵩山文化,认识了嵩山文化的更多层面,是对嵩山文化的一次提升,使近年来的嵩山文化研究得到了前所未有的重视,在区域内兴起了一股研究嵩山文化的热潮。

张世军(中共河南省委原常委、原政法委书记、省人大常委会原副主任):

"勤奋是成功之源"。今天参加国臣同志捐书仪式暨学术研讨会非常高兴。我最近在研究做人的道理。人的一生差别无非三点:一是生活质量高一点、低一点,二是寿命长一点、短一点,三是贡献大一点、小一点。人们都在争取生活质量高一点,寿命长一点,贡献大一点。国臣同志写出《嵩山的流泉》九卷就是想为人类贡献大一点,这是所有人奋斗的目标。事实证明,人要有勤奋好学、自强不息的精神,只要有这种精神,就一定能够提高生活质量和身体素质,获得成功的硕果。

靳绥东(河南省政协副主席、书法家):

人生要有目标理想。在大学学习期间,就应该对自己未来的方向,特别是在做学问方面要有一个目标。我觉得目标可能很多人都会有,但是做一生学问的目标在大学真正有的不太多。国臣同志在河南大学中文系读书期间,就为自己未来的学术研究确定了嵩山文化的方向,毕业以后的近三十年来,他仍孜孜不倦地读书,不断地深入到嵩山去考察,不断地到嵩山的乡村田间和百姓中去调研，不断地探讨历史留下来的文物古迹遗存，这种学习研究的执著实是常人难及。更可贵的是他把理论与实践紧密结合，不断进行分析归纳，在诸多文化现象中寻找其规律性，以独特的视角贯穿其系统性，创立了《中国少林文化学》，创新了一个学科，使嵩山少林文化的大旗树了起来。中央电视台已把国臣的10集嵩山文化风光片文学脚本拍摄200分钟向世界播放。可以说这些年来，嵩山以少林文化为代表的，能够为河南争光的禅宗文化、功夫文化，已影响全中国、全世界，我觉得国臣同志功不可没。国臣从上大学期间到现在的这种笔耕不辍、不断去追求卓越的精神，应当作为我们河南人的一种品质，作为我们的一个榜样，去认真学习并不断发扬光大。

二月河（著名作家）：

国臣同志是一位博学多才的学者型公务员。我认识国臣的时间不算太长，但是，一个阶段一个阶段，我觉得我对他的认识有点不够，就是说眼球在不断地"增亮"。原来只是发一个短信，或者他有时写一首诗，我觉得他的诗写得真不错，发的短信内容也都向上，感觉到了朋友之间这种暖心的互相来往，有一种互相激励的作用。后来，跟国臣接触多了以后，我发现不仅仅是这样，他在祖国传统文化的儒学方面、道学方面、释学方面的研究，也就是我们中国民族文化的几个主要方面的研究，都有他自己独到的见解，而且好像没有很多的师承的学说，都是自己在那里琢磨出来的新东西，其观点内容很新颖、很深刻。

再往后我又发现国臣的摄影也不错。后来谈了谈，发现他还会少林武术，常年练功不辍。我说一般人打架还真打不过他！一个层次一个层次地发现，我在逐步地走向国臣的内心深处，觉得这个人是个充满活力的很深刻的一个人。《嵩山的流泉》丛书九卷，是他从一个角度对中国改革开放30年来的经济社会、事业学术、人生经历的真实总结。有的卷我看了，有的卷我还没全看。我觉得读他的《诗词卷》,有时候感到很豪放,有时候感到很婉约,有时候又感觉很深沉,抒发的是真情实感,给人以启迪。没有实在内容的诗国臣是不写的,由此可以感受其内心世界的深刻和丰富。可以说,国臣如果写起小说来,说不定就是个"三月河",或者"五月河"。

娄源功(河南大学校长、教授):

二月河先生是中国享誉盛名的作家。昨天刚在河南大学文学院作了学术报告,受到热烈欢迎,今天又把自己的感想生动地讲了出来,留下很多丰富想象的空间,让人浮想联翩,受到许多启发,讲得非常好!点睛之笔还是对国臣同志的学术成果观点新颖、豪放真实、见解独到、深刻丰富的高度评价。有一句话让我们记住了,国臣同志博学多才,会这会那,什么都会,还会行政管理,做学问与做领导紧密结合,做得很好。世上无难事,只要肯登攀!

介新(河南省人民政府副秘书长、教授):

国臣同志是一个持之以恒、勇于与时间赛跑的人。我与国臣认识并不早,但与国臣同志认识了以后,在手机上经常收到他关于嵩山的诗词,过一段一首,过一段一首,很多,很快那个手机的短信信箱就塞满了,经常需要清理,诗很好,清理又不舍得!所以说,看到国臣同志九卷巨著以后,我首先感到的是震惊,然后是惭愧。400多万字,我就在想一个问题,人的生命确实有限,活一百岁也就是三万多天,为社会作贡献的时间是非常有限的。国臣同志这400多万字是什么概念呢?我计算了一下,如果是一年的话,那一天需要写一万字还要多一点,如果是十年,一天要写一千字还要多一点,国臣同志从大学毕业到现在,也就是二十多年时间,就是说平均每天他要写出来五六百字左右的东西,如果按周算的话,每周他需要写3500字到4000字的东西,那也就是一篇文章,就是每星期得写出来一篇像模像样的文章,这篇文章也不是他用工作时间完成的,而是用业余时间完成的。这就非常了不起!国臣同志这套书名叫《嵩山的流泉》,我想"流泉",在国臣同志这个"泉"字上,流的是不竭的泉水,是源源不断地流淌,只有这样持续不断的流淌,才能有这么多积累。国臣同志这种持之以恒的求知、探索精神是非常值得我们学习的!

孟宪明(河南省文学院著名作家、《大国医》作者):

我和国臣是大学同学,他给我的最深感受就是乐于吃亏的品德和坚持干事的智慧。国臣重品德修养。我们在上大学时,他白天认真上课、记笔记,晚上熄灯后还要到"长明灯"教室学习到凌晨,把学校的图书馆当成了自己的家,博览群书。我们五个同学在大学三年级的时候辛辛苦苦编了一本《人生珍言录》。有一个细节我到现在还记得,书成了怎么署名?这可是一个大事,大学生谁不想把自己的名字写在第一、第二位呢?可叫谁来解决这个矛盾、给名字排序呢?大家推说"国臣的字写得好,国臣写"。国臣怎么写呢?他把别人写在前面,最后才写张国臣。看他写完了以后,我就佩服,"这家伙厉害"!为什么?国臣敢这样做就说明他乐于吃亏,志存高远!结果我们还没毕业,他就写出新作《嵩山诗选注》。人的内心强大以后,显示的是强大的力量!此事虽小,但足以看出国臣高尚的品德。天道酬勤,有德无敌啊!

国臣惜时如金。做学问不易,做大学问更是不易。工作后国臣一直在忙嵩山文化,他中间生了一场病,天天吃中药,天天在那里一边工作,一边忙着调研写作,坚持着对嵩山的考察与研究,他写的时候都是呕心沥血。他把每日的晨晨昏昏、茶余饭后的边边角角,甚至生病时躺在床上的时间都利用起来了。当人们放开怀抱、尽享周末的时候,当大家在鞭炮的快乐声中欢度春节的时候,他屡屡杜门谢客,在书房里晨昏笔耕。有一年春节我给他打电话,他说:"我在嵩山的宾馆里,昨天写得太累了,吐到屏幕上了。"我说:"行了吧,你年轻的时候就肺出血,现在又弄成这样,你究竟想干什么?"他干事业投入,是在拿自己的生命和时间赛跑啊!

看到国臣的《嵩山的流泉》九卷本大部头丛书,给我两点启发。第一是选择很重要。一个人选择什么目标太重要了!这就是大智慧。现在说国臣是"嵩山之子",没有人来争这个了,因为嵩山少林文化学是他第一个提出,嵩山学也是他第一个提出。他选择了一个智慧的目标并且做出了举世瞩目的业绩。第二就是只要坚持就会到达。国臣选择嵩山文化选得好,他又坚持下来了,我感觉这就不得了。其实咱知道他是官员,但是他用大量的业余时间,老老实实研究他的嵩山文化,我认为这是很了不起的。国臣赢得我的尊重,除了和我是同学以外,最重要的就是他这种锲而不舍的精神,他这种"慎独"、"笃学"的清醒!

王守国(《大河报》总编辑、高级编辑):

理论之树常青。写文章并不难,难的是30年如一日经常写文章,而且经常写出好文章。我在想,国臣经历过很多个岗位,而且都是很重要的岗位,他能够在这样多的、几乎和一种非常专业的文化研究不搭界的,而且要耗费很大的精力的重要工作岗位上,数十年如一日地做一种很执著的文化研究,除了勤奋、坚守这些品行之外,还有我非常敬重的,或者说我非常非常佩服国臣的这种心胸开阔的大智慧。国臣兄这九卷文集,包含各种各样的问题,方方面面都做得很好。但是我觉得真正的核心,或者扛鼎之作还是《中国少林文化学》,少林文化的研究是支撑着九卷文集的一个核心。他数十年如一日一直在思考的也是这个理论,而且在这个理论思考过程中,经历了这么多、这么重要、这么复杂的工作岗位,从不间断,而且能够思考到今天这样的深度,写作达到这样的高度,那就是一种大智慧、大手笔。只有这种大智慧、大手笔才能够使他把做官和作文有机地结合起来。

我常想,按照现在正厅实职这种官阶,国臣应该相当于古代五品吧,和当年欧阳修写《醉翁亭记》,和苏东坡写那些好作品时的官职基本上是一样的。国臣不计名利,曾用工资资助贫穷学生,用稿费购书捐赠大学和中学图书馆。我觉得一个大文化者、大智慧者，做官做得好，写文章也写得好，这中间就必须有一个结合点，即勤奋、善良、奉献和执著。这是修德的基础，更是走向成功的动力！只有这样，才能把做官、做学问有机地结合起来。不同的工作岗位，使得他见多识广，善于处理复杂问题，善于抓住主要矛盾，善于统筹兼顾处理各种矛盾，相得益彰。同时，在这些实际工作中积累的智慧和经验，也会影响到，或者说贯穿到他的学术研究、文化研究中去，促进学术研究的成熟和硕果累累。

王文金（河南大学原校长、教授、博士生导师）：

国臣很优秀，我觉得国臣的优秀主要体现在勤奋上。刚才宪明讲得很好，选择点很重要，就在于勤奋。我给国臣这套书的评论卷写了个序，这个序我今天带来了，我的第一段话就是讲勤奋。国臣是个闲不住的人，他总是停不下来，总是闲不住，总在思索，不断追求，不断奋斗。第二句就是要有恒心，坚持不懈，日日这样做，把时光都用尽了。这就是国臣，别人也能办到，但办不到国臣这个程度。我写的是评论卷的序言，实际上我整篇的序言是对国臣文化的评价，是对嵩山文化的评价。所以我用了一句话，即"倾心于少林文化大厦的构建，于此也颇有建树"。这就是我的观点。今天我专门写了一首诗，诗名《为张国臣君〈嵩山的流泉〉出版而作》："峻极嵩岳翠似烟，龙飞瑞气凤高旋。卅年九卷文星胆，揭秘名山第一篇。"以志祝贺！

王福松（登封市委书记）：

《嵩山的流泉》抒写了张国臣同志艰辛的人生之旅。从书中可以看出，张国臣同志幼年家境贫寒，童年时代充满了饥饿和苦难。但正如作者在《嵩山的流泉》（箴言卷）中所写的那样，"苦难成就英才，磨砺锻造真功"，"苦难对于人生是一块垫脚石……对于强者是一笔财富，对于弱者是万丈深渊"。在困难面前，国臣同志选择了做一名强者，他笃信"天道酬勤"，从小就刻苦学习，拼命读书,小学、中学门门功课都名列前茅。为考上大学连续18天用针刺食指,晚上不睡觉坚持学习,最终他以全县第一名的成绩考入河南大学中文系。在大学读书期间,他奋起直追,坚持清心寡欲,只以书为伴,刻苦攻读,图书馆几乎成了他的家……用辛勤汗水换得硕果累累。大学期间,为编著一本描写嵩山的诗文集,国臣同志于1980年暑假徒步走遍了嵩山的峰谷溪泉,亲身感受嵩山的风骨和性格,又利用一个寒假的时间积累资料,最终顺利编著了《嵩山诗选注》一书,成为我国改革开放后研究、介绍嵩山文化的第一本专著。国臣同志留校工作期间,由于拼命工作,加之贫困缠身,竟然患肺病住院。为强身健体,国臣同志求教少林寺释德禅方丈习练少林功夫,半年后他的肺病痊愈。他还把习练少林功夫的心得写成文章发表,其主编的《少林武术》丛书9本,发行数百万册,开创了系统研究少林武术的先河。总之,从书中看出,国臣同志无论在什么岗位,从事什么工作,都从大处着眼,小处着手,行之以渐,持之以恒,最终做到了成人、成事、成功、成业。

王家坤(《郑州日报》总编辑、高级编辑):

我对国臣的了解相对多一些,第一是大学四年我们一个班,第二是我们还有个同事的经历,就是1990年初,他到郑州晚报社当社长,我是总编室主任兼党办主任,当时他是我的领导,我们共事了两年时间。

国臣大学毕业以后将近30年的时间里,我感觉他领导当得不错,学问也做得很好,是一个既会做官又会为文的人,而且做官、为文两不误,处理得非常好。我想以国臣为例谈几点感受。一是国臣非常刻苦,在读书期间和毕业以后,都非常努力。在校的时候,国臣的书法获过奖,毕业以前出了两本书,我记得一个叫《嵩山诗选》,一个叫《人生珍言录》,这些东西都是在完成正常学业之后出版的。有一年春节后我们一块儿吃饭,他说春节放了七天假,闭门写了七天书。二是上进。国臣同志的官位都很重要,从郑州市委办公室的副主任到报社的社长,然后到郑州市委办公厅当主任、副秘书长,以后又当过省委政研室的副主任,后来又当省委政法委常务副书记,现在是省检察院常务副检察长。这些非常重要的工作,正常人拿出全部精力才能应付,国臣能挤出时间来学习、研究、写作,而且职务的上升和学问的上进两不误,这确实需要一种超乎寻常的刻苦,需要一种独特的精神,这就是用特殊材料做成的上进心。三是坚韧。国臣有这种精神,从大学开始,30年如一日,从来不停笔,当官顺的时候是这样,不顺了也这样,身体好了是这样,有病住院也是这样,这是一种什么样的品格啊! 这就是嵩山的品格。国臣研究嵩山、写嵩山,他把自己融入了嵩山,而他终于也把自己锻造成了一座人生的嵩山!

与时代同步　肩负责任使命　创新理论促进社会和谐

张锐(河南省社会科学院院长、教授):

《嵩山的流泉》系列丛书的特点,决定了它的学术和实践价值。概括起来,起码有这么几点。一是它从不同角度、采用不同形式系统地展示了少林文化的博大精深,宣传和弘扬了少林文化的禅武精神,让人们再一次认识到了少林文化的历史价值和发展价值;二是它深邃的理论思考,尤其是关于少林文化资源开发利用的一些思路和想法,对促进少林文化的深入研究,对少林文化的现实应用,对少林文化资源与少林旅游资源的深度融合,以及对文化强省建设,都具有巨大的指导意义;三是《嵩山的流泉》系列著作内容的丰富和精彩,给人们很多启示,尤其是对整天忙于公务的领导同志来说,完全可以借助文学创作、学术研究、书法摄影等,使自己的业余生活更精彩、更生动、更具有人生品位和价值,还会对自己的工作有极大的促进作用。

程传兴（河南农业大学党委书记、教授）：

张国臣同志《嵩山的流泉》（理论卷）收集的41篇文章，其中有9篇为经济发展的探索，不仅在理论上有创新，而且其研究成果具有很重要的应用价值，集中体现在三个方面。一是对经济规律的探索。我国是世界上最大的发展中国家，人口多、底子薄、资源匮乏是我们的基本国情。张国臣同志通过理论上的分析和实践上的总结，从体制、外力、资源配置、效益速度等方面科学地界定了经济超常规发展的内涵，系统总结了实现经济超常规发展的必备条件是合理的经济体制、全方位的开放体系等。这些新观点对于任何一个区域经济超常规发展都具有重要的参考价值和普遍的指导意义。二是对微观经济的改革。张国臣同志从国内外经济发展三个实证出发科学论证了只有改革企业产权制度才能解决国有企业亏损面扩大的顽症。同时针对小、中、大国有企业的产权制度，分门别类地提出相应的改造战略。这对于深化河南省和郑州市的国有企业改革，加快国有企业发展壮大发挥了重要的决策咨询作用。三是对地方经济发展的探索。张国臣同志根据自己曾担任郑州晚报社社长的深厚积淀，积极探索了新闻出版的"V"发展战略，即一个中心点、两条基本任务线，提出了组建新闻出版集团的基本原则和"两轮并转"的战略框架，对于新闻出版业实现从规模数量的增长向优质高效的发展转移指明了方向。在担任河南省委政研室副主任期间，他经过大量的实证研究以及定性分析与定量分析相结合，提出河南省应该实施旅游经济适度超前的发展战略，并对其内涵、特征、实施的基本条件、发展战略的构想都进行了科学的论证和阐述，提出了加快河南省旅游业适度超前发展的战略构想和重大措施。这些积极思考和周密谋划受到了河南省委、省政府的高度重视和肯定，许多设想和建议已经进入省委、省政府决策并付诸实施，为推动河南省旅游业的可持续发展、建设文化强省、实现中原崛起作出了突出的贡献。

陈景良（河南大学法学院院长、教授、博士生导师）：

张国臣教授丛书中的法制方面的论文，涉及的内容非常丰富，探讨的都是当前我国法治建设中的重大实践问题和理论问题，体现了鲜明的理论与实践相结合的研究特点，具有比较开阔的理论视野、深切的现实关怀和较强的问题意识，呈现出跨学科、多维度的知识背景和研究方法。而这三点正是当前我国法学界在进行法学研究和教学中大力提倡和积极探索的。如关于"如何正确处理新时期涉法上访问题"所进行的思考，就是站在全局性的高度，紧密结合构建社会主义和谐社会的治国方略、秉持以人为本的法治理念，提出了颇有理论见解和可操作性的解决方案。张国臣教授认为，人民信访作为社会边缘群体利益表达的主渠道，涉法上访问题不可能在短期内消失。只有坚持以人为本，加强组织管理，促进人的全面自由发展，实现工作理念、工作机制和运行组织的现代化，才能为改革与发展创造和谐稳定的社会环境；只有不断创新信访工作机制，整合各种社会资源，才能不断提升应对复杂局势的能力和化解社会危机的能力。处理涉法上访工作理念必须强化人本理念，强化大信访理念，构筑社会安全阀机制，把社会不和谐因素消融在萌芽状态；构建信息化、网络化的信访工作支持平台，提升快速反应能力；建立信访执法质量考评体系，加强政法部门业务、队伍建设；建立学习型组织，不断提升创新力、领导力。张国臣教授关于涉法上访的理论分析，可以说为我们进一步思考法治的中国道路问题提供了富有价值的思路。

田凯（国家检察官学院河南分院副院长、法学博士后、硕士生导师）：

在张国臣同志这些浩瀚的文字中间，我读出了一个法律人的责任意识，一个人民公仆兢兢业业的奉献精神。这种责任，是数千年来中国读书人兼济天下苍生的自觉承担，是新时期一个普通共产党人为人民服务的自觉意愿，是一个法律工作者对公理正义、和谐社会始终不懈的追求。张国臣同志说:"法律是人民权利的喉舌,法院是法律帝国的首都,法官是帝国的王侯。迟来的正义即非正义,正义被耽搁等于正义被剥夺……"他深入思考了法律这种以人为本的理念,认为应该把人文关怀渗透于依法治国的全过程之中,提升法治的社会公信力、整合力和维护社会稳定、促进社会和谐的能力。这种情怀和社会责任感,正是一名法律人的社会责任感,正是中国优秀知识分子一脉相承的赤子之情。张国臣同志用文字记录了一名法律人担当世界的情怀,一名共产党人对人民负责、为人民服务的全新责任观。"力抛三分名利去,赢来一世精神挺。"在人民的心中,自会有一座无形的丰碑。

倾赤子之情　诠释爱与幸福的真谛

介新(河南省人民政府副秘书长、教授):

国臣这套书给我已有几天时间了,这么厚肯定是来不及全部认真读完的,但是我从书名上就感悟到一点,"嵩山之子"是我对国臣同志发自内心的评价。为什么呢?就在于他对家乡的那一份挚爱。他出生在嵩山,在这块地方长大,这个地方有他苦难的童年,有他童真的渴望和梦想,他还在登封那个地方学校里教过书、培养过学生,所以说他这几十年,从出生到现在,他对家乡的这种眷恋一刻也没有停止过!无论他身在哪里,他都思念着家乡,对家乡的这种眷恋之情是埋在骨子里、流淌在血液里的。所以说我们读国臣同志这一套浸满情感的大书,恐怕要深深地思考一下,应该怎么样热爱自己的家乡,怎么样热爱自己的祖国,怎么样热爱我们中华民族博大精深的文化。

田凯（国家检察官学院河南分院副院长、法学博士后、硕士生导师）：

由于常年担任领导工作，张国臣同志胸中有丘壑，笔下自然也有一种浩然之气。这种大气，是稳重、练达的，也是思虑周详、逻辑严谨的。从容淡定之间，充分显示了一个文化学者和决策者的胸襟和气魄。我更推崇张国臣同志笔下那些温情脉脉的文字——对父母长辈的血浓于水，对女儿的舐犊情深，对爱人的相濡以沫，对人民的赤子忠诚，都令我感慨万端。比如他对母亲的深情怀念："母爱之崇高如大山，深沉如大海，纯洁如白云，无私如天地。那根为游子缝补过衣衫的慈母线，是世界上最长的线。"(《箴言卷·幸福，不懈的追求》)对女儿语重心长的嘱托与期盼："纽大攻硕士，华夏有法平。"从这里，我分明看到了一个孝贤情深的儿子，一个爱女至深的父亲，这完全不同于他工作中的稳重干练，是一种平凡人的温暖情怀。

在《嵩山的流泉》后记里，张国臣同志写道："记得1961年冬的一天，家里太穷，揭不开锅，全家从早到晚没有吃东西，我更是饿得哇哇哭叫，母亲没有办法，跑到外村，借了几块红薯片，在火上烧烤，让我充饥。可当她发现邻居的小闺女也眼巴巴盯着红薯片时，就毅然决然地将红薯片一分为二给这位小女孩。对一个饿得要昏死的儿童来说，那红薯片是多么香甜诱人啊！"每每读到这里，我都两眼模糊，更感到母爱的伟大，也更理解了国臣同志的爱的源泉。这是一种爱的传承啊！

嵩山岩石磨砺了他的铮铮铁骨，嵩山清泉滋润了他的浪漫情怀，嵩山的神奥赋予了他的博大胸襟。九卷本《嵩山的流泉》，就是这个嵩山之子用双手建造的一座气贯长虹的文化嵩山，一座给人启迪、教人奋进的精神嵩山。"泰山不辞细壤，故能成其大；河海不择细流，故能成其深。"《嵩山的流泉》各卷内容丰富，大气厚重，有深邃的哲理，也有平淡动人的深情，传达出一种政法官员的思考、文学家的表达和诗人的浪漫结合而成的激情。

王福松（登封市委书记）：

在工作之余，我认真细致地拜读了《嵩山的流泉》系列丛书，获益良多。我认为《嵩山的流泉》流露了张国臣先生浓浓的赤子之情。作为一名登封籍的领导干部，国臣同志始终保持着对嵩山、对故乡的浓浓赤子之情，一直倾心于嵩山文化的搜集、挖掘、整理、研究和宣传，工作之余抽出身来游历嵩山的寺庙宫观、峰峦沟壑、古迹遗存，全面了解和认识嵩山的历史、地质、天文、宗教、武术、建筑等人文和自然文化，坚持不懈地进行悉心研究，结出了累累硕果。早在《嵩山的流泉》出版之前，国臣同志就曾著有《少林文化学》《神奥嵩山》《中岳嵩山》等多部有关嵩山文化研究方面的学术专著，并获得了业内专家学者的高度评价。这次出版的《嵩山的流泉》系列丛书，更是全面研究阐释嵩山文化的又一精品力作，是作者依托多年来对嵩山文化研究的深厚学术优势，在文化领域进行综合性发掘的又一阶段性成果。书中字里行间流淌着作者对嵩山深深的文化关怀和人文之情。如《嵩山的流泉》（评论卷）收录的文章，有写嵩山的历史和地质形貌的，有写嵩山一碑一阕由来及其蕴藏的文化精神的，有写少林雕塑、壁画艺术精巧与其包含的奥秘内容的，等等，不一而足。再如国臣同志的诗歌主题就是对中岳嵩山的吟咏，"嵩门吹风月渐圆，红叶吐火诗又添"是写嵩山的动人秋色，"白雪飞河洛，红梅绽嵩少"是写嵩山的美丽冬装，等等，无不表现出作者对嵩山炽烈的热爱和深深的依恋，作者的骨子里渗透着嵩山的挺拔坚硬，血脉里流淌着嵩山的文化精髓。

钟海涛（郑州市文学艺术界联合会主席、书法家、诗人）：

国臣学兄是我的老乡，我们从小就在一个乡长大。我上中学的时候国臣兄在学习方面对我的影响非常大，小时候他乒乓球打得好，还代表登封县参加开封地区的比赛，中学的时候他作文写得好，再一个是他的毛笔字写得也很好，都是全校比赛第一名。国臣兄在学习、工作方面是我的老师、学长,在生活方面也是老大哥。可以说我个人成长的每一步,每一个重要时期、时刻,都受到国臣兄的关照、提携。在河南大学上学的时候,历史系和中文系当时住的是对门,每到晚饭以后,国臣兄就拉着我去教室学习。在河南大学这四年我学到了很多东西,这也得益于国臣兄的指导。

张国臣(河南省人民检察院常务副检察长、管理学博士、河南大学兼职教授):

世界上什么最珍贵?友情,朋友之情。昨天下午徐济超副省长、梁静副主席专门给组委会发来贺信,许多专家老师顶风冒雪参加今天的捐赠仪式和学术研讨会,这种诚挚的友情最珍贵!世界上什么不能忘?恩情不能忘。有记者曾经问过我的成长,我说都是党的培养、老师的教导、同志们支持的结果,党和人民有恩于我,感恩报恩之情不能忘!世界上什么最幸福?我在华中科技大学的博士论文答辩会上回答:读书写作最幸福,这里是文化的圣地,创新的宝库,思想的殿堂!

河南大学培育我读书写作。我清楚地记得,1978年3月,当时河南大学叫开封师院,我们报到后,先到图书馆。图书馆号称是藏书二百万册,我们新同学一看到图书馆的诸多藏书,高兴得蹦了起来,这里有这么多书啊!对刚从嵩山小山沟里来的放牛娃大学生来讲,有书读是多么幸福啊!我们七七级的同学都是如饥似渴地拼命读书。

王文金教授教我们当代文学,他的名言至今我还记得,"腹有诗书气自华",教导我们同学要多写诗文。我上大学第一天就开始记日记、写感想。我写了一篇《图书馆记》,那是十月,金色的十月。走出图书馆,背依翠绿的常青树,我把拳头紧紧握起,"图书馆,今天你哺育了我们,明天,我们定将用自己的汗水浇灌出知识的新花,敬献在你的面前"。今天我向河南大学图书馆捐赠《嵩山的流泉》丛书,今后还要向我的家乡登封市中小学捐赠,就是要感恩报恩，实现过去的诺言！

我清楚地记得，1979年的冬天，大学三年级，我完成了《嵩山诗选注》一书，向中文系党总支杨瑾书记汇报："我想请系主任任访秋教授给我写个序言。"杨瑾书记和苏文魁副书记都支持我。于是我怀着忐忑不安的心情敲响了任主任的家门。70多岁的任先生见了我就说："你是三年级，能给嵩山诗译注？"我说："已经完成了，北京地质出版社约稿要出版，我想请您写序。"任老先生戴两个眼镜，一个是近视镜，一个是放大镜，看了看说："你把稿子放我这儿吧。"一星期以后，任主任派人找我，让我到他家里去。晚上我再次到先生家，老太太正给他摆饭，先生把饭都推后了，到书房说："序言写好了。"我手捧任先生亲笔写的序言手稿，激动得两眼含泪，说不出话来。先生说："国臣，《嵩山诗选注》写得有深度。术有专攻，现在你如果研究唐宋文学，可能一生也难超过大家；今后你深入研究嵩山文化，那些大家可能也永远超不过你。天道酬勤，有德无敌，努力吧！"按照任先生的教导，我研究嵩山文化，1982年出版了《嵩山》专著，这是中国改革开放以后第一部比较系统地介绍嵩山文化的著作。后来，我又深入研究，出版了20多部嵩山文化系列著作，完成了《中国少林文化学》，获首届"中国山花奖学术著作优秀奖"。在河南省委领导和河南大学出版社的支持下，我又完成了《嵩山的流泉》九卷丛书。我也曾经幼稚，也存在许多缺点和不足，这套书中的瑕疵也是明显的，都真实地记录下来，以时时警示自己和后人。我将铭记今天，铭记各位领导、老师和同志、同学对我的鼓励，铭记同志们给我的支持，继续努力学习，加强修养，刻苦学习，读书、写书，让《嵩山的流泉》更清，让泉水流得更长……

原载《河南法制报》2010年3月1日，澳大利亚《大洋时报》2010年5月13日

张国臣《嵩山的流泉》捐赠仪式暨文化丛书出版研讨会在河南大学举行

河南大学校长娄源功教授向张国臣教授颁发《捐赠图书证书》

第一编 嵩山的圣泉流向四方 23

张国臣《嵩山的流泉》捐赠仪式暨文化丛书出版研讨会在河南大学举行

河南大学新闻网（记者史周宾） 31年前，还是河南大学一年级学生的张国臣在其文章中向母校图书馆许下诺言："今天你哺育了我们，明天，我们定将用自己的汗水浇灌出知识的新花，敬献在你的面前……"31年过去了，已是河南省人民检察院常务副检察长的张国臣践行了自己的诺言：12月3日上午，在河南大学新校区宏伟大气的图书馆内，张国臣将其著作《嵩山的流泉》系列文化丛书捐赠给母校。校长娄源功代表学校向张国臣颁发了捐赠证书，并紧紧握住他的手说："你是河南大学的骄傲！"

此次活动由河南省社会科学院、河南省社会科学界联合会、河南大学联合举办。河南省人民政府副省长徐济超、河南省政协副主席梁静专门为捐赠仪式暨文化丛书出版研讨会的举行发来贺信,预祝会议取得圆满成功,并号召大家按照省委、省政府的决策部署,深入挖掘、开发和利用我省的文化优势,动员各方面力量,不断探索新路子,努力开创新局面,为推进文化强省建设,推动中华文化大发展、大繁荣作出积极贡献。

出席研讨会的专家教授合影

出席会议的河南省政协副主席靳绥东,原河南省委常委、政法委书记、省人大常委会副主任张世军,著名作家二月河,河南省人民政府副秘书长介新,《大河报》总编辑王守国等先后致辞,对《嵩山的流泉》系列文化丛书的出版表示衷心的祝贺,对"嵩山之子"张国臣勤奋执著的精神给予了高度评价和充分肯定。他们表示,张国臣几十年如一日,倾心于嵩山文化的研究探索和挖掘整理,笔耕不辍,锲而不舍,把从政和为文有机结合起来,并且收获颇丰,在嵩山文化乃至中原文化的研究、开发和利用中,发挥了积极的作用,作出了突出的贡献。作为河南大学校友,张国臣是母校的骄傲。他这种感恩母校、回报母校的精神值得广大学子学习。

著名作家孟宪明，郑州市文学艺术界联合会主席钟海涛，《郑州日报》总编辑王家坤，河南大学原校长王文金等先后发言，对张国臣《嵩山的流泉》系列文化丛书进行研讨。大家认为，该丛书是对嵩山文化的总结和创新，既有理论性，又有实践性，更具指导性。丛书各卷内容丰富，思想深邃，意境高远，文笔清新流畅，以宏阔的历史眼光、深厚的文化积淀、不懈的探索创新，真实地展现了时代发展的足迹。《嵩山的流泉》四百万言，流淌的是一个奋进者的勤奋之水、思想之水、创新之水，必将滋养和丰富中原文化、中华文化的发展。

张国臣对此次会议的筹备召开表示衷心的感谢，并饱含深情地表示："此景难忘，此情难忘，此恩难忘。"他说，自己所取得的成绩归功于党的培养、母校的教育和同志们的支持，所以要把个人的著作献给母校，献给社会，献给人类。他也将会永远铭记大家的鼓励和鞭策，继续努力学习，加强修养，刻苦读书，认真写作，让嵩山的流泉更清，让泉水流得更长。

开封市人民检察院，国家检察官学院河南分院，登封市，荥阳市及我校有关部门、学院的负责同志也出席了此次活动。

《嵩山的流泉》系列文化丛书集哲学、文学、艺术、宗教、法学、天文、地理、医药、武术、摄影等学科于一体，包含散文卷、诗词卷、武术卷、文学脚本卷、评论卷、理论卷、演讲卷、箴言卷、摄影卷，共九卷，近400万字，由河南大学出版社出版发行。

河南大学新闻网2009年12月4日报道

张国臣九卷新作受好评
《嵩山的流泉》流进河大[*]

尚 杰

本报开封讯 厚厚的九卷巨著,犹如清澈的泉水,将嵩山的文化、嵩山的建筑、少林武术一一展现。昨日上午,管理学博士、著名文化学者、省人民检察院常务副检察长张国臣将其新作《嵩山的流泉》捐赠给河南大学,河南大学、河南省社会科学院、省社科界联合会为该套丛书举行了学术研讨会。

副省长徐济超、省政协副主席梁静为丛书研讨会发来贺信。徐济超在贺信中说,嵩山文化是中原文化、中华文化的重要组成部分,张国臣同志多年来致力于嵩山文化的研究和传播,积累了跨学科、多领域的学术成果,推动了嵩山文化研究不断深入拓展,把理论创新、人文关怀、法治精神与文化传统结合起来,丰富和发展了嵩山文化的精神内涵。研讨会对弘扬嵩山文化、中原文化、中华文化具有重要意义。

丛书研讨会在河南大学金明校区图书馆举行。省政协副主席靳绥东,省人大常委会原副主任、省助残济困总会主席张世军,省政府副秘书长介新,著名作家二月河、孟宪明,河南大学原校长王文金等出席研讨会并发言。仪式由河南大学校长娄源功主持。

靳绥东在讲话中表示,《嵩山的流泉》让世界了解了历史悠久

---

[*] 尚杰,《大河报》记者。

的中原文化和博大精深的中华文化,进一步丰富了国学经典,弘扬了中华民族的传统文化。二月河认为,嵩山是河洛文化的中心,丛书作者对它进行了独特的研究,整合了嵩山独有的文化,弘扬了我国的民族文化。张世军、介新、孟宪明也都结合自身对丛书进行评价。王文金以一首小诗"峻极嵩岳翠似烟,龙飞瑞气凤高旋。卅年九卷文星胆,揭秘名山第一篇"道出了作者创作的艰辛以及丛书出版发行的意义。《大河报》总编辑王守国、《郑州日报》总编辑王家坤等与会嘉宾也畅所欲言,就《嵩山的流泉》的创作发表了自己的看法。郑州市文联主席钟海涛向张国臣捐赠了书法作品一幅。

1956年出生于嵩山的张国臣有着特殊的嵩山情怀。从20世纪70年代末,他就开始了对嵩山的研究,30余年如一日,勤奋不辍,完成了九卷巨著《嵩山的流泉》。这部书集哲学、文学、艺术、宗教、法学、天文、地理、医药、武术、摄影等学科于一体,包含散文卷、诗词卷、武术卷、文学脚本卷、评论卷、理论卷、演讲卷、箴言卷、摄影卷,共九卷,共计近400万字,由河南大学出版社出版发行。该书是张国臣近年继创立"中国少林文化学"、在中央电视台推出长篇电视文化风光片《中岳嵩山》、用新学科新方法探索研究政法文化之后的又一新成果。当天,张国臣向河南大学图书馆及文学院等院系捐赠了《嵩山的流泉》系列文化丛书。张国臣表示,还会把丛书捐赠给贫困山区的学校,让更多的孩子感受到文化的力量。

大河网2009年12月4日报道,新华网、新浪网、河南党建网等网站转载

思想深邃　意境高远[*]

梁　静

欣闻国臣同志《嵩山的流泉》出版学术研讨会召开，谨致以热烈祝贺！

这次研讨会是河南省文化界的一次盛会。几千年来，嵩山文化作为中原文化、中华文化的重要组成部分，激励着华夏儿女为改造自然、建设和谐社会而百折不挠、艰苦奋斗。此次研讨会的举办，定能深化对嵩山文化的学术研究，而且对于坚持古为今用、促进经济发展、构建和谐中原，具有重要的历史和现实意义。

国臣同志的《嵩山的流泉》丛书是对嵩山文化的总结和创新。该丛书集哲学、文学、艺术、宗教、法学、天文、地理、医药、武术、摄影等学科于一体，既有理论性，又有实践性，更具指导性。各卷内容丰富，思想深邃，意境高远，文笔清新流畅，以宏阔的历史眼光、深厚的文化积淀、不懈的探索创新，真实地展现了时代发展的足迹。积善成德，天道酬勤，文如其人。《嵩山的流泉》四百万言，流淌的是一个奋进者的勤奋之水、思想之水、创新之水，必将滋养和丰富中原文化、中华文化的发展，为推进文化强省建设作出积极的贡献。

预祝此次出版学术研讨会圆满成功！

2009 年 12 月 3 日

---

[*] 梁静，河南省政协副主席、教授。该文为梁静副主席致"张国臣《嵩山的流泉》捐赠仪式暨文化丛书出版研讨会"的贺信。

从政为文有机结合　收获丰硕的典范*

王　耀

今天很高兴参加这样一个研讨会。拜读了国臣同志的九卷文集《嵩山的流泉》,心灵受到很大的震动。该书多视角、跨时空、多维度地描述了中国30多年来改革开放和社会主义现代化事业波澜壮阔的历史进程,记录了一个在红旗下长大的共产党员时时与祖国同心、事事与时代同步、不断拼搏进取的人生旅程。综观全书,深感这是一个探索者、攀登者用30多年的心血和汗水凝结而成的智慧结晶、创新之果。因此该书出版后,能够引起专家和读者的广泛关注也是意料之中的事。下面我就结合自己的学习体会,谈三点看法。

一、国臣同志的系列著作为嵩山文化的挖掘和弘扬作出了突出贡献

自古以来嵩山被称作"中岳",它不仅以壮丽秀美的风光闻名天下,更是以丰厚的文化积淀被称作人类文明的发源地。说嵩山文化是中华文化的核心一点都不为过:盘古开天、女娲造人、伏羲画八卦等众多神话传说,在嵩山地区都留下了遗迹。距今9000年到7000年的裴李岗文化在嵩山地区有43处遗址,数量之多、分布

---

* 王耀,河南省社会科学界联合会主席、教授。该文为王耀主席在"张国臣《嵩山的流泉》捐赠仪式暨文化丛书出版研讨会"上的发言。

之密为全国之冠。近400万字的九卷本文集《嵩山的流泉》是国臣同志继近年创立"中国少林文化学"、在中央电视台推出长篇电视文化风光片《中岳嵩山》、用新学科新方法探索研究政法文化之后的又一新收获。书中处处洋溢着浓郁的嵩山情结和对嵩山文化的学术敏感,字里行间流淌着深深的文化关怀和人文之情。读罢,启人心智、拓人思路、催人奋进!

长期以来,理论界关于中华文化的研究成果可谓汗牛充栋,但有关区域文化的研究成果却寥若晨星。国臣同志是登封人,家在嵩山南麓,这里的奇峰异水、历史典故、名胜古迹等都是他自幼所熟悉的,所以他自涉足科研以来,就一直倾心于少林文化大厦的建构,于此也颇有建树。嵩山悠久的历史和深厚的文化积淀确实需要去深挖和发扬光大,但从目前来看,这项工作做得还不是很充分。因此,我认为国臣同志对嵩山文化的研究,以及围绕着嵩山、少林所作的其他方面的研究,其开创意义是深远的。国臣同志的系列著作对挖掘、弘扬嵩山文化功莫大焉。

二、国臣同志倾心嵩山文化探索的勤奋执著精神令人感慨

纵览古今中外,我们不难发现这样一个生命法则——成功永远属于那些不知疲倦、忘我奋斗的探索者、攀登者;勤奋、执著、积极、精进永远是那些探索者、攀登者走向成功与辉煌的通行证。国臣,这个踏着嵩山的山路、喝着颍河的河水长大的"嵩山之子",在嵩山文化这个典型的东方文化氛围中,养成了他勤于思索、奋发向上、自强不息的性格。《嵩山的流泉》流淌的是一个奋进者的勤奋之水、思想之水、探索创新之水,跃动的是一个攀登者不畏艰险、奋力前进的生命音符。

国臣几十年如一日,一方面潜心钻研文献典籍,探微钩沉;一方面走访名家学者,就教请益;一方面徒步考察,寻幽探胜。顶风雪,冒寒暑,他掌握了大量的第一手材料,而后伏案笔耕,锲而不

舍。正是他这种对学术的敏感、勇于探索的精神,才有了《中国少林文化学》、《神奥嵩山》、《中岳嵩山》等多部专著的问世。《嵩山的流泉》更是凝聚了国臣兄30年的心血。贾岛在《剑客》诗中有"十年磨一剑"的句子,洋洋洒洒数百万字的巨著又会耗费作者多少的心血呢？从国臣同志身上我们不难感受到"天道酬勤"的道理,没有百折不挠的性格,没有坚忍不拔的精神,是难于成功的,这种勤奋和执著的精神非"苦"不能磨练,非"苦"不能铸就。这不能不让人肃然起敬。

三、国臣同志是把从政和为文有机结合并收获丰硕的典范

党的十七大提出要建立"学习型政党",提出共产党员要做学习的模范。成功者都是刻苦学习者,都是不断创新者。历史的脚步总是有着自己的逻辑,生命的流程也同样总是演绎着不同的轨迹。国臣同志给我的印象:总是停不下来,也总是闲不住！他在不断思索、不断追求、不断奋斗！从20世纪80年代始直到今天,他一直没有停止过编书、写书的工作。国臣同志大学毕业后,先是留校任教,后来又先后在郑州晚报社、郑州市委办公厅、省委政研室、省政法委等单位工作。国臣在官场上很是顺达,可以说在每一个岗位都能把从事的工作做得得心应手,并在某些方面取得开创性的成绩,为单位赢得了不少荣誉,本人也受到了上级领导和部门以及同志的充分肯定和好评,这说明国臣兄很适应这种氛围。其实过去做官的多有文学性情,也涌现了不少有成就的诗人、作家,像王安石、欧阳修、苏轼等,当今也有作家市长等,但他们多是仅仅局限于文学某一方面,而像国臣同志这样博学深研的屈指可数。正如恩格斯评价马克思的那样："一生中能有这样两个发现,该是很够了。即使只能作出一个这样的发现,也已经是幸福的了。但是马克思在他所研究的每一个领域,甚至在数学领域,都有独到的发现,这样的领域是很多的,而且其中任何一个领域他都不是浅尝辄

止。"国臣同志何尝不是如此呢？多年来，为了着力把握中华文化的精髓，国臣在繁琐的工作之余，广泛涉足地质、天文、佛、儒、道、书法、绘画、医药等诸多学科。

　　身为一位领导干部，国臣同志肩负着重要职务，平时的工作不可谓不繁忙、不紧张，但他却能够在紧张和繁忙之余去寻求另一种精神的追求，累岁经年，确实难能可贵。他是一个让人感觉永远不知疲倦的人，一个拿自己的生命同追求赛跑的人，一个胸怀着嵩山精神并立志把这种精神扩而广之的鼓与呼、呐与喊的人。当然，国臣也不是神人、铁人，他也有疲倦的时候、迷惘的时候。国臣曾经说过："我实在太累了，在节假日废寝忘食，曾劳累晕倒在书房，但仍手不释卷，拼搏向上。"在当今红尘滚滚、物质享受至上的风气中，作为一名领导干部，要远避世俗、淡泊名利，需要多大的毅力和人格力量去支撑啊！唐代李世民有言"心随朗月高，志与秋霜洁"，此种人生境界，对国臣来说也是合应的。苦心人天不负，上天对国臣"苦并快乐着"的读书生涯的回报也是丰厚的。近年来国臣同志先后出版的《中国艺术之最》、《中国文化之最》、《中国少林文化学》等25部书，无疑就是国臣同志在文化的天空翱翔时为自己，也为时代、为历史留下的魅力印记。可以这样说，国臣同志作为学者型公务员，为官治学的精神是可贵的，取得的成果是丰硕的，他的为官治学精神以及取得的成果都为我们做出了表率、树立了典范，值得我们每一位同志学习。

嵩山提升境界　流泉润育情怀[*]

詹玉荣

雪融天晴,瑞气喜临;
高朋满座,英才盈门。

欣闻河南大学、河南省社会科学院、河南省社会科学界联合会召开《嵩山的流泉》出版学术研讨会,我在北京参加会议,特向你们和丛书作者张国臣同志表示热烈的祝贺!向与会专家、作家、学者、评论家和同志们致以崇高的敬意!

嵩山提升境界。我认识国臣同志多年,今年又在中央党校同班学习,深为国臣同志的学习精神、人生境界、学子情怀所感动。他所著《嵩山的流泉》,就是一个嵩山之子境界情怀、治学精神的集中反映。该丛书有理论、演讲、诗词、散文、箴言、武术、评论、文学脚本、摄影等多卷,数百万言,凝结了国臣同志多年不畏艰辛、不懈攀登的心血和汗水,实是勤奋所得。嵩山提升了他不断攀登的人生境界!

流泉润育情怀。诠释国臣同志挚爱生命、执著奋进、升华境界、陶冶情怀的动力源泉,就是嵩山的一山一水、一潭一泉。中岳嵩山,群峰挺拔,气势磅礴,景象万千;嵩山流泉,弥漫山涧,飞流直下,奔腾不息。悠久的嵩山文化,给世人留下了各个时期的名胜古

---

* 詹玉荣,河南省新闻出版局局长、研究员。该文为詹玉荣局长在"张国臣《嵩山的流泉》捐赠仪式暨文化丛书出版研讨会"上的发言。

迹和美丽动人的传说,为伟大祖国的壮丽河山和河南的悠久厚重历史增添了数不尽的耀眼光辉。国臣同志生于嵩山、长于嵩山,他登着嵩山长高、饮着泉水长大,流泉润育了他执著奋进的美好情怀。我们衷心祝愿他再接再厉、不断攀登新的高峰!

祝《嵩山的流泉》出版学术研讨会圆满成功!

2009 年 12 月 3 日

一个学者型官员的心路历程*

张 锐

在人生的道路上,每一个人都是行者。许多人匆匆而过,无声无息,没有给后人留下什么值得记忆和回味的东西。有的人处处留心,用心感悟,勤奋学习,手随心到,把自己对世事人生的体验和感悟记录下来,把对一些重大问题的深入思考系统化,在给社会增添了宝贵的精神财富的同时,也让人们看到了一个学者型官员的心路历程。国臣同志的《嵩山的流泉》就是这样的心血之作。

拜读国臣同志的大作,使我深受震撼、深受感动。一位领导干部,一位高级检察官,每日政务的繁忙可以想象,却还能有如此丰硕的成果,他怕是把别人周旋于灯红酒绿、笙歌曼舞的时间都拿来作了学问。作为他的校友和同道,我钦佩之至并为之自豪。阅读这套著作,有这么几点使人印象格外深刻:

一是涉猎广泛,内容丰富,形式多样。《嵩山的流泉》内容非常广泛,形式多种多样,包括诗词、散文、文学脚本、摄影、评论、理论、演讲、箴言、武术等九卷,洋洋数百万言。可以说,它既是国臣同志三十年间从事跨学科、多领域研究积累起来的学术成果,又是作者心灵的抒怀、人生的记录、生活的写照、工作的思索。它既有理论的深度思考,又有现代管理的学术探讨,同时还有文化的寻根

---

* 张锐,河南省社会科学院院长、教授。该文为张锐院长在"张国臣《嵩山的流泉》捐赠仪式暨文化丛书出版研讨会"上的发言。

透析。可以说在这套丛书中，国臣同志多角度、跨时空地描述了改革开放三十年来我国社会主义事业波澜壮阔的历史进程，同时又以独特的视角展现了国臣同志本人作为个体在这一历程中的所历、所思、所悟与所得。

二是对嵩山少林文化的潜心研究和形象描述。国臣同志长期关注中华文化的圣山嵩山，关注最能代表中原文化特色的少林禅武文化，用三十年的心血和汗水，为我们烹调出几道少林文化大餐，对少林文化作了较为全面的检阅、体味、思索和再现。少林文化是人类宝贵的文化遗产。少林文化的特色可以用两个字来概括，这就是人们所熟知的"禅武"。作为禅宗祖庭，少林寺在佛教界享有很高的地位和声望；作为中国武术正宗，少林功夫一直为武林人士所敬重和仰慕。而禅与武的结合，更使少林文化可以傲视群俦。同时，少林寺所处的嵩山，古称中岳，为中国五岳名山之一。早在南北朝时期，嵩山就已经是三教汇流之地，成为中原文化乃至中华文化的凝聚点。1982年，嵩山风景名胜区被国务院批准列入第一批国家级风景名胜区名单；2001年，嵩山被批准为国家地质公园；2004年2月13日，联合国教科文组织地学部评选嵩山为"世界地质公园"；2007年5月8日，嵩山少林景区被国家旅游局正式批准为国家5A级旅游景区。嵩山与少林寺独特的文化地位，决定了它必然是中原文化研究者关注的焦点和重点。国臣同志长期关注少林文化，以独特的学术视野、独到的学术建树、独立的学术思考，开创了"少林文化学"，先后出版了《中国少林文化学》、《神奥嵩山》、《中岳嵩山》等多部专著，受到广泛赞誉。如原国家新闻出版署署长于友先就认为国臣同志的少林文化研究，"建立起自己的体系，构成了一门学问"。有学者把《中国少林文化学》称之为"少林文化的集大成之作"。《嵩山的流泉》则是国臣同志再次隆重推出的嵩山文化系列研究中的又一系统工程和力作。它既有直观的摄影作品，展示和再现了嵩山及少林文化的风貌,又有文学脚本,艺术地表现了嵩山和少林文化的形成、发展与深远影响,同时还有系统研究少林文化的理论文章,如《少林文化研究管见》《嵩山,少林文化多样化发展的时空条件》等,都不乏真知灼见。

文化研究,尤其是区域文化研究,目前已经成为学术研究的热点所在。对区域文化进行深入系统的梳理研究,是进行现代文化建设的重要基础,既有学术价值,又有现实意义。当前河南正在积极实施文化强省建设战略,努力实现由文化资源大省向文化强省的跨越式发展。2009年省委、省政府着力推进的"旅游立省"战略,正是着眼于文化资源的开发利用,将文化资源与旅游资源结合起来,让文化与旅游穿上连体衣,共同发展。国臣同志从小就接受厚重的嵩山文化的熏陶,之后又曾专门习练少林武术,可以说对嵩山文化、少林文化有着切身感触;在河南大学就读期间,便开始有意识地着手进行嵩山文化的研究;工作之后,仍然志存高远、勤奋耕耘,从而将嵩山系列文化研究不断推向深入,为河南当下进行的嵩山文化旅游开发和嵩山文化传播作出了重要贡献。

三是结合工作实际,实现了学术研究与文学创作的有机融合。国臣同志长期在重要的领导岗位工作,但他却能很好地处理领导工作与学术研究、文学创作的关系,充分利用业余时间,把笔锋和镜头对准现实生活、对准社会大众、对准他所喜爱的少林文化、对准他所思考的理论问题,让人们看到了一个又一个精彩画面,欣赏到一个又一个艺术精品,接触到一个又一个理论探索。国臣同志在工作之余给人们展示了生活的精彩、艺术的价值、理论的思索、人生的美妙,实在令人感佩。

《嵩山的流泉》系列著作的特点,决定了它的学术和实践价值。概括起来,起码有这么几点:一是它从不同角度、采用不同形式系统地展示了少林文化的博大精深,宣传和弘扬了少林文化的禅武精神,让人们再一次认识到了少林文化的不朽价值;二是它深邃的理论思考,尤其是关于少林文化资源开发利用的一些思路和想法,对促进少林文化的深入研究,对少林文化的现实应用,对少林文化资源与少林旅游资源的深度融合,以及对文化强省建设,都具有正面的、积极的意义;三是《嵩山的流泉》系列著作的丰富和精彩,给人们很多启示,尤其是对整天忙于公务的领导同志来说,完全可以借助文学创作、学术研究、书法摄影等,使自己的业余生活更精彩、更生动、更具有人生品位和价值。

国臣身在党政要职,仍然能够笔耕不辍,坚持进行文化研究,并取得累累硕果,其所取得的成就、达到的境界,就是专业的学者,也未必尽能,实属难能可贵。国臣同志的学习精神、学者情怀、创作态度,必将给从事学术研究的后起之秀带来更多的鼓励。他所取得的研究成果,也必将在嵩山文化乃至中原文化的研究、开发和利用中,发挥十分积极的作用。

最后,祝愿本次研讨会圆满成功,也祝愿国臣同志不断有新作问世,不断以自己的辛勤劳作,为亲爱的母校河南大学增光添彩。

2009 年 12 月 3 日

著名书法家姜玉富书张国臣词《浪淘沙·嵩山寺》

经济发展的探索　社会管理的创新[*]
——评张国臣《嵩山的流泉》

程传兴

张国臣同志是一位典型的学者型领导。其不仅受过系统的中文专业训练,具有深厚的中文基础,而且大学本科毕业之后,在繁重的领导和文字工作之余仍然积极求学,钻研学问,学至博士。因此,不断学习、不断思索、创新工作、为国家复兴作贡献是其最高的人生追求。《嵩山的流泉》一书,既是其勤奋工作经验的总结,也是其人生的感悟、中国文化的传承、笔耕不辍的心血结晶,更是作者潜心观察、深入基层、调查研究、积极思考、缜密研究,进行经济发展方面上的探索和管理理论上的创新的智慧结晶。该书洋洋洒洒数十万字,从嵩山的少林文化、嵩阳书院的儒家学术思想,到少林建筑乃凝固静止的音乐,天人合一的初祖庵、中岳庙建筑的辩证法史观,从微观的经济基础——企业的产权制度改革,到中观地方经济发展、宏观经济的超常规发展,从文化研究,到经济理论的探索和社会管理的创新,从政策理论的研究,到实证应用的总结和创新,可谓跨学科、跨领域,是知识渊博、思想深邃的体现。书中收集的41篇文章,其中有9篇为经济发展的探索,21篇为涉猎管理理念、管理体制、管理组织、管理机制四个方面的社会管理创新和实

---

[*] 程传兴,河南农业大学党委书记、教授。该文为程传兴书记在"张国臣《嵩山的流泉》捐赠仪式暨文化丛书出版研讨会"上的发言。

践,充分反映了作者敢为人先、善于总结、勇于探索、愿为民安的高尚情操和务实的工作作风、光荣的历史责任感和使命感。其中在经济发展方面的探索,不仅在理论上有创新,而且其研究成果具有很重要的应用价值,集中体现在三个方面:

1. 经济规律的探索。我国是世界上最大的发展中国家,人口多、底子薄、资源匮乏是我们的基本国情。我们要想在短时间内赶上发达国家,就必须实行跨越式发展,即超常规发展。但如何超法,可谓仁者见仁、智者见智。张国臣同志通过理论上的分析和实践上的总结,从体制、外力、资源配置、效益速度等方面科学地界定了经济超常规发展的内涵,凭借深邃的思考,系统总结了实现经济超常规发展的必备条件是合理的经济体制、全方位的开放体系、紧紧抓住良好的机遇,特别指出了改革开放14年来尽管国民生产总值年均增长率达到8.6%,但不能算超常规发展,其原因有三:一是体制改革仍处于探索之中,二是开放程度不够,三是经济增长不规则波动。党的十四大以后,由于确立了社会主义市场经济体制,进一步加大改革开放力度,西方主要国家在战略均势和市场争夺矛盾加深,亚太地区相对稳定,发达国家经济衰退、复苏乏力,急需开拓新的市场,世界经济中心逐渐东移,国际环境十分有利,我们只有紧紧抓住这些机遇,快速行动,才能实现经济的超常规发展。实现经济超常规发展的举措是:一是指导思想上超常规,即解放思想换脑筋,实事求是尽力为,效益速度同步增,技术管理比翼飞。二是改革旧的管理体制,消除束缚生产力发展的环节和因素,如政府机构的转轨变型、企业经营机制转换等,实现体制能量释放上超常规。三是借助外力、形成合力、鼓足干劲超常规,集中力量抓经济。借助外力诸如借梯上楼、借船出海、筑巢引凤、引凤筑巢等,形成合力是指党政各个部门必须思想同心、目标同向、工作同步,鼓足干劲是指围绕经济建设锐意进取、迎难而上、真抓实干。四是在打破惯例、高标准严要求、一抓到底、讲究实效,在抓落实上超常规。时至今日,上述举措对于任何一个区域经济超常规发展都具有重要的参考价值和普遍的指导意义。

2. 微观经济的改革。企业是国民经济的细胞。企业的活力和效益直接影响国民经济的可持续发展。作为国民经济骨干的国有企业,大多数亏损或效益不好,其根本症结之一是其产权制度需要改革。张国臣同志从三个实证出发,从农村实行土地家庭联产承包责任制,短时间内成功解决了十多亿人口的温饱问题并开始向小康迈进,到乡镇企业凭借股份制和股份合作制改革,实现自主经营、自负盈亏、自担风险的经营机制转换,在中国经济中异军突起,不断发展壮大,再到60年代初美国的凯尔索提出的企业股份制计划及其推行,美国、英国、日本数千家公司的"私有化改造"成功,科学论证了改革企业产权制度才能解决国有企业亏损面扩大的顽症。同时针对小型、中型和大型国有企业的产权制度,分门别类地提出相应的改造战略:拍卖小型国有企业,化国有为民有民营;"让"出股份嫁接大中型国有企业,实施外向型带动,盘活存量资产、解决资金短缺、加快转换经营机制;理顺产权关系,建立现代企业制度,实行国有国营,改革国有资产管理体制,转变政府职能,改造好特大型企业。这对于深化河南省和郑州市的国有企业改革,加快国有企业发展壮大发挥了重要的决策咨询作用。

3. 地方经济发展的探索。张国臣同志早在1994年就开始关注河南经济的发展。1995年根据自己担任郑州晚报社社长的深厚积淀,鉴于新闻是党的喉舌的重要地位和作用,开始研究新闻出版的发展战略问题。在市场经济的大潮中,积极探索了新闻出版的"V"发展战略,即"一个中心点,两条基本任务线",在上述方针的指导下,提出了组建新闻出版集团的基本原则和"两论并转"的战略框架,这些探索特别是在建设河南文化大省的今天,对于新闻出版业实现以规模数量的增长向优质高效的发展转移指明了方向。在其担任河南省省委政研室副主任期间,紧密结合自己工作实际,充分利用自己对登封少林文化和旅游的长期研究和积累的优势,深入基层调查研究,科学地总结了我省旅游业纵向成绩显著、横比形势严峻,深刻剖析了制约我省旅游业发展的主要因素,提出加快我省旅游业发展的九点建议。鉴于河南省旅游文化资源十分丰富的优势,张国臣经过大量的实证研究和定性分析与定量分析相结合,提出河南省应该实施旅游经济适度超前的发展战略,并对其内涵、特征、实施的基本条件、发展战略的构想进行了科学的论证和阐述,尤其是其硕士论文《河南旅游经济适度超前发展战略初探》,运用区域经济和发展经济理论,以登封少林旅游业发展为案例,提出实施旅游经济适度超前发展必须破除三个误区,即否定旅游业的生产性和产业型误区、管理上追求数量型增长的误区、方法上盲目单兵突进的误区,系统总结了登封以少林文化兴旅游促进经济社会快速发展的成功经验,针对河南省旅游经济发展存在的问题及其深层次原因,提出了加快河南省旅游业适度超前发展的战略构想和重大措施。这些积极思考和周密谋划受到了河南省委省政府的高度重视和肯定,许多设想和建议已经进入省委省政府决策并付诸实施,为推动河南省旅游业的可持续发展、建设文化大省、实现中原崛起作出了突出的贡献。

2009年12月3日

法制建设理论的思考和创新[*]

陈景良

我很高兴参加张国臣教授《嵩山的流泉》丛书研讨会，而且我也很愿意前来参加这个研讨会。原因有两个：一是我认为张国臣教授虽身居政界，担任要职，但他博览群书、才思敏捷、笔耕不辍，时有论著发表，其论著学理性思想性很强，对此我非常钦佩；二是张国臣教授的丛书中有一部分是有关法制建设理论思考的内容，我作为一个法学教授对这些内容也非常关注。下面我想结合张国臣教授丛书中的法制方面的论文，谈一些管见。

张国臣教授丛书中的法制方面的论文，涉及的内容非常丰富，既有《如何正确处理新时期涉法上访问题》、《深入贯彻党的十七大精神，惩治预防渎职侵权职务犯罪——关于创新"打防协一体化"工作模式的思考》，又有《围绕人的全面发展实现新时期知识管理创新》、《试论博弈理论在社会治安防范中的应用》、《群体决策支持系统在社会治安防范管理中的应用》、《关于新时期治安防范管理现代化的思考》。这些论文探讨的都是当前我国法制建设中的重大实践问题和理论问题，体现了鲜明的理论与实践相结合的研究特点，具有比较开阔的理论视野、深切的现实关怀和较强的问题意识，呈现出跨学科多维度的知识背景和研究方法。而这三

---

[*] 陈景良，河南大学法学院院长、教授、博士生导师。该文为陈景良院长在"张国臣《嵩山的流泉》捐赠仪式暨文化丛书出版研讨会"上的发言。

点正是当前我国法学界在进行法学研究和教学中大力提倡和积极探索的。

在此我主要就当前的涉法上访问题,具体谈谈张国臣教授的研究对我本人的启发。涉法上访问题是我国当前社会转型时期的一个突出问题,凸显了当前我国在民众的多元利益诉求表达渠道不畅、纠纷解决机制不够完善、司法效率与司法公正亟待加强等方面的问题,在一定程度上集中体现了当前我国司法改革、法治观念、权利保障与纠纷解决机制构建中所存在问题的诸多面相。根据我所掌握的文献资料,我国法学界对涉法上访问题非常关注,发表了一定数量的论文,提出了一些富有价值的思考,归纳起来大致有:肯定涉法上访的权利救济功能与民意表达价值,指出涉法上访具有法治与人治的双重属性,应当对其重新定位,重构信访制度,厘清涉法上访与申请再审制度之间的边界,在强化司法救济和司法权威的过程中逐渐消解涉法上访。

与此相比,我认为张国臣教授就如何正确处理新时期涉法上访问题所进行的思考,是站在全局性的高度,紧密结合构建社会主义和谐社会的治国方略、秉持以人为本的法治理念,提出了颇有理论见解和可操作性的解决方案。张国臣教授认为,人民信访作为社会边缘群体利益表达渠道的主渠道,涉法上访问题不可能在短期内消失。只有认真实践"三个代表"重要思想,坚持以人为本,加强知识管理,促使人的全面自由发展,实现工作理念、工作机制和运行组织的现代化,才能为改革与发展创造和谐稳定的社会环境;只有不断创新信访工作机制,整合各种社会资源,才能不断提升应对复杂局势的能力和化解社会危机的能力。处理涉法上访工作理念必须强化人本理念,将人文关怀渗透到信访工作创新的全过程之中,加强司法普及预防教育功能,增加人民群众对法律法规的理解度,引导群众通过法定的、理性的渠道,来解决各种矛盾与纠纷;强化大信访理念,以社会治安综合治理的框架来支撑信访工作机制创新,强化能力型责任政府理念,强化政府能力和政府责任,以求真务实之风塑造政府权威形象增强凝聚力;处理涉法上访工作机制必须以人为本,构筑社会安全阀机制,把社会不和谐因素消融在萌芽状态;构建信息化网络化的信访工作支持平台,提高信访工作的科技含量,提升快速反应能力;建立信访执法质量考评体系,加强政法部门业务、队伍建设;处理涉法上访必须建立学习型组织,不断提升创新力、领导力。

由此,我想到,在当今全球化的时代,中国的法治进程正在由以立法为中心的时代转向以人为本、关注法律的实效、关注法律与民众的权利诉求之间良性互动的时代。一方面,面对法律全球化的挑战,"作为世界结构中的中国"(邓正来语)必须更深入地了解、选择和借鉴他国的法治文明成果;另一方面,作为一个拥有悠久历史文化传统的中国,也必须根据中国的现实和中国人的生活需要,走出一条具有中国品格的法治之路,体现出我们自己的文化认同、身份认同和政治认同。构建和谐社会不仅是当前我国的治国理念之表达,对理想的社会状态之描绘,而且也是促使法学界重新审视法律在社会发展中的地位与价值、法治进程的中国路径选择之契机。涉法上访就是我们在构建和谐社会的背景下探究法治的中国路径时所必须正视的一个典型问题。张国臣教授关于涉法上访的理论分析,可以说为我们进一步思考法治的中国道路问题提供了富有价值的思路。

尽管涉法上访具有一定的现实功能,尤其是鉴于当下不能令人满意的司法公正与效率状况,但毕竟它是一种我国一段时期以来诉权与司法权之间的扭曲关系、重实质正义而轻程序正义的制度设计、诉讼审判与非诉讼纠纷解决机制纠缠不清的反映和产物。这在一定程度上也体现了我国法治进程中的困境。对此,一味指责涉法上访与法治原则的龃龉,或者强调涉法上访的现实合理性,可能都对推进我国的法治无甚价值。我认为,依托我国的社会现实和历史文化传统,参照西方法治发展的经验与教训,借助和谐社会的理念,对涉法上访这一中国的特有制度予以创造性的转化,即将其所蕴涵的追求实质正义内容调整到非诉讼纠纷解决机制之中,把其所包含的程序正义内容吸纳到诉讼审判制度之中,从而使涉法上访成为我国法治进程中的更为积极和谐的因素,使得诉讼审判与非诉讼纠纷解决机制相得益彰,彼此促进,使强调实质正义与追求程序正义有机地统合协调起来。

透过张国臣教授对涉法上访问题的分析,我们发现涉法上访的逻辑起点并没有错,问题在于其运行的制度环境的错位,而一旦将其运行的制度环境予以正位,涉法上访的初衷就会顺畅地得以实现。由此也启发我们在探寻法治的中国路径时,善待我国既有的制度资源,并将其适当地予以创造性转化,或许是成就法治的中国道路之重要维度。

2009 年 12 月 3 日

刻苦　上进　坚韧*

王家坤

首先向国臣表示祝贺,出版了这么多好书,在母校举行这样的座谈会,让我这个老同学老朋友非常高兴。

对于国臣的了解,我相对多一些。一是同班四年,二是在郑州晚报社共事两年。以后的联系也相对多一些。国臣大学毕业以后,一路走来,领导当得不错,学问做得也很好,是既会做官又能为文,而且做官为文两不误,处理得相当好的一个,是我们中文系七七级的骄傲!

说到七七级,大家会说很多赞扬的话,确实出现了一批在各个方面颇有建树的人。但大家都忘记了另一面,七七级同学在长身体、学知识的青少年时代恰恰是在"文革"十年的文化荒漠里度过的。我们上初中的时候是没有课本的,把老农编写的乡土教材拿来当课本,后来是老三篇、毛主席语录都会背,只有评水浒、读红楼才接触到一些古典文学。七七级的同学基础并不好,属于先天不足,能取得现在的成绩,都是努力拼搏的结果。有一次和省文化厅厅长杨丽萍同志吃饭,她感慨我们"七七级同学真的不丢人",这是实话。我试图以国臣为例,谈点儿对七七级同学的感受。

一、刻苦。七七级的同学先天不足,大学毕业后非常努力刻

---

* 王家坤,《郑州日报》总编辑、教授。该文为王家坤总编辑在"张国臣《嵩山的流泉》捐赠仪式暨文化丛书出版研讨会"上的发言。

苦。国臣同学在校时书法获过奖，毕业前就出版了《嵩山》等两本书。这些都应该是在完成正常学业之余做出的。大学毕业之后，仍然笔耕不辍。离开《郑州晚报》后还可以评高级职称，我拿着国臣的十几本书去报职称，职改办的同志说："这不能破格啥还能破格？"前几年春节后见国臣，他说，春节只有七天假，是在家里闭门度过的，还是为了写嵩山书。这些年国臣的学问越做越好，据我所知，《少林文化学》是一本很有建树的书，获得了国家大奖——中国山花奖·优秀著作奖。有一次，他写了四万字的《话说嵩山》，我拿到晚报编辑部想发一下，因为报社的复杂原因，没有发出来，但时隔半年，拍摄他的文学脚本十集文化风光片《嵩山》就在中央电视台四套播出了。

二、上进。国臣的官当得不可谓不重要，从郑州市委办公室副主任，到郑州晚报社社长，再到郑州市委办公厅主任、副秘书长，1996年省委通过考试公选，他任省委政研室副主任，后又任省政法委常务副书记、省检察院常务副检察长。哪样工作任务都不轻，正常人拿出全部精力才能应付，国臣就能挤出时间来学习、来写作，而且是官位的上升和学问的上进两不误，做得相得益彰。这不仅需要刻苦，而且需要一种精神，那就是上进心！国臣的家庭处理得也不错，女儿张羽学业有成，已经从美国的纽约大学法学院毕业了。

三、坚韧。国臣就有这种精神。大学开始，30多年如一日永不歇笔，永不言退，当官顺时如此，不顺时更如此，身体好时如此，有病住院也如此，不容易，真的不容易。这一点是国臣的特点，也是七七级同学的普遍特点。有一次和一位当过组织部门领导的同学分析，同学中哪位可再上新台阶，这位同学点了张国臣，另外还有一位女同学。希望国臣学问更上一层楼，工作更进一步，也希望他身体更健康，著作更多一些！

2009年12月3日

法律人的情怀[*]

田 凯

当近400万字的九卷本文集《嵩山的流泉》摆在我面前时,震撼是心中的第一反应。时间对每个人都是公平的吗?为什么有的人终日碌碌,却一无所为?张国臣同志身为河南省检察院常务副检察长,政务不可谓不繁忙、工作不可谓不紧张、责任不可谓不重大,可是他却仿佛练就了妙手空空的绝技,不知从何处偷得光阴,精心雕琢,完成了这些跨越文学、摄影、法律、武术、电视等多个领域的皇皇巨著。难道是时间老人对他特别厚爱,在他身边就特意放慢了脚步?读完这如巍巍嵩山的巨著后,我相信自己找到了答案。

一、"风雨砺石坚,勤奋留英名"

张国臣同志勤于学习。求学时代,他克服种种困难,早起晚睡拼命读书,经常在长明灯教室一坐就到12点,用辛勤汗水换得了优异成绩;工作以后,他更是把别人喝酒打牌享受生活的时间都用在了读书思考上,为了有一个完整的业余时间写作,他连续几个春节都闭门谢客,掐断家里电话;为了完成著书立言的心愿,他更是经常加班加点地工作,累到身患疾病,晕倒在书房,甚至把电脑也

---

[*] 田凯,国家检察官学院河南分院副院长、法学博士后。该文为田凯博士在"张国臣《嵩山的流泉》捐赠仪式暨文化丛书出版研讨会"上的发言。

累得发热自动关机。他的时间,就是这样分秒必争地挤出来的;他的学问,就是这样扎扎实实地做出来的。

张国臣同志勤于思考。他独具慧眼,唤醒了嵩山文化;苦心经营,构建了少林文化大厦,成为中国嵩山少林寺文化学研究的第一人。他独辟蹊径,对我国改革发展稳定中的一些重大课题进行探索性思考,提出了许多有创建性的对策建议。"学而不思则罔,思而不学则殆",学习和思索相结合,使他在中原文化和政法文化的研究中,更具前瞻性和科学性。

张国臣同志勤于实践。从编写第一本书《嵩山诗选》至今,十几年间他笔耕不辍,陆续出版了《中国少林文化学》、《神奥嵩山》、《中国艺术之最》、《少林诗词选注》等多部专著。还主编了《少林武功》、《中国文化之最》等。他还积累了千余万字的读书笔记和剪报札记,写出了由此而获得的心得《少林箴言》,撰写了十集文化风光电视片《嵩山》的文学脚本。

机遇首先迎候的是勤奋者,天分首先偏爱的是勤奋者,命运首先光顾的也是勤奋者。张国臣同志曾经说过:"没有百折不挠的性格,没有坚韧不拔的精神,是难以成功的,这种性格精神,非'苦'不能磨练,非'苦'不能铸造。"天道酬勤,有德无敌。

二、生命和责任牵手相连

在这些文字中间,我还读出了一个法律人的责任意识,一个人民公仆兢兢业业的奉献精神。这种责任,是千百年来中国读书人的兼济天下苍生的自觉承担,是新时期一个普通共产党人为人民服务的自觉意愿,是一个法律工作者对公理正义、和谐社会始终不懈的追求。

张国臣同志说:"法律是人民权利的喉舌,法院是法律帝国的首都,法官是帝国的王侯。迟来的正义即非正义,正义被耽搁等于正义被剥夺……"他还说:"管理就是把复杂的问题简单化,把混乱的事情规范化,管理意味着制度选择,制度的力量就是培育人、激励人、开发人,为人的发展提供制度平台,使想干事的人有机会,能干事的人有舞台,干成事的人有地位……"他深入思考了法律这种以人为本的理念,认为应该把人文关怀渗透于依法治国的全过程之中,倾听民声,反映民情,表达民意,凝聚民力;而且应该以此为基础,提升法治的社会公信力和整合力,强化终身学习理念,打造学习型政府组织,在学习中提升政府的公共服务能力和维护社会稳定、促进社会和谐的能力。拳拳之心,殷殷之情,溢于言表。这种情怀和社会责任感,正是一名法律人的社会责任感,正是中国优秀知识分子一脉相承的赤子之情,诸葛亮诠释"鞠躬尽瘁,死而后已",范仲淹挥写"先天下之忧而忧,后天下之乐而乐",林则徐铭志"苟利国家生死以,岂因祸福避趋之"。今天,张国臣同志用文字记录了一名法律人的担当世界的情怀,一名共产党人对人民负责、为人民服务的全新责任观。"力抛三分名利去,赢来一世精神挺。"在人民的心中,自会有一座无形的丰碑,记录下一切为人民服务的人,一切为社会担当责任的法律人。

三、剑胆琴心,刚柔相济

刚与柔的平衡可使人生和谐安定、坚实温馨。由于常年担任领导工作,张国臣同志胸中有丘壑,笔下自然也有一种浩然之气。这种大气,是稳重、练达的,也是思虑周详、逻辑严谨的。从容淡定之间,充分显示了一个文化学者和决策者的胸襟和气魄。比如他2007年撰写的《贯彻党的十七大精神,惩治预防渎职侵权职务犯罪》,提出了创新"打防协一体化"工作模式,得到中央政法委、最高人民检察院、省委领导的批示肯定,进入决策。2008年他撰写的文章首次比较系统地总结出全省政法工作"初始创建"、"成熟完善"、"创新发展"阶段的历史进程。

然而,百炼钢成绕指柔,我更推崇张国臣同志笔下那些温情脉脉的文字——对父母长辈的血浓于水,对女儿的舐犊情深,对爱人的相濡以沫,对人民的赤子忠诚,都令我感慨万端。比如他对母亲的深情怀念:"母爱之崇高如大山,深沉如大海,纯洁如白云,无私如天地。那根为游子缝补过衣衫的慈母线,是世界上最长的线。"(《箴言卷·幸福,不懈的追求》)对女儿语重心长的嘱托与期盼:"纽大攻硕士,华夏有法平。"从这里,我分明看到了一个慕孺情深的儿子,一个爱女至深的父亲,这完全不同于他工作中的稳重干练,是一种平凡人的温暖情怀。

嵩山岩石磨砺了他的铮铮铁骨,嵩山清泉滋润了他的浪漫情怀,嵩山的神奥赋予了他博大的胸襟。九卷本《嵩山的流泉》,就是这个嵩山之子用双手建造的一座气派非凡的文化嵩山,一座给人启迪、教人奋进的精神嵩山。"泰山不辞细壤,故能成其大;河海不择细流,故能成其深。"总之,《嵩山的流泉》各卷内容丰富,大气厚重,有深邃的哲理,也有平淡动人的深情,传达出一种政府官员的思考、文学家的表达和诗人的浪漫结合而成的激情。值得我们每一个人学而时习之。

2009 年 12 月 3 日

嘹亮的启示*
——读张国臣《嵩山的流泉》

孟宪明

国臣写了很多书。究竟写了多少,作为他的同学其实我也不知道,所能知道的,就是写了很多!读大学的时候,我们五个同学一起选编了一本《人生珍言录》,书还未正式出版,就听说他又在搞嵩山诗词的选注。毕业不久,就知道他的《历代名人嵩山诗选》出版。之后是《少林武术》九卷本,之后是《中国艺术之最》、《中国文化之最》和《花鸟诗词鉴赏词典》,再之后就是精装本的《中国少林文化学》和《神奥嵩山》。今年4月12日,当他把九卷本《嵩山的流泉》挺挺地垒在我书房的时候,着实把我吓了一跳。

国臣在跑。

国臣一直在跑!

浅浅地趟响《嵩山的流泉》,我发现,除箴言卷外,400万言的丛书大多都在说嵩山。剧本卷、武术卷、诗词卷和摄影卷是纯粹在说,理论卷、评论卷、演讲卷、散文卷,也都有专说嵩山的地方。加上48万字的《中国少林文化学》和58万字的《神奥嵩山》,国臣的兴奋点就不难发现了:他一直在关注和研究中岳嵩山,或者说,作为中华文明重要发源地的嵩山文化一直是国臣的凝视之地。

---

* 孟宪明,河南省文学院教授、一级作家、民俗学家。该文为孟宪明教授在"张国臣《嵩山的流泉》捐赠仪式暨文化丛书出版研讨会"上的发言。

国臣在跑。很多人都在跑。先跑的不一定跑得快。总跑的也不一定跑得就好。

既要跑,又要跑得好。这是一个问题!

奔跑了多年的国臣用他多年奔跑的实绩给了我们一个启示,一个很好的、响亮的启示。如果把国臣本为官员、并非专业的研究人员,所写多为业余这个实际情况考虑进去,那么,形容这个启示就得把"响亮"改成"嘹亮"了!

启示之一:选择甚于才气。

我不是说我的同学没有才气。我不是这个意思!我是说,如果有了一个好的选择,你就会捷足先登,事半功倍。一览众山小。不,是"万山由我造"!嵩山作为学问,绝对是近年的事情。在华夏几千年文明史上绝没有出现过。唯其"绝对",故而重要。处女地似的学术领域有一个好处:怎么做都是高度。怎么做都前无古人。怎么做都可能成为范式。怎么做都得劲得很!选择的本质是创造。创造的基础是勇气(学识、见识,虽为创造所必需,却是排在后边的因素)。印度的教子书在扉页上这样写:智慧若不和胆量结合,智慧就是狗尾巴上的泥。倒过来想一想,如果国臣选择的不是嵩山,而是那些千年犁万人耙的传统学科,他会有如此的成就吗?也就是说,他是用业余时间完成了其他领域专业人员终生努力还不一定能达到的高度。

启示之二:只要走,终会到的!

勇气不仅指胆大,还有一条也很重要,那就是:坚持!

国臣坚持着。

国臣一直坚持着。

如果说大学期间的《历代名人嵩山诗选》、《少林武术》那只是一种学术敏感、少儿时节,那么,多年之后对于嵩山文化(当然包括少林)的专业研究就是理性思考的结果了。青年时研究嵩山,壮年时研究嵩山,水滴石穿,绳锯木断。几十年一个眼儿,想钻不透都难。国臣担任着领导职务,他是标准的政府官员,也就是说,他的研究必然是在业余时间里进行的。一般人都明白,业余是不多的。一般人不明白,业余其实不少。就看你怎么样挤兑和利用了。一年有52个星期天,一年有十天的节假日。每日的晨晨昏昏,茶余饭后的边边角角,甚至,生病时躺在床上。国臣利用一切条件创造便利,坚持着对嵩山的考察与研究。当人们放开怀抱、尽享周末的时候,当大家在鞭炮的噼啪声中欢度春节的时候,他屡屡地杜门谢客,在书房里晨昏笔耕。"累倒在床上","呕吐到电脑的屏幕上",国臣说过多次。大学问家黄季刚说,无必死之决心,无必成之事业。干啥都苦,关键是苦得其所。"平芜尽处是春山,行人更在春山外。"这行走在春山之外的行人,靠的是什么呢?

坚持而已!

2009年12月3日

著名书法家宋华平书张国臣词《沁园春·嵩山》

我认识的张国臣*

张志超

今天,能够到河南大学参加张国臣《嵩山的流泉》捐赠仪式暨丛书出版研讨会,甚为荣幸。作为一名法律实务工作者,难得有这么一次向大师们学习的机会,我自然倍加珍惜。要说评论,实有班门弄斧之嫌,我就换个视角,以我认识的张国臣为题发表一些看法,敬请各位指教。

一、文人张国臣

张国臣是文化人,他自幼勤奋、聪慧,学习认真刻苦,受父母的启蒙教育,父亲教其古文、练字,姐姐教其写作业,母亲送其至登封县王村小学就读,三年级时的作业就在全校比赛展览,胜过高年级学生,深得老师钟爱,这些,为他走上文学之路奠定了良好的基础。写到此,不由想起我 2003 年 12 月 21 日写的童年纪事:"立雪南桥写韵龄,坐风北院负书童。五庚初沐园丁露,一世泽被墨稼情。"

张国臣是文化人,他高中毕业后教过小学、中学,治学严谨,为人师表。1977 年恢复高考制度,他 18 天没有脱衣服睡觉,白天工作,晚上复习,困时针刺食指,以登封县第一名的成绩考入河南大学中文系,大学毕业后又留校任教多年,如今已是桃李满天下。

---

* 张志超,开封市人民检察院检察长、作家。该文为张志超检察长在"张国臣《嵩山的流泉》捐赠仪式暨文化丛书出版研讨会"上的发言。

1999年12月获河南大学经济学硕士学位,2003年12月获华中科技大学管理学博士学位,目前,正在攻读中国政法大学法学博士学位,张国臣的学习精神令人钦佩。

张国臣是文化人,他是中国作协会员,河南大学兼职教授,硕士生导师,还任过报社社长,他编著出版了多部著作,成果丰硕。在当今社会浮躁的大背景下,在相当一部分人追求金钱名利、中国传统文化面临严峻挑战之时,身居要职而能沉下心来,笔耕不已,难能可贵。其要多熬多少眼,多受多少苦,殊不为回报,辛劳谁人知?苦心终有报,探索永无期。

张国臣是文化人,一部《嵩山的流泉》,凝聚了作者多少心血和汗水!该书全方位、深层次、多手法反映了河南改革开放三十年的发展变化,既有学术性、思想性,又有实践性、创新性,是一部理论与实践相结合的好书。

二、领导张国臣

张国臣是我直接的上级领导,不仅现在,从2001年他任省委政法委副书记时,就是如此。但他从来没有摆过上级的架子,也没有粗暴地对待过下级,他常说:"领导就是服务,关心部下才能更好地发展。"在他手下工作,感受最多的是关爱、启迪,从而主动去思索,去创新,去开创工作新局面,1998年,他率团去东南亚几国学习考察,他对我们关心备至,嘘寒问暖,严格要求,全团圆满完成了考察任务,每人都写出了有分量的考察报告,至今记忆犹新。今年初全省检察长会议,布置的任务繁重,与会者心情也都很沉重,在总结时,国臣同志主持会议,几句开场白使会议气氛一下子活跃起来。我记得他是这样说的:"今天外面天气寒冷,但室内却是暖意融融;不怕任务重,只要办法多;愿大家战胜困难,必定是柳暗花明又一村。"我从国臣同志身上学会了很多领导艺术,受益匪浅。

三、良师益友张国臣

张国臣是文人、领导，更是良师益友。常言道，君子之交淡如水，我把他当成可以信赖的师长、兄长、挚友，有心里话也往往直接说出来并不拘束，但这些并不影响我对他的敬重。国臣同志在开封学习、任教，对古都很有感情，对开封文化，尤其是宋词情有独钟，对唐宋八大家了如指掌。今年10月18日开封第27届菊花花会开幕式，国臣同志应邀出席，会后我陪他重游龙亭，他说："我是红旗下长大的，看到红墙特别动情，这又有傲霜的菊花，给我照张相吧！"我即选择以龙亭红墙为背景，以菊花为前景拍下了一张照片，作为今天送给他的礼物。今年4月11日，我陪国臣同志考察繁塔，他说，千年古塔，底蕴深厚，周边环境却不好，你要向市里建议改进（之后我将这个意见向市领导转达了，目前拆迁已开始）。当时我们二人被北宋著名大书法家赵安仁书写的《十善业道经要略》深深吸引住了，似乎忘记了一切，触景生情，我当天写了一首诗送给他："十善业道工端雅，百类仙人聚繁塔。千年古寺续春梦，万尊佛砖祭灵华。"让我想不到的是，国臣同志随即和了一首还我："一砖一佛见静雅，万心万愿垒高塔。最爱千年宋刻经，刚柔和谐放光华。"这诗是以文会友之作，几天后发表于《东京文学》和《开封日报》上。

我认识的张国臣诚实善良、读书修身、不懈探索、勇于创新，他身上体现的文人之风韵、领导之气度、朋友之洒脱值得推崇、学习和发扬光大。

2009年12月3日于开封

勤奋的成果　智慧的结晶[*]
——读《嵩山的流泉》有感

宋赟

当我捧着《嵩山的流泉》(理论卷)这本沉甸甸的书时,心里流淌着温暖、激动和感动,中午回到家里便迫不及待地来读,一股书香扑鼻而来,真的爱不释手。周六的上午,我和儿子像往常任何一个周六一样带着小板凳来到新华书店读书。当我看到《嵩山的流泉》是一套集哲学、文学、艺术、宗教、法学、天文、地理、医药、武术、摄影等学科于一体,包含散文卷、诗词卷、武术卷、文学脚本卷、评论卷、理论卷、演讲卷、箴言卷、摄影卷九卷的巨著时,我震惊了!我在想,作为领导干部,作为一名省检察院的常务副检察长,身上必压着一份旁人无法估测的重担,当然还有很多很多的推托不掉的应酬。重任、责任,以及工作压力已经将他的生命空间占用得所剩不多,但是能在繁忙的工作之余,抗拒住世俗的喧嚣和诱惑,抵挡住寂寞和清苦,笔耕不辍,广泛涉足天文、地理、佛、儒、道、书法绘画、摄影、艺术、医药等诸多学科,肯定付出了常人难以想象的劳动。我感动、敬佩、震撼!

——《嵩山的流泉》给了我激情。为官之人,也必有为官的文风,我能感觉到文章在平实、稳重与练达的表达中处处透露着激情,而正是这种平实与稳重才更持久,更需要心灵深处的一种坚持

---

* 宋赟,清华大学法学硕士。

与刚毅。作者激励我在紧张和繁忙之外去寻求另一种精神的追求，利用这种精神去更好地寻求工作的热情，使得自己有一种饱满的热情和激情对待工作，只有充满激情才能有更出色的工作和更美满的生活。

——《嵩山的流泉》给了我气魄。"心有多大，舞台就有多大"。不论是做学问，还是干事业，都必须要有胆、有识、有气魄。胸襟宽广，志存高远，才有克服常人不能逾越的困难的勇气，也才能达到常人达不到的境界，看到常人看不到的风景。喜欢登山而又从不乘索道的我喜欢登山的过程和沿途的风景，更享受到达山顶后"一览众山小"那种超脱，因为只有看到常人看不到的风景才能更加激励自己在登山的过程中奋进不止，才能给人克服超越一切困难的信心和勇气！

——《嵩山的流泉》给了我勤奋。作者在后记中说："我笃信天道酬勤"，也曾经说过："我实在太累了，在节假日废寝忘食，曾劳累晕倒在书房，但仍手不释笔，拼搏向上。"这让我看到了一个不知疲倦、执著勤奋、积极精进、忘我奋斗的人。在该书的字里行间，我深切地感觉到：勤奋已经转化为作者内在的一种力量，驱动着他在人生的旅途中，不断地挑战自我、超越自我。这些年我自己的曲折经历也证明了天道酬勤的道理，我相信我会继续努力，做到把勤奋当成一种信念，转化为一种内在的自觉，把勤奋蕴涵于我生活的每一天。

——《嵩山的流泉》给了我自觉。自我要求，自我检讨，自我反省，自我发觉问题，继而要懂得自己解决问题，然后达到自我改进，自我完善。在佛家看来，无念念即正，有念念成邪。所以，平常的背后自有其非常之处，平凡的极致必有其非凡之境。只有把勤奋变成了一种自觉，把学习变成了一种自觉，在平常、平凡的工作生活中自强不息，这样才能给顶梁柱装上车轮，给理想插上翅膀。

——《嵩山的流泉》给了我智慧。在读文章时，处处都能感受到作者的般若智慧,在他对时事的感触慨叹中又处处渗透着独到的人生感悟与智慧。作为一位知识丰富、学养精深、视野开阔的学者,其实,他为我提供的不仅是知识,还有自己长期浸润在中华文化中领悟到的智慧,这才是更有重要意义的。

台湾的星云大师说:"知识的获取只是个人生活中的一部分,知识的传承也很重要,将自己的技术、才能、经验传授给人,在佛教里称作'法布施'。这不仅能改善人们的生活,还能开发人类的智慧,利益更多人,实在是功德无量。"在此意义上,作者是功德无量之人,撰写这套书正是他功德无量之举,所以,这是一套不一般的书,值得我去不一般地关注、学习与研究。

《易经》乾卦的大象曰:天行健,君子以自强不息。坤卦的大象曰:地势坤,君子以厚德载物。君子学习龙的精神,必须自强不息。中华民族几千年来,迭经祸乱而巍然长存,便是秉持这种自立自强的精神,所以称为龙的传人。有德的人士,应当效法他的德性,再重的山,都承受起来,再深的海,也不会溢出来,增厚自己的美德,以承载重责大任,造福人类。乾道具备元亨利贞四德,我认为,为人处事,更应该秉持仁礼义智,因为"积善之家必有余庆",因为只有自强不息、厚德载物,才会得到上天的护佑!

在我抒发这份感想的时候,我的耳边一直流淌着泉水的叮咚声,老家的村子后边有条小溪,冬天刚过,溪水就丁冬丁冬地响着,伴着儿时银铃般的笑声传到很远很远……

盛世翘楚　引无数名流唱诗赋文竞礼赞

读张国臣文集《嵩山的流泉》丛书有感
著名诗人　林丛龙

嵩山峻极寄深情，九卷流泉出国臣。
读罢华章难入梦，枕间犹听绕梁声。

读《嵩山的流泉》丛书，咏牡丹赠国臣
著名作家　二月河

渺茫凤阁与龙楼，汉家旧地新风流。
芳菲一树老牡丹，掩去金谷万斛愁。

祝贺张国臣《嵩山的流泉》丛书出版
著名诗人　孙轶青

峰高无际自有山岳
泉流不息终成大海

读《嵩山的流泉》有感
诗人 马 蕊

南湾湖畔听嵩泉,
敬佩之意油然生。
借助鸡公向北啼,
送上祝福国臣兄。

峰高无际自有山岳　泉流不息终成大海
——张国臣教授考察嵩山文化(2007年)

为张国臣君《嵩山的流泉》出版而作
河南大学原校长　王文金

峻极嵩岳翠似烟，龙飞瑞气凤高旋。
卅年九卷文星胆，揭秘名山第一篇。

参加国臣同志赠书仪式有感
河南省人大常委会原副主任　张世军

学海无涯勤耕耘，一点一滴暖人心。
融入五脏六腑内，不知不觉成高人。
心血化作文千篇，敬赠母校赞国臣。
智者善品书中味，细细解读寻真金。

读《嵩山的流泉》
河南省委机关工委书记、教授　王　群

嵩山流泉润万物，三十春秋成九书。
同时同学不同绩，夜半捧读叹不如。

贺国臣先生学术研讨会
诗人　杨福平

登临嵩山阅九卷，字字句句似流泉。
不虚年华切琴声，化为嵩风即通禅。

贺国臣兄大作出版发行
书法家　钟海涛

自幼耕读出莘门,渊源家学似春深。
双脚踏碎诗书径,铁塔常留赤子心。
九卷鸿篇昭日月,卅年德政抱乾坤。
知行合一嵩山路,峻极比肩赛昆仑。

读《嵩山的流泉》
检察官　李　扬

忙中偷闲赏流泉,图文并茂扣心弦。
山美人美文更美,时见英才非等闲。
生活磨难历艰辛,成就英雄多思辨。
风霜雨雪终不改,天道酬勤谱新篇。

读《嵩山的流泉》有感
著名诗人　翟邦书

九卷九天九为大,国臣国粹甲天下。
少林文化第一人,修身齐家兴华夏。

读张国臣《嵩山的流泉》丛书有感
法学博士　李贵成

一枝独秀立中原，大河萦绕帝都伴。
久怀济世凌云志，厚德载物谱新篇。

读《嵩山的流泉》丛书，听张国臣演讲有感
著名诗人　枣　儿

堂堂坐居中，一派英姿容。
睿智皆严谨，勤政多稳重。
内修放七彩，气韵浑天成。
至尊人仰敬，放歌唱贤兄。

读张国臣《嵩山的流泉》丛书有感
诗人　王文平

流泉飞泻韵嵩山，耕耘不辍谱九卷。
依法治国是功臣，有品有德启后贤。

读张国臣《嵩山的流泉》丛书有感
企业家　李　刚

无可言说佛道性,月印千江处处明。
浮云污浊是有障,风动帆动心不平。

贺国臣先生《嵩山的流泉》面世
香港著名诗人　叶玉超

同仰萧曹事业
咸钦李杜才华

读《嵩山的流泉》赋诗
博士　李艳华

春风润沙澧,
如画无言喻。
玉兰花含泪,
与风会佳期。

读《嵩山的流泉》有感

《河南日报》高级记者　徐建勋

我眼前一直晃动的
是那向喂牲口的
石槽缝里
伸去的颤动的
小手指

抠啊，抠啊
抠掉一点食物
抠痛一段历史
抠下一串泪滴
国难育良将
家贫迎贤妻
不屈和奋进
原来就植根于
发族的基因里

如今，我看见
那双手
豪迈的挥起
为了永不忘却的
记忆
为了脚下的山岳大地

啊！月色如此明亮
太阳冉冉升起！

（写于嵩阳高中国臣图书馆）

你的眼神
——读张国臣先生《嵩山的流泉》
诗人 宋 新

多年前,我们已相遇相识。
从第一个眼神开始,
海开始荡漾开始鼓满风浪开始卷起风暴,
至卷走所有……

多年来,我们正相知相伴。
每次见面,
你的眼神让我加速的心跳,
像月夜里野马嘶哑的长啸;
每次分离,
你深情的眼神代替温暖而坚强的臂膀,
让我天大的委屈和遗憾收进心底,
下次重逢时会一笔勾去。

多年后,我们会相念相牵。
你的眼神,躲进深邃的夜空,
星星一般照亮前方;
你的眼神,藏在我梦的王国,
美酒一样愈久醇香……

读《嵩山的流泉》
诗人　张　乾

彩彻云衢青紫光，
花拥脚下蕙兰香。
漫摇兄长神仙步，
天寿不及你寿长。

卜算子·读《嵩山的流泉》有感
作家　田　雨

兔起入篱落，
龙腾从风云。
莫道一岁一枯荣，
年年花草新。

新桃换旧符，
好日且展眉。
山长水阔将进酒，
醉里别样春。

读《嵩山的流泉》有感
作家 霍声璞

身无长物不为贫,
书里箴言胜万金。
笔底乾坤凌云志,
涌起人间万千春。

蝶恋花·读《嵩山的流泉》
诗人 刘 洋

明月融融照嵩门。
嫩芽初醒,慵懒羞见人。
迎仙阁前听春韵,
嵩阳道上觅诗文。

卢崖重弹万古琴。
青梅煮酒,对月与君品。
心随颍水涤芳尘,
身临峻极即昆仑!

步王文金老师诗韵答众师
张国臣

一

灵感塔高绕紫烟，
中岳气盛大风旋。
谪仙播雨三十载，
流泉穿石铸史篇。

二

家傍嵩山望紫烟，
心生羽翼汴飞旋。
若非母校恩滋厚，
怎报春晖九卷篇？

三

藻思几许嵩高烟，
诗文九卷龙凤旋。
昔年修佑指薪事，
古险奇奥成诗篇。

第二编

嵩山少林文化的拓荒者

少林文化学第一人[*]
——访中共河南省委政法委副书记张国臣教授

王衍诗

三个"没想到"

"没想到省委政法委副书记开宗立派地创立了少林文化学；没想到洋洋洒洒47万字的巨著是在任郑州市委副秘书长和省政研室副主任这样繁忙的岗位上写就的；更没想到《中国少林文化学》是他的第25本著作。"这是记者近日采访河南省委政法委副书记，河南大学、郑州大学兼职教授张国臣后，得出的三个"没想到"。

出生在嵩山南麓的张国臣，自小耳濡目染少林文化，并从中产生了浓厚的兴趣。大学二年级时，他利用暑假徒步考察了嵩山少林地区37处名胜古迹。大学四年级时，他已编写出《历代名人嵩山诗选》、《嵩山》等两部专著和《泉水丁冬》等一批探讨嵩山文化的专著。随着研究的深入，张国臣一方面愈加痴迷于少林文化的博大精深，一方面也愈感自己知识的不足。1982年，在河南大学留校任教的张国臣开始了自费游学求教的历程。为解开嵩山地区10公里之内佛、儒、道三大文化并存发展之秘，他来到北京大学"三松堂"，成

---

[*] 王衍诗，《光明日报》高级记者。该文为王衍诗对张国臣教授的专访，原载《光明日报》2001年12月16日。

了著名哲学家冯友兰的"入室"弟子;为了弄通道家思想史,他叩开著名历史学家、作家姚雪垠的家门;为搞清中国禅宗对诗歌创作的影响,他啃着面包在臧克家门前求见。张国臣说:"一代大师们的教诲,为我日后深入系统地研究中国少林文化起了非常重要的作用。"在河南大学任教的7年间,他完成了《中国文化之最》、《中国艺术之最》、《少林诗词》集注等20多部专著,获河南大学科研奖。

三个春节闭门谢客

业绩的突出引起了党组织的关注,1988年,33岁的张国臣被任命为郑州晚报社社长,后又任郑州市委办公厅主任、郑州市委副秘书长和省政研室副主任等职。虽然工作环境变了,任务常常压得他抬不起头,但他对少林文化的研究却一直没有停步。张国臣说:"最苦恼的是,零碎的时间常常使刚打开的思路就得停止。"为了保证有完整的时间读书、思考,他曾一连3个春节闭门谢客,曾累得晕倒在书房。疲劳、疾病,甚至爱人、女儿的流泪劝说,都没有让他放下手中的笔。终于,在张国臣40岁时,一部拓荒性的研究巨著《中国少林文化学》终于面世了,千年古刹和嵩山少林文化的神秘面纱也随之掀开一角。他发现了距今2000多年东周时期城市输水的"三通"、"四通"陶水管;他把女皇武则天登嵩山所投的"金简"视为中国历史上最早的名片;他从清朝初年的中岳《庙会图》找到古代商品经济的"备忘录";他对历代少林跌打救治秘方中的中国医学进行了科学总结,厘出中华医学文明发展的脉迹。

三个影响不断加深

《中国少林文化学》一面世,便引起了学术界、旅游界和海外的极大关注。中央政策研究室主任滕文生、原国家新闻出版署署长于友先、著名作家李準、知名学者余秋雨等都给予高度评价。于友先称该书"比较全面系统地考察研究了中岳嵩山少林寺一带古往今来的文化现象,建立起自己的体系,构成了一门学问"。认为其"在区域文化研究史上是一个重大突破"。去年,《中国少林文化学》获中南12省优秀图书奖,今年9月,又获得河南省优秀社会科学成果一等奖。

对于外界的赞誉,张国臣总是谦虚地说:"过奖了!过奖了!"但事实上《中国少林文化学》的社会影响确实在与日俱增。前不久,美国明尼苏达州华人学术联谊会看到该书后,特意聘张国臣为学术顾问;郑州市政府为张国臣颁发"旅游发展突出贡献奖";河南省还立项将该书拍成12集的电视文化风光片。

张国臣与少林寺方丈释永信考察少林文化(2006年5月)

开发文化资源　提升河南形象*
——《中国少林文化学》研讨会纪要

姚　伟

庞新智(《大河报》副总编辑)：

今天是3月23日,我先为各位打一通开场锣鼓。这个"研讨会"由我们大河报社主办,我们一定为大家搞好服务。首先感谢各位光临,感谢省委、省政府领导,感谢各位专家,感谢广大读者,5年来如果没有大家的关心,也没有《大河报》的今天,这些我们都牢记在心。

少林文化是中原文化的一个亮点,《中国少林文化学》这个选题的重要性不言而喻。国臣同志在繁忙的工作之余,写出这么一部大部头,我深表敬佩。

一通锣鼓打罢,敬请各位"登台"吧！

林炎志(中共河南省委常委、宣传部长)贺信：

通过全书,我认为该书至少在三个方面具有较高价值。一是实现了区域文化研究的一个新突破。黄河流域是中华民族的主要发祥地之一,根植于这片沃土的嵩山少林文化历史悠久,以其丰富的内涵呈现出独特的风韵,成为黄河文化、中原文化的重要组成部分。这部47万字的文化研究新作,提示了少林文化北融黄河仰韶文化,东连两宋理学,西创中国佛教禅宗,南传天下少林武功的博

---

* 姚伟,《大河报》记者。该文原载《大河报》2000年4月14日。

《中国少林文化学》研讨会会场

大内涵,创造性地建立起自己的体系,可以说填补了我省区域文化研究的一项空白。二是打破了过去就文化论文化的传统研究模式。该书根据当今世界经济文化一体化的新形势,把文化与经济社会发展的关系作为研究的重点,以独到的见解及翔实的文字、图片资料,勾画出嵩山少林地区改革开放20年来以文化促旅游,以旅游促经济发展的成功实践,创造性地提出了河南省旅游经济适度超前发展战略,对推动我省的社会主义市场经济发展特别是旅游经济发展,将产生积极作用。三是成功探索了以多种写作手法表现手法表现文化现象的研究方法。本书作者采用一种"跨文体"的写作方式,叙事、抒情兼备,历史、逻辑交织,文采洋溢,血肉丰满,可读性强,更好地满足了群众了解文化现象的需要,对传统文化的普及有较强的意义。

国臣同志在繁重的行政工作之余,十余年如一日,对少林文化现象一路钻研进去,终于有所成就,这种在学术上深入钻研的劲头非常难得。江泽民同志最近指出,我们党要始终成为中国先进文化的前进方向的忠实代表。适应这一要求,离不开对优秀传统文化的研究继承,希望更多的同志投入到中原文化的深入研究中来,更好地为当代河南的改革开放和精神文明建设服务。

祝研讨会圆满成功!

陈全国(河南省人民政府副省长):

我有两句话要说:第一,我来看望各位文化界名流,感谢大家在文化事业中的辛勤耕耘,表示慰问;第二,对这次研讨会表示祝贺,祝会议圆满成功,为繁荣河南的文化事业做出建设性的工作。

周鸿俊(河南省文化厅原副厅长):

改革开放以前,少林寺破破烂烂,和尚很少,最少时只有四五个人。改革开放后,经这些年的发展,少林文化更加根深叶茂,需要对其进行系统的研究。我本人对少林文化很感兴趣,但过去的了解是零碎的,国臣的这本书把其系统化、学科化了,应该说是一个贡献。我觉得这本书的现实意义很强,把古老的源远流长的少林文化与现代旅游经济的关系探讨得很深入,这很好,这方面的发展潜力很大。我觉得这本书还没有画句号,少林文化研究的余地还很大,希望再版时有新的面貌,希望将这本书的内容拍成影视文化片,让世界上更多的人了解中原文化。

张锐(河南省社会科学院副院长):

今天很高兴与会,《大河报》对文化建设功不可没,做了很多有益的工作。

国臣作为行政领导,能用十多年的时间写出这么一部书,很不容易。他是登封人,作为登封的儿子,他对登封、对河南有着深厚的情感,这是他做这件事不竭的动力。

这本书的选题很好,"越是民族的,就越是世界的",同样,越是地域的,越是有特别的价值。做这个工作不容易,历史、宗教、武术、现实的发展情况等等,没有深厚的学术基础和对现实的了解,不可能做好这件事。国臣当过大学教师、干过报纸,现在又在领导岗位上,这个成果把他的整体水平融进去了,没有白费他的阅历。感谢他做了这个有价值、有意义的工作,对少林、对登封、对河南的文化建设都做了件好事。

张放涛(河南省社会科学界联合会常务副主席):

这部书是社科界研究文化学的力作,取得了开创性的区域文化研究成果,是五岳文化研究的杰出成果。五岳不只因风景而出名,更主要的在于其文化内涵。

不仅少林文化,其他地域文化,如仰韶文化、商洛文化等等都需要开创性的、深入的研究。我们倡导社科工作者加强中原文化的研究。本书比较系统地提出了河南旅游经济适度超前发展战略,其自身就有科学性和前瞻性。以文化兴旅游,以旅游促经济发展,这是大势所趋。

孙荪(河南省文学院院长、文学评论家):

面对我们的文化资源,我们能做些什么?这本书应该说提供了一个范例。

首先是资源的整理。如何开发文化资源,充分发挥文化资源的作用,这是一个值得思考的问题。罗丹说:"不是缺少美,而是缺少发现美的眼睛。"同样,我们不是缺少资源,而是缺少开发。1979年后,少林寺热起来,很多文化人不止一次去过,也知道一些有关少林寺的故事和当时的状况,有过一些议论,但都没有对其价值做整体性的思考。有关少林寺以及中岳文化资源的整理工作,很多人已经做了,国臣自己也参与过一些专项整理,但以前没有人把它作为有巨大文化意义的事来做。国臣这本书做的就是系统、整体、立体的资源整理工作,超过了此前所有对少林文化资源的整理,这是一个基础,这样才能把其价值展示给世人。

其次是资源的阐释。国臣取东方文化的视角,三教交汇之处,还有医、农、兵、科技等新视角予以文化关照,这具有重要的典型意义,然后有这部《中国少林文化学》。把资料的文化意义、价值,在中国文化、世界文化中的地位、高度、深度加以阐释,这不是一般的意义了。少林文化的丰富性,在中国文化中的代表性,其广度、深度都是其他五岳文化所无法比拟的。泰山的文化资源开发得多,但其文化内涵的代表性、丰富性不见得比嵩山高。这本书给读者、给世人提供了一种解读,是深刻的拓荒。

第三是资源的开发。国臣不把问题搁置于案头,而是指向经济发展,指向提升少林文化、中原文化乃至中国文化。书中文化与旅游经济紧密联结着。宋代南迁后,中原文化没落、经济滞后,要振作一直是个问题。河洛文化、北宋文化的研究,都在学者的书斋里,没有实感。在东京汴梁,我们只能驰骋想象,确实是"东京梦华录",只能如此。只有在中岳,我们才有具体可感的东西,意识到我们曾经多么辉煌。

很多人不了解河南,来少林寺以后,才知道河南曾经多么辉煌,这一文化资源对经济、社会、地区形象的提升都有意义。在这个意义上,这一资源的整理、阐释、开发提供了某种范例。

应该指出的是,应向大的中岳文化的角度进行开发。嵩山太室山、少室山作为人类文化遗产非常够格。

现在这本书47万字的规模过大,照我说可以用减法,作者的"我"进去了,"我"的行踪、思考、情绪进去了,可以保持一些,但可用"减法"。涉及每种文化,都有纵的从头叙述,这些我认为作为"文化学"可以把它减掉。像第13章,完全是随笔,是一个现代价值体系,可减去。

张一弓(河南省文联原主席、作家):

我在登封有过一段生活经历,在中岳庙附近住了数年,少林文化待我不薄。在登封我有一些直观、破碎但很深刻的感受。太室山像一个骨瘦如柴的老人在卧着,但里边多姿多彩,有风景、有名胜、有悠远美丽的文化传说。

看了这本书我很受启发，我没有研究的意思，但很有兴趣，我感谢国臣，他做了一个有意义的工作。我认为，这是一本少林文化的百科全书，超过我以前看过的论著。应向国臣祝贺，对地域文化现象做出全面深刻的观察和表达，是一个可喜的成果。

这本书包容丰富，"三教"文化都结结实实地联系上了。嵩山少林文化本身就有包容性、多样性的特点，少林寺、中岳庙、嵩阳书院并存，释儒道三教交汇，这种文化现象很难找。少林寺有三教合流图，这种包容性不得了！

少林文化的精神是什么？那里的故事、传说给我们的是什么？是进取的精神和顽强的生命力，体现了我们这个民族坚韧的精神。在登封，民风都是强悍的："喝口登封水，都会踢踢腿。"这本书体现了坚忍、顽强、进取的精神！

陈继会（郑州大学文化与传播学院院长、教授）：

看了这本书，我有很多感慨。

一是以国臣的工作身份，不断地读书、写书，这本身是值得发扬的。现在社会诱惑太多，能静心坐下来读书、做文化积累的人越来越少，而作为担任一定领导工作的官员又不忘却在业余时间读书、著书，这让我感慨、感动。二是这本书是一本填补空白的心血之作，开拓性很显然。这本书内容很丰富，一本书含纳这么多的东西不容易。三是这本书对世俗性的东西给予较多的关注，这是少林文化本身就有的个性，同时也是这本书对这种个性的准确把握。

值得我们思考的是，影视文化所呈现的是少林文化的精粹吗？究竟什么是少林文化的精粹？我们应如何承继？我认为，少林文化最深层的内涵是以静为主的。儒家文化对真理的探讨，禅宗追求在纷繁中持平静之心——所谓"定能生慧"，这本书都给予了充分关注。

现在过多地把以静为主的少林文化以躁动的、好勇斗狠的面目传播出去,而其深层的、本源的、对现代社会最有启发的东西并没有得到足够的重视。从事研究的人有责任把少林文化更完整的形态呈现在世人面前。国臣做了这个有益的工作。

这本书的语言行文都可以接受,但整体结构多少有些散乱,作为一门学问在逻辑结构上应更严谨。像孙荪先生所说,这本书可以用"减法",另一方面也可以用加法,如寺院经济和僧众生活方式等都是不能不体现在这本书中的。

孟宪明(剧作家、儿童文学作家、民俗学家):

创立一门新学科最需要的是胆量。我觉得智慧很重要,但如不和胆量结合,智慧不过是狗尾巴上的泥,一甩就掉了。

这本书是嵩山文化的集大成,在区域性文化的研究上很突出,而目前全国区域文化的研究较薄弱,这本书给我们一些启示。

我认为文化可以分三层:固体文化、液体文化和气体文化。所谓固体文化是指建筑等,液体文化是指文字资料等,气体文化指民风民俗等。我在嵩山捕捉到的是一种强悍的民风,红白喜事都请武术队;孩子玩儿时,打打闹闹都是一招一式……任何东西成为民俗,就很难抹掉了。国外把民俗当历史,民众中隐藏着历史的根。我觉得这本书可以再往民俗里走一点,更多地走到老百姓中去,越深入民间,理论越有高度。

徐建勋(《河南商报》总编辑):

我觉得这本书的作者不是为做文章而做文章,不是为写书而写书,而是让研究工作服务现实,对少林文化研究的落脚点在于以文化振兴经济,提出旅游经济适度超前发展的战略,这是符合实际的。

对于我来说,读这本书是一个学习过程。我觉得这是本好书,有用的书,对搞实际工作和经济工作的人都有启示。祝愿作者在以后的研究中有新的突破。

刘书志（《大河报》机动记者部主任）：

这是我读到的第三部少林文化研究论著。一部是徐长青先生的《少林寺和中国文化》，属于学者型新闻记者的著作；一部是温玉成先生的《少林访古》，原名《少林史稿》，出版社为寻求卖点改了名，那是部作者穷30年精力，以大量实证和文献资料为基础撰写的学术专著。《中国少林文化学》的作者是登封人，从小喝少林水，吃登封饭，比起外来的观照，在某些方面自有独到之处，打出"少林文化学"这面大旗，足见其胆略。

这些年我有个思索，对于中原文化的研究，如果中原的文化人不去做或做得迟缓的话，那么其他地域的文化人就会"插足"进来做，如果这样，中原的文化人将何以面对家乡父老？可说是时不我待。而对少林文化的研究，已到了多学科、多角度综合性观照的时候，少林文化博大精深，"一花一世界，一叶一如来"。其文化资料的丰富与迷离，保存与遗失，课题多多，今天的文化研究者承担的使命非常艰巨。

这部书很是丰富多彩，但对少林文化的精华部分褒扬有余，而对其糟粕部分批判不足。历代尤其是元代之后统治者与少林的关系，构成一个奇特的政治文化现象；少林家族式的传承关系与世俗的宗族统治形成一种有意味的联结……这些都应以现代理念进行观照。

郑迎光（河南电视台《中原焦点》主持人）：

由于工作关系，我曾接触日本的少林文化研究者。在日本的少林寺，作为中原人我感到惭愧。人家的资料研究比我们透彻。有些东西我们现在不研究，以后要到日本研究了。像少林寺里的拳法壁画，因风化剥落得很模糊了，而日本人用数码技术复制过去的却异常清晰。另一方面，与国内其他旅游资源的开发相比照，我们也愧对先人留下的丰富文化遗产。很多地方已经把优势旅游资源、设施组合上市，加入所谓的中国最后一次"圈钱"运动。而我们似乎还停留在呼吁阶段,还主要使用传统的招商引资方式,比较而言,这种方式是落后的。

少林文化现象融注了好胜、坚忍不屈的民族个性,这是应该张扬的,应成为河南文化、河南经济的个性。

王金楚(河南人民出版社副编审、《中国少林文化学》责任编辑):

首先感谢各位老师的中肯评价。作为责编,我感谢各位提出的完善本书的意见。我们会为进一步发掘河南文化资源做更多的努力。

20年前,一部《少林寺》电影,使嵩山少林寺蜚声中外,但这只是中国电影艺术的成功,要全面、系统地宣传中国少林文化,以满足中外读者进一步了解少林文化的需要还远远不够。源远流长的少林文化还需要进行系统的总结、提炼、升华、弘扬,《中国少林文化学》作为这一使命的承担者,应运而生了。

也许我们所做的这些努力还有不能令人满意之处,但这毕竟是为使少林文化走向世界这一宏伟目标而做的一项具体工作。在中国文化发展战略与世界文化接轨的今天,这种尝试是有其重要意义的。这种意义和价值,将大大超过其行为本身。

张国臣：苦创少林文化学*

桂 娟

20年前，一部电影揭开了少林寺的神秘面纱，使这个嵩山深处的千年古刹名扬天下；20年后的今天，一位年轻的学者型公务员，用他5年心血著就的一部《中国少林文化学》，向人们展示了嵩山少林区域文化的独特魅力和丰富内涵。

龙年新春，正值《中国少林文化学》正式出版发行、引起社会各界广泛关注之际，记者走访了本书的作者——河南省委政研室副主任、河南大学兼职教授张国臣，打开了那扇情系少林的心灵之窗。

少林文化学：一门自成体系的新学科

何谓中国少林文化学？一向治学严谨的张国臣这样描述他的独到发现：中国文化是博大精深的文化，也是特殊而具体的文化。少林文化产生于嵩山少林地区，它以广义的文化领域作为研究对象，探讨附加在嵩山少林自然景观之上的人类活动状态、文化区域、文化传播主线和走向以及人类的行为系统，包括民俗传统、宗教、哲学、文学、艺术、历史、考古、经济、科技、教育、人物、医药等

---

* 桂娟，女，新华社记者。该文原载《经济日报》1999年12月7日，《河南工人报》2000年2月29日。

等,揭示出其发展的规律。它具有明显的地域特点和民族特色,具有时代性或阶段性,体现了不同历史阶段的社会结构。

打开《中国少林文化学》,记者体会到了这部学术论著的价值。是啊!在中岳嵩山不到10公里的区域内就可以看中国佛、儒、道三大文化的荟萃发展,看到中华优秀文化的特殊形态。对少林文化进行历史的、具体的、辩证的考察研究,从嵩山少林区域文化的特殊性里,可以找出中国文化的统一性。这不仅对更全面、更深入地了解我们伟大祖国的历史文化遗产有重要的意义,而且对创造有中国特色的社会主义新文化,也具有很重要的现实意义。

为什么说少林文化是中华文化的缩影? 张国臣告诉记者:中国是历史悠久、地域辽阔、多民族统一的文明古国。在960万平方公里的土地上,不但社会经济的发展很不平衡,文化的发展也很不平衡。正是在这种不平衡中,经济和文化的形成和发展在不同的地区有着不同的特色。少林文化正是这种特色的具体体现。长期积累起来的各地区各民族的文化精髓,铸成了中华民族的灵魂,凝聚着奋发向上、自强不息的民族精神。这种各具地区特点及民族特色的文化互相交流和互相融合,就构成了绚丽多彩的伟大的中华文化。黄河流域是中华文化的主要发祥地之一。位于黄河南岸的嵩山少林文化,以其丰富的内涵呈现出独特的风韵,成为中华文化的缩影,拥有中华优秀文化的主要特征。这里不仅有中国佛教禅宗祖庭少林寺,而且有中国道教文化的主要圣地之一中岳庙,还有中国现存最古老的观星台,更有中国宋代儒学的中心活动场所嵩阳书院;这里不仅有建筑、绘画、雕刻、地质等直观资料,而且有讲究风骨、崇尚自然、修身治学、爱国自尊等文化传递,更有闻名中外的少林武术等文明奇观……

让我们追随张国臣的思绪,以一个学者独特的眼光,重新认识似乎曾经稔知的嵩山少林,从中体察出嵩山少林文化的哲学内涵:在少林寺的建筑群中,"少林山门景平分",作者从佛教建筑的"对称",联想到儒家的中庸、道家的和谐以及政治家对矛盾的协调、平衡,进而体味出生活的哲理;从嵩山少林地区的雕刻中,可以看出其韵律的和谐,融会鲜明的时代特征;从少林孕育出的众多英雄豪杰,作者归纳出中华传统武术文化现象,总结出"尚武报国、振兴中华,助善惩恶、崇尚武德,精益求精、注重美学"的武术精神;将汉武帝错封三棵将军柏的传说作为一种文化现象,作者对社会生活总结出一忌"先入为主",二忌"知错不改",三要"宠辱不惊"的反思……

嵩山少林文化体现了中华文明的发展。在这里,可以看到独特的人文环境和历史脚步留下的深深的足迹:冰川的移动、朝代的变更、思想的争战、文化的交融。张国臣把嵩山南麓的古阳城,看作中原文化发展的地下历史博物馆,寻找出距今七八千年前的新石器时代早中期文化遗迹,发现了距今两千多年东周时期城市输水"三通"、"四通"陶水管,称其为人类文明史上的一项伟大奇迹;他从汉三阙以至现当代碑刻中,看到了中国诸年代的政治经济发展,听到文字演变和书画、刻铸艺术不断前进的脚步声;他把太室阙视作宏阔的文化精神,把启母阙视作禹王治水的丰碑,把少室阙则看作民族文化的五彩世界;他把女皇武则天登嵩山所投的"金简"视为中国历史上最早的"名片";他从嵩山大法王寺的兴衰史中寻找出佛陀东来、文化融合、巧为无形赋新形的历程;他从清朝初年的中岳《庙会图》中找到了古代商品经济发展的"备忘录";他把"少林秘方"作为中国医学跌打救治的科学总结,列举了四种文化特征,从中看出中华医药学文明的不断发展;从登封市改革开放20年的发展轨迹可见文化兴旅游、旅游促经济的历史佐证……

读过这本书的人,不能不赞叹这是一本充满哲理的好书。国家新闻出版署原署长于友先在看了《中国少林文化学》书稿后欣然作"序"说,该书"比较全面、系统地考察研究了中岳嵩山少林寺一带古往今来的文化现象,建立起自己的体系,构成了一门学问。

这是中国文化研究中一个可喜可贺的新成果,在区域文化研究史上是一个重大突破"。

少林文化学:天道酬勤的苦创探索

不惑之年要出不惑之书,是张国臣多年的夙愿。

记者曾同张国臣多次畅谈,从他身上感受到了"天道酬勤"的道理。没有百折不挠的性格,没有坚忍不拔的精神,是难以成功的。这种性格和精神,非"苦"不能磨炼,非"苦"不能铸造。

张国臣五岁时在中岳嵩山(1961年)

张国臣全家福(1964年夏)

1956年出生在嵩山南麓的张国臣,从小就与少林文化结下了不解之缘。

1963年,张国臣7岁时,少林寺的释德根禅师到他就学的那所小学禅坐。跟禅师学打拳,听禅师讲"十三棍僧救唐王"的故事,尚不谙人事的张国臣从那时起就对深山里的那座神秘的寺院产生了兴趣。此后,他跟随父母到少林寺、中岳庙、嵩阳书院、观星台,在达摩、天中王、孔子、郭守敬的塑像前,年幼的张国臣感受到

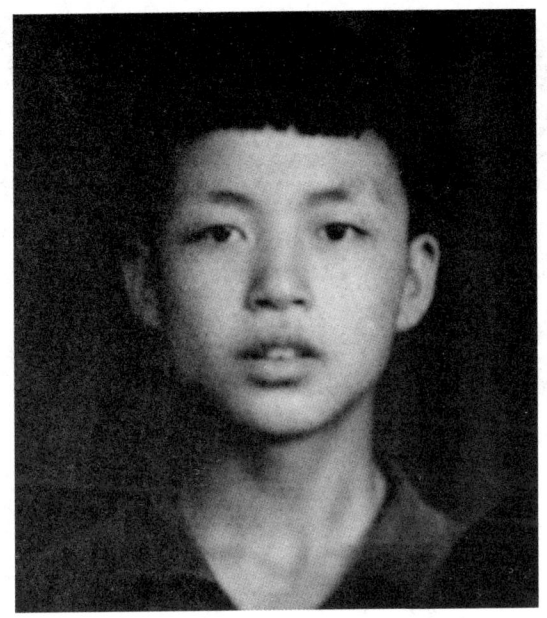

张国臣代表登封县参加开封地区乒乓球赛获奖(1971年夏)

张国臣登封一中高中毕业(1973年冬)

张国臣在登封一中任教(1976年)

张国臣在登封电厂以全县第一名的优异成绩考上大学(1977年)

第二编 嵩山少林文化的拓荒者

张国臣在开封师院(今河南大学)读书(1978年)

张国臣撰写《历代名人嵩山诗词选注》(1979年)

张国臣求学河大(1980年夏)

张国臣在河南大学图书馆研究嵩山文化(1981年)

第二编　嵩山少林文化的拓荒者

张国臣河南大学毕业后留校工作(1982年)

张国臣任河南大学校报编辑部主任(1986年)

了一种无法言说的庄严和瑰丽,那是中国文化的魅力。张国臣练习少林武术功夫,学打乒乓球,连连参加比赛获得冠军,他想像庄则栋那样,走向世界,为国争光!

儿时张国臣很苦。在那场史无前例的文化大革命中,10岁的他被迫辍学,过早地承担起人生的重荷。他常想,如果不搞文化大革命,能读书,能打球多好!他曾拣过煤渣、拾过羊粪,有一天,他竟一口饭都没吃上,至今想起来他还直打"冷战"。饥饿、劳累,不但没有消磨他的意志,反而磨炼了他奋发图强、自强不息的个性。他爱读书,放牛时常拉着一根长绳拴住牛鼻子,省出时间抄完了《唐诗三百首》。梅花香自苦寒来。1970年2月,喜讯传来,学校复课了,他跳过小学五、六年级直接上了初中,他的第一篇作文"七律二首"赞《智取威虎山》中的英雄杨子荣获全校最高分。他1971年5月全县乒乓球比赛获奖,代表登封县参加开封地区乒乓球赛再次获奖。他的学习成绩全年级第一,可在初中毕业时,因"出身不好"不能上高中。他的老师陈万有向县教育局上书奔走,村党支部也大胆推荐,终于公道战胜邪恶,县里以"可以教育好的子女"让他继续上高中了。苦难催人奋进!张国臣在高中阶段学习,考试6门功课平均99分,被评为"三好生"。他在登封一中毕业后,又被选拔留母校一中任教。1977年,县里又抽调他参加登封火电厂指挥部搞宣传报道,一篇篇文稿在省县报刊发表。嵩山文化的积累提高了他的知识水平,开阔了他的研究视野。1977年,张国臣以登封县第一名的成绩,考上了河南大学中文系。

像久旱的禾苗盼来了甘霖,他如饥似渴地学习着。徜徉在书的海洋里,他觉得人生不再孤寂。然而,冥冥之中,总有一种声音在急切地呼唤他,那是故乡的声音、少林的声音。1979年暑假,带着自己两年来的所学和思考,张国臣回到了魂牵梦萦的家乡登封,徒步考察了嵩山少林地区37处名胜古迹。深夜,徘徊于少林碑廊,秉烛追寻历代文人学士们留下的墨宝;清晨,站在峻极峰巅,体味一览众山小的神奥寓意,张国臣深深地陶醉在秀丽的山水和博大精深的中国古文化之中了。

青年时代的张国臣很苦。他平日里节衣缩食,把助学金和稿费都用来买了书。是嵩山少林启发了他的灵感,给了他无尽的创作源泉。大学4年中,他曾被评为"三好学生",写出了《泉水丁冬》等一批关于嵩山少林文化的文章,完成了《历代名人嵩山诗选》、《嵩山》两部文化专著。

张国臣深知,要深入研究少林文化,就必须吃透中华文化的精髓。在1982年留校任教之后,26岁的张国臣自费前往北京大学,拜著名哲学教授冯友兰为师。80多岁的冯老收下了这个学生,在"三松堂"给张国臣讲嵩阳书院创始人、宋代大理学家程颐和程颢的思想,使他明白了新理学的发展和社会意义。为了弄懂道家思想史,张国臣曾叩开著名历史学家、作家姚雪垠的大门,姚雪垠赠诗给他:"嵩高峻极接穹苍,俯视中州亘八荒。洪水消亡开禹甸,莽原生息出殷商。山呼几阵迷雄主,大醮连天醉女皇。达摩秦王传说在,只今惟见旅游忙。"为了搞清中国禅宗对诗歌创作的影响,张国臣曾啃着面包坐在著名诗人臧克家的门口,把臧老感动得拉住这位后生走进卧室谈诗。为了获取现代新诗的营养,张国臣曾闯进"擂鼓诗人"田间的书房,捧出诗作求教,田间被他的求学精神感动,提笔赠诗:"少林少林,长风不尽,孤峰豪吟,响彻红尘。少林少林,如立天庭,空手挥雨,赤拳如云。此身铁石今日响铮铮,新中国是你唤起国魂!"一代大师们的教诲,为张国臣日后写作《中国少林文化学》打下了坚实的基础。

在写作研究中,张国臣累得吐血住进医院,但他仍手不释卷。在河南大学任教7年间,他利用业余时间完成了《中国文化之最》、《中国艺术之最》、《少林诗词选注》等20多部专著,曾被评为河南大学优秀共产党员,获优秀管理奖、科研奖。

张国臣拜北京大学著名哲学家冯友兰教授为师(1983年夏)

张国臣拜著名诗人臧克家教授为师(1984年)

第二编　嵩山少林文化的拓荒者　　　　　　　　　　103

张国臣拜著名"擂鼓诗人"田间教授为师(1984年)

鸟贵有翼，人贵有志。知识、勤奋和坚持是成功的必由之路，机遇只偏爱那些有准备的头脑。

党组织是识才、爱才、用才的。1988年，张国臣走出了大学校门，33岁的他即被任命为郑州晚报社社长，后任郑州市委办公厅主任、郑州市委副秘书长、河南大学兼职教授等职。工作环境变了，他也更繁忙了。但那盘虬黾勉的少林文化情结却积淀得越来越深，在做好行政管理工作的同时，再忙再累，他都坚持读书、写作，坚持对少林文化的研究探索。同时，新的岗位使他更有机会和条件学习和研究马列主义、毛泽东思想和邓小平理论，并使之指导自己的学术研究和工作实践。

《中国少林文化学》的著述是何时缘起的呢？记者翻出了该书的第一稿。那是1993年春夏之际，张国臣分别陪同原国家主席杨尚昆、原全国政协副主席马万祺等国家领导人考察嵩山少林文化。杨尚昆、马万祺等国家领导人对博大精深的少林文化给予很高的评

张国臣任郑州晚报社社长(1990年3月)

张国臣任中共郑州市委副秘书长兼办公厅主任(1992年)

价。当得知张国臣正从事这方面的研究时,他们鼓励他克服困难,有所作为。

领导的鼓励,少林的呼唤,使张国臣有了更强烈的使命感。坎坷是良药,知识出智慧。1994年8月,他开始着手写作酝酿已久的《中国少林文化学》。

张国臣付出的"苦"是巨大的。那么浩大的文化创建工程,完全要在业余时间完成,他遇到的困难和付出的劳动,是常人难以想象的。最苦恼的是,由于时间零碎,常常是思路刚刚开启就被打断。最好的办法是比别人少睡觉。为了保证有完整的时间读书、思考,他曾三个春节假期都闭门谢客,曾经一度晕倒在书房里。新学科的创建需要数十门学科的知识,他为自己的知识贫乏而懊恼;新观点的发现需要知识的长期积累,需要灵感的火花,他为自己的"愚笨"而愤怒地折断一支又一支笔。路漫漫其修远兮,他在上下求索:寻寻觅觅,他在战胜自我的心路上苦苦挣扎,苦苦努力。多少个不眠之夜,他的思绪在顺延少林文化发展的时空中交叉思索着,笔尖落在厚厚的稿纸上沙沙作响……疲劳、疾病,甚至爱人、女儿流泪的劝说,都没有让他放下手中的笔,他超越了自我,在逐渐成熟中迎来了飞跃。

终于,一部厚厚的《中国少林文化学》,在张国臣40岁时完成了。这是他的第25本著作。

少林文化学:全方位研究的新视野

少林文化的诞生是和国际文化交流的全球视野息息相通的。高级记者、著名评论家康群先生认为:"全方位的广阔视野使少林文化的研究在多层次上展开。第一层次从少林地域文化的典型涉及整个中华民族文化关键系统的综合介绍和分析上;第二层次是比较具体地对少林文化的一些普遍性问题的评价与探讨;第三层次是少林文化的内涵,如禅宗、儒学、道教、武术、对外交流、旅游经济等等。"这种创新"对传统的研究方法进行了历史性的冲击"。

作为一名现代学者型的公务员,张国臣的视野是开阔的。他不仅从文化的角度,深入考察研究少林辉煌的历史文化,发掘其深邃的人文内涵,而且以现代思维,从经济、政治的角度,关注少林的现在和未来。记者在采访中了解到,他曾苦苦思索:面对21世纪的到来,这浓缩了中国文化精神传统的少林文化,如何为建设社会主义现代化服务?如何在今天的市场经济条件下生生不息、发扬光大?

记者打开《中国少林文化学》,看着张国臣的创作手迹:学科学搞尖端,毅力和阻力成反比,毅力越强,阻力就越小。只有逆流而上,才能找到水的源头。瀑布不因山的陷坑而停止歌唱……

1996年,河南省公开选拔副厅级干部,此时正是《中国少林文化学》杀青之际。在领导和同事们的支持帮助下,张国臣走进了考场,最终考上了省委政策研究室副主任。省委政策研究室是省委的智囊团和参谋部,这里为他提供了更高的视点,他的视野更加开阔了。文化不可能是独立于经济之外的自我生成状态,它的发生、发展受制于经济,同时也可以促进经济的发展。站在这个高度来审视少林文化,他感到少林文化研究的焦点应该投向文化与经济关系的坐标之上。

张国臣认为,1979年的一部电影《少林寺》,揭开了嵩山少林文化旅游经济的序幕。嵩山一带特有的少林文化,带动了当地旅游业的大发展,使以登封市为代表的少林区域的城市品位不断提高,综合实力不断增强。旅游经济的发展,打破了当地干部群众封闭落后的思维模式,增强了他们的开放意识和开拓精神,改变了许多不良风气和习俗,促进了当地精神文明建设的发展,开创了文化经济全面进步的新局面。

这一文化与经济相互推进的事实,使张国臣看到了少林文化研究的一个新领域,并为《中国少林文化学》增添了新的内容——少林文化与经济发展的关系,篇幅占了全书五编中的一编。

张国臣任中共河南省委政策研究室副主任(1996年11月)

学习和独创使科学之树常青。张国臣认真学习江泽民同志赠给青年干部的四句话"刻苦学习,勤奋工作,勇于创造,自觉奉献",时时以此勉励自己。1996年,他攻读河南大学在职经济硕士,学习经济学的知识,进行了更大范围的调研。他的硕士论文《河南旅游经济适度超前发展战略初探》,阐述了世界旅游重心东移的形势,建议河南旅游经济适度超前发展。他详尽列举了包括登封市在内的河南已涌现出的旅游经济适度超前发展的成功范例,提出了河南旅游业适度超前发展的战略构想,提出了在全省加大投资力度,建立旅游业投入产出新机制等建议。在论文答辩中,经评委会全票通过取得优秀成绩。他根据省委、省政府领导的指示,把理论和实践紧密地结合起来,带领"联合调查组"对河南省的旅游业发展情况进行了调查,撰写了《关于加快河南省旅游业发展的调查与建议》,被省政府文件采纳,并多次受到省领导的表扬。此外,他将上万元的稿

张国臣调研河南省文化旅游产业(1999年)

费买成书刊捐赠给山村学校,并救助了多名贫困学生。登封市王村乡党委、政府颁发红色证书给张国臣:心系桑梓济困扶贫倾赤子热血,情牵伟业资学助教洒志士挚爱。

《中国少林文化学》的拓荒性研究,引起了社会各界的广泛关注。专家认为,这部论著为名山立传,把握系统综合研究的世界新趋势,为少林文化研究现代化作了可贵的探索。它不是直觉猜测、下意识的灵感之作,而是货真价实地体现了理论性、系统性、知识性,是少林地区丰富遗产研究的精品,达到了前所未有的深度和广度。国家新闻出版署原署长于友先、中央政策研究室主任滕文生、著名作家李凖、著名学者余秋雨、中国书法家协会副主席刘艺等给予该书高度评价。《人民日报》、新华社《参考消息》、《河南日报》、香港《大公报》等媒体报道了张国臣创立少林文化学的消息。

面对接踵而来的赞誉,张国臣仍显得很淡然。他说,《中国少林文化学》是集体智慧的结晶,一切成绩都归功于党的培养、人民的哺育、同事的支持。其间,有多少刚正不阿的人在他最困难时,给了他强有力的无私支持、帮助和爱护!他只不过是在自己的不惑之年,做了一点自己应该做的事。学术研究没有终点,中国少林文化学的研究之路,正在不断向前拓展、延伸……

嵩山深处考察中华文化[*]

于友先

《中国少林文化学》比较全面、系统地考察研究了中岳嵩山少林寺一带古往今来的文化现象,建立起自己的体系,构成了一门学问。这是中华文化研究中一个可喜可贺的新成果!

中华文化是博大精深的文化,也是特殊而具体的文化,具有明显的地域特点和民族特色。从地域文化的特殊性里找出中华文化的统一性,不仅可以更全面地了解、丰富、充实中华文化的内容,而且会对创造有中国特色的社会主义新文化产生积极的推动作用。放在"中华文化"这台天平上衡量,我认为本书起码有三点应当充分肯定。

一、对少林文化学的独到发现。黄河流域是中华民族的主要发祥地之一,位于黄河南岸的嵩山少林文化以其丰富的内涵呈现出独特的风韵,成为中华文化的重要组成部分。在这个以嵩山少林为表征的特定区域内,可以看到独特优越的人文环境和历史脚步留下的深深足迹:冰川的移动,朝代的变更,思想的争战,文化的交融。这里不仅有中国佛教禅宗祖庭少林寺,而且有中国道教文化的主要圣地之一中岳庙,更有中国宋代儒学的中心活动场所嵩阳书院;这里不仅有建筑、绘画、雕刻、地质等直观资料,而且有讲究风骨、崇尚自

---

* 于友先,时任国家新闻出版署署长。该文原载《人民日报》1999年8月20日。

然、修身治学、爱国自尊等文化传递,更有闻名中外的少林武功文明奇观。本书作者张国臣从21个方面论述归纳之为"中国少林文化学"——这不仅具有独到的学术敏感,而且在区域文化研究史上是一个突破。

二、把文化与经济社会发展的关系作为研究的重点。关于文化促进经济社会快速发展的问题,少林地区有着特别深切的感受:1979年,一部《少林寺》电影揭开了嵩山少林文化旅游的序幕。旅游业的发展,打破了封闭落后的思维方式,增强了对外开放意识与开拓创新意识,改变了许多不良风气和习俗。以文化为动力迅速振兴起来的旅游产业,使以登封为代表的少林文化区域的城市品位不断提高,综合实力不断增强。此书勾画出的登封市20年来快速发展的轨迹,是文化与经济相互推进的有力佐证。

三、用多种写作手法撰写理论文章的成功实例。该书把历史的追溯、空间的定位和现实的评估有机地结合,既有纵的论证,又有横的对比,使得本是坚硬的理论文章变得轻松,且以深邃的哲理让人回味,可读性强。

中国少林文化学的创立与研究是一项拓荒性工作。本书有的章节显得丰厚,有的章节显得单薄。但瑕不掩瑜,从总体上看,仍不失为一部富有创新精神的文化研究力作。

少林文化研究的重大突破*
——读张国臣《中国少林文化学》所得录

康 群

河南省委政研室副主任张国臣教授花了近十年精神劳瘁,终于出版了《中国少林文化学》专著。像"敦煌学"一样,"少林文化学"是因地名学的。它是以闻名国内外的少林寺地区所保存的历史文献、文物和神话传说等作为研究基础,比较以前少数零星的、资料性的文章书籍而言,这是系统地、真实地、全面地说清楚了少林寺地区从古到今的历史及文化风貌,对研究中国宗教史、艺术史、文化史必将起到促进、充实和启迪作用,所以国家新闻出版署原署长于友先在《序》中评价说,这是"区域文化研究的重大突破",可谓慧眼识珠,一语中的。

这本论著不是少林文化现象的知识纤维、直觉猜测、下意识灵感之作,而是货真价实地体现理论性、系统性、知识性、时代性、前瞻性,是少林地区丰富文化遗产研究的精品,水平达到前所未有的深度和广度。读罢全书,掩卷三思,我认为其贡献有如下几点:

首先,此书把握系统综合研究的世界新趋势,对少林文化作了总体认识。

作者从文化生态学角度,即文化与环境角度研究。少林寺地

---

* 康群,高级编辑、著名评论家。该文原载《光明日报》2001年11月8日,后被《郑州晚报》、《郑州工作》等报刊转载。

区从23亿年前地质史上的"嵩阳运动",出现嵩山,8亿年前地质"中岳运动",2亿年前"燕山运动"波及出现"太室"、"少室"两座大山。嵩山岩石的年龄约有23亿到25亿年之久,是世界最古老的岩石之一。由于少林寺地区为公认的地质自然历史博物馆,所以被联合国教科文组织命名为"世界自然保护重点"。这里的"峻极远眺"、"箕阴避暑"、"玉溪垂钓"、"达摩渡江"等等石图以及山川草木、自然景观构成了少林文化的载体。

本书从历史的角度探讨。传说夏禹在镮辕关打洞泄洪,衍化为"启母石"、"少室山"、"太室山"的神话故事。周代周灵王太子王子晋在嵩山修炼升天,道教开端。汉武帝登嵩山最早建制为嵩高县,唐代武则天嵩山"封禅",魏孝文帝与印度高僧跋陀彻夜长谈,赐名少林寺,元代天文学家郭守敬建立观星台,清代康熙御书少林寺等等,证明了少林文化受到不少朝代政治首脑和名人大家的高度重视。

本书从宗教的角度考察。少林地区儒释道三教文化十分火爆,而且三教都在这里经历过一次非常深刻的变革。比如,佛教从繁琐的传统佛教,经过达摩到慧能等高僧革新简易化,形成"以心传心"、"不立文字"、"顿悟成佛"的中国禅宗;儒教从"四书"、"五经"神圣不可侵犯的经典中由程颐、程颢改革为重心性的新儒学即"理学";道教从处于低层次的张道陵的五斗米道经过北魏寇谦之隐居嵩山30年吸取儒佛二教营养,革除陈规,使道教规范化、制度化,提高到一个新水平。可见少林地区在宗教史上的地位比任何地区都显得重要。

作者从建筑学上考察。少林寺地区对中国建筑最大的贡献是寺和塔。寺庙基本上体现了"天人合一"和"清静"的设计思想。嵩山大法王寺是中国现存最早的佛寺之一。塔是我国最早引进的外来建筑艺术。嵩岳寺塔已有1400多年历史,是我国现存的最早的密檐式砖塔。塔林中的灵塔,形式之多、造型之美、内涵之深令人叹为观止,有四方形、六角形、八角形、喇嘛形、空心塔,在中国佛塔建筑中是一份珍贵的文化遗产。

从体育美学看,作者分析了少林武功和气功的形成过程、特点和作用,详尽而精当。少林武功从东汉华佗的"五禽戏"演变为少林拳的"罗汉十八手",发展成为"罗汉七十二手"。由于唐代"武举制",少林武功借以名闻天下。少林武功以"拳打一条线"、"动如涛"、"静如岳"、"起如猿"、"落如鹊"、"立如鸡"、"站如松"、"转如轮"、"折如弓"、"快如风"、"缓如鹰"、"轻如叶"、"重如铁"表现出少林拳法的节奏感、矫健感。作者认为,少林武功立足实战,讲求力量、速度、耐力、灵巧,并且为之总结出一套完整的战术——十种搏击法,十六种步法,七种腿法,甚为精到厚实。作者又用历史观点考察少林气功的发展,在繁多的少林功法中,抓住主要的内功、外功、硬功加以介绍。少林武战,跌打碰撞、伤筋动骨,难免出现损伤。经过长期实践,他们总结出跌打救治的少林秘方,丰富了中国跌打救治的医学宝库。由于少林武术的威力,所以英雄辈出,从"十三棍僧救唐王"到三次抗倭的小山和尚,日本柔道鼻祖陈元赟,一直到解放军将领许世友、钱钧等等,少林寺孕育出一批武术理论家、教育家、外交家、技击家。作者科学地总结出"尚武报国,振兴中华"、"助善惩恶,崇尚武德"、"精益求精,注重美学"的少林武术文化精神,这种总结是科学的、富有导向性的。

其次,本书为少林文化研究现代化做了可贵的探索。

渗透于各个章节,作者科学地研究少林文化的载体、少林文化的群体、少林文化的结构、少林文化的特征、少林文化的核心、少林文化的形成发展与传播,预测少林文化的远景。总之,抓住了现代化研究的关键。

作者研究少林建筑的主要特征是对称,依山傍水,南北中轴线上建主要建筑,东西两侧为附属设施,这就是建筑学上的和谐。作者有一精辟见解,即明代"少林寺僧不仅承认佛道儒三教相合,承认释迦牟尼、老子、孔子都是至圣先师",而且承认"三教一体,九流一源,百家一理,万法一门。这正是少林寺与其他寺院不同之处"。这不是三教中对立统一、宗教和谐的充分体现吗?再如少林雕刻艺术"动"与"静"布局的统一和谐,少林武功中"守之如处女,犯之如猛虎",镇静与快猛的和谐。和谐的辩证思想贯穿全书,这是此一论著前无古人的研究成果。

毋庸讳言,少林文化中有不少已知或未知的伪科学的东西,作者作了大胆的科学揭露。少林寺有一块"达摩面壁影石",三百年前徐霞客游记已有记载,作者以科学眼光看,达摩洞岩体是石英石,所以"虽高温、高压,不但九年人影不能使石头变出花纹来,即使百年、千年的身影也不能影响岩石变质,这是不容置疑的"。这是以地质化学否定"达摩面壁石"的可信性,科学解决了少林寺一大疑案。这种科学精神在研究风景古迹中十分值得提倡。

本书贯穿了现代化的思想。少林地区被公认为"地质自然历史博物馆"。作者从夏禹治水,打开镮辕关,80年代登封重大发现有"禹都阳城"字样的古砖等大量文物,证明此地是夏禹活动中心。从历代帝王游幸嵩山看,如周穆王游览太室山,汉武帝登嵩山,曹操挟汉献帝路过登封,北魏孝文帝在太室山下建有离宫,唐高宗李治三次抵少室山,武则天三次到嵩山并"封禅",邀群臣石淙河会饮,宋真宗、清高宗都巡幸少林寺。从禅宗祖庭看,印度高僧跋陀到达摩直至日本高僧邵元来此修炼,元代郭守敬在"周公测景台"从日影测量测出一回归年长度为365日24刻25分,比世界通行的格里高利历(即阳历)早300年。明代少林僧人率僧抗倭于上海吴淞口,三十余人壮烈殉国。少林寺僧兵80名,战倭于马家滨,所以嘉靖在莆田建南少林,少林寺出了不少爱国英雄。从"嵩阳书院"看,此书以此系统地研究了中国古代教育制度的发展,史论结合,一目了然。尤其在"嵩阳书院"孕育"宋明理学",对一贯被批判的"存天理,灭人欲"做了正确解释。作者认为:"存天理,灭人欲,就是凡是真的、善的、美的、正的、光明的都是天理,凡是恶的、丑的、偏的、黑暗的都是人欲",这结论把"理学"被颠倒的核心纠正过来了,寥寥数语,分量极重。

学术现代化不是歪曲割断传统,但也必然注意当今,关注当今国内外学术达到的最高水平。国臣同志努力用科学知识,比较准确地从纵向介绍少林文化,并以此为后盾,了解世界,面向未来,预测远景,提高少林文化新的灵敏度。如少林气功研究,介绍了当今欧美日苏的研究,国外国际学术会议与杂志等等。书中分析了中国旅游热的兴起,70年代末,封闭的登封还是河南15个山区贫困县之一。现在,登封一跃成为全省县市16强。作者列出专章研究"登封市以文化兴旅游经济的成功做法",80年代以来,世界30多个国家和地区与少林寺联系成立少林武术组织,海外弟子200多万。作者提出跨世纪发展目标,打了"少林牌",还要打"嵩山牌",进而从登封市旅游兴市的前瞻性研究,提出由登封看河南旅游业适度超前发展战略。这种现代化意识在学术研究中是十分可贵的。

其三,本书显示出全方位研究的新视野。

孤立地研究某一种文化,不能说不可以。但单纯抄老资料,搬字过纸,使人昏昏欲睡。作者研究少林文化视野广阔,方位扩展,从政治、经济、地质、宗教、历史、艺术、教育等全方位研究。广阔的视野使少林文化的研究在多层次上展开。第一层次从少林地域文化的典型涉及整个中华民族文化关键系统的综合介绍和分析上;第二层次是比较具体地对少林文化的一些普遍性问题的评价与探讨;第三层次是少林文化的内涵,如禅宗、儒学、道教、武功、对外交流、旅游经济等等。

少林文化学的诞生也是和国际文化交流的全球视野息息相通的。少林文化学的诞生突破了传统的单纯介绍少林寺地区保存的文化珍品,把研究方位推向传统的狭窄的时空界限之外。尽管少林文化还有些问题值得讨论，有的方面还要扩展和深化，但就开拓文化视野这一点而言，应该是有创新的。这对传统的研究方法带来了历史性的冲击。

张国臣同志是在工作之余完成此书的。写作这一专著的艰苦环境和战胜数次疾病的心态在"跋"中说得清清楚楚。纵览全书，不愧为涉海探骊，攀梧引凤，披荆斩棘，寻根问底，其方位之广，腠理之精，视野之高，造诣之深，毫不夸张地说在少林文化研究中是"独一无二"的。我相信这本书能经受岁月的风化，我希望读者能从这本书看到少林文化的本相，看到区域文化研究又开辟了一条人迹罕至的新领域。

评《中国少林文化学》*

林炎志

中共河南省委政研室副主任、河南大学兼职教授张国臣同志的文化研究新著《中国少林文化学》,日前由河南人民出版社出版发行。通读全书,我认为该书至少在三个方面具有较高的价值。

一是实现了区域文化研究的一个新突破。黄河流域是中华民族的主要发祥地之一,根植于这片沃土的嵩山少林文化历史悠久,以其丰富的内涵呈现出独特的风韵,成为黄河文化、中原文化的重要组成部分。这部 47 万字的文化研究新作,从 21 个方面对少林文化进行了归纳介绍,揭示了少林文化北融黄河仰韶文化,东连两宋理学,西创中国佛教禅宗,南传天下少林武功的博大内涵,创造性地建立起自己的体系,可以说填补了我省区域文化研究上的一项空白。

二是打破了过去就文化论文化的传统研究模式。该书根据当今世界经济文化一体化的新形势,把文化与经济社会发展的关系作为研究的重点,以独到的见解及翔实的文字、图片材料,勾画出嵩山少林地区改革开放 20 年来以文化促旅游,以旅游促经济社会快速发展的轨迹,并根据嵩山少林旅游经济发展的成功实践,创造性地提出了河南旅游经济适度超前发展战略,对推动我省的社会

---

* 林炎志,时任中共河南省委常委、省委宣传部长。该文原载《大河报》2000 年 4 月 14 日。

主义市场经济建设特别是旅游经济发展,将产生积极的作用。

三是成功探索了以多种写作手法表现文化现象的研究方法。本书著者采用一种"跨文体"的写作方式,叙事、抒情兼备,历史、逻辑交织,文采洋溢,血肉丰满,可读性强,更好地满足了群众了解文化现象的需要,对传统文化的普及有较强的意义。

国臣同志在繁重的行政工作之余,十余年如一日,对少林文化现象一路钻研进去,终于有所成就,这种在学术上深入钻研的劲头非常难得。江泽民同志最近指出,我们党要始终成为中国先进文化的前进方向的忠实代表。适应这一要求,离不开对优秀传统文化的研究继承,希望更多的同志投入到对中原文化的深入研究中来,更好地为当代河南的改革开放和精神文明建设服务。

中国区域文化研究的巨大收获*
——评张国臣《中国少林文化学》

李松晨　王德春

河南省委政研室副主任张国臣的力作《中国少林文化学》新近出版了。这是一部集少林文化中禅宗、理学、道学、文学、艺术、天文、地理、经济等于一体的专著,是中国区域文化研究的一大收获,是少林文化研究的拓荒性成果。

该书具有多视角、多角度、大跨度、全方位、大视野的特点,做到了独特性、系统性、知识性、科学性、可读性五位一体,给人以清新、厚重、隽永之感。

首先是该书的独特性。国家新闻出版署原署长于友先对该书评价说:"少林文化学的创立与研究是一项拓荒性工作。"这一评价是十分贴切和中肯的。应该说这些年来对少林文化的研究和宣传不少,报纸、期刊、影视、电台等新闻媒体多有报道,但是由于种种原因,这种研究和宣传往往局限在少林文化的某个层面上,少林文化的整体性、关联性、深刻性却被忽略了。作者张国臣经过十几年的潜心研究,在不惑之年,归纳出"中国少林文化学",这在区域文化研究史上是一个重大突破,是一项拓荒性的工作,具有他人无

---

* 李松晨,教授,时任今日中国出版社社长。王德春,时任中央政策研究室研究员。该文原载《河南日报》2000年1月14日。

法比拟的独到性。

其次是它的系统性。一部著作的结构、体系是作者思想深度和才情的集中体现。要使一部著作形成一种严密的系统,必须深掘主题,并具有相当强的思辨能力。《中国少林文化学》就做到了这一点。作者从中岳嵩山创造少林文化的基础谈起,进而涉及嵩山少林宗教文化、山水文学、观赏文化、历史文化、建筑文化、雕刻文化、绘画艺术、书院文化、少林武功、少林与健身、少林与中国医药、少林精神直到少林文化与振兴经济的关系等,构成了宏大的统一体,环环相扣,给人以美的享受。这同时也体现了科学性与艺术性的统一。

第三是它的知识性。中央政策研究室主任滕文生为该书题词:"不来峻极游,何以小天下。"少林文化作为中华优秀文化的一部分,博大精深,源远流长。黄河流域是中华民族的主要发祥地之一,位于黄河南岸的嵩山少林文化以其独特的风韵,为中华文化增添了光彩。它独有的地理、禅宗、理学、武术等令多少人陶醉。可以说,《中国少林文化学》简直就是一部少林文化的百科全书,通过它,我们了解到中岳嵩山的地理条件、少林文化的渊源、少林宗教文化的神秘、历朝历代在这里留下的无数传奇、少林拳法的威武神奇等等。要真正读懂它、了解它,是需要下大功夫的。

第四是它的科学性。科学是神圣的,对待科学的态度不能有丝毫的随心所欲,必须从实际出发,对问题做出符合客观规律的判断和解释。该书作者的职业和经历决定了他必定是一个科学的捍卫者。《中国少林文化学》充分体现了作者科学严谨的治学态度,体现了作者丰厚的文化积淀和扎实的文字功底,体现了作者负重奋进、脚踏实地的人格。正如作者在该书的《跋》中所言,必须运用辩证唯物主义和历史唯物主义基本原理对少林文化现象进行理性的思考和综合剖析。作者正是这样做的。他矢志不渝,广纳百家之言,并深入调查研究,最终成论成书。我们在阅读该书的每编、每章、每节时,都深深感受到作者认真探索的态度和崇尚科学的精神。

第五是它的可读性。一部著作要使读者产生共鸣,要在社会上产生影响,因素是多方面的,其中包括它的可读性。《中国少林文化学》虽然是一部严肃的学术著作,但由于作者高深的文化修养和扎实的文字表达能力,使之具有了相当的可读性。于友先署长对该书可读性作了充分的肯定,他谈到,《中国少林文化学》使得坚硬的理论文章变得轻松而耐嚼,且以深邃的哲理让人回味,可读性强。特别是该书关于理学、禅宗、艺术、文化、地理、天文等方面的篇章,读来鲜活灵动而妙趣横生,再加之该书用了大量精彩插图,使之图文并茂,更加增强了书的可读性。

作者经过多年研究,终出力作,并开创了一门新的学科,实在可喜可贺。我们预祝他在今后的工作中创造新的更大的辉煌!

岳立天中[*]

李庚香

读张国臣的《中国少林文化学》,感觉真像登嵩山、游少林那样痛快淋漓。

巍巍嵩山,雄居五岳之中。坐在法王寺月台,你可以欣赏嵩门待月的美景。站在峻极峰顶,你可以体会一览众山小的惬意。真的,雄伟、奇特、险峻,山是"望望不可到,行行何盘曲",幽深、秀丽、敞旷。水是"瀑布墨浪飞九天"。"少林者,少室之林也"。张国臣以自己对嵩山少林文化的独到理解,以山为"脊骨",以水为"血液",对嵩山少林寺附近的宗教文化、山水文学进行了富有创见的阐释。

在这部著作中,作者围绕"嵩山"、"少林"、"中原"这三个核心词深入挖掘,以"铁杵磨成针"的意志"积沙成塔",从王子晋吹笙到道释儒三教荟萃,从少林建筑、少林雕刻到少林绘画,从嵩阳书院、法王寺到中岳庙,从少林武功、气功、秘方到少林精神,著者的视界不断游移,并一步一步建立起自己的理论体系,实属难能可贵。在著者看来,巍巍嵩山,是创造少林文化的基础。嵩山,又名"崇山",为天下之中,有"天心地胆"之誉。她的东面是太室山,西为少室山。在著者看来,诞生在这块狭窄地域上面的嵩山少林文

---

[*] 李庚香,博士,现任河南省委宣传部副部长。该文原载《河南商报》1999年9月5日。

化是黄河文化、中原文化的一个重要组成部分,在中原北方文化中占有核心位置。事实上,不仅诞生"三山一河"(太行山、大别山、嵩山、黄河)的中原地域文化,以宋陈文化为核心,东西有开封宋文化、洛阳周文化,南北有中原楚文化和郑卫文化,自成体系,独具特色,就是嵩山少林文化也北融黄河仰韶文化,东连两宋理学,西创中国佛教禅宗,南传天下少林武功,可谓博大精深。

著者以狭义的文化地域作为研究对象,探讨附加在嵩山少林自然景观之上的文化现象和文化内涵。应该说,这本书有不少对少林文化的独到发现。在作者看来,位于黄河南岸的嵩山少林文化构成了中原北方文化的一道独特的风景,并以其丰厚的内涵呈现出迷人的形态。除了"第六小洞天"中岳庙、佛教圣地法王寺外,少林乃禅宗祖庭。在以嵩山少林为表征的特定区域内,竟然同时并存了三种宗教,这种混合型文化类型展现了一种极大的兼容性。从嵩山少林地区的道释儒三教发展的历史来看,道教起于前,释教起于后,儒教为"三教"发展之最后。中岳庙是中岳嵩山的岳神庙。以中岳庙为标志的道教文化,是中国少林文化的重要组成部分。禅宗作为中印文化结合的产物,它起源于少林,是中国化了的佛教。嵩山少林,就是中国佛教禅宗之祖庭。达摩来到中国,自称从释迦牟尼"拈花微笑"传佛心印算起,到他已是28代了,自称"二十八祖"。达摩面壁九年,独树禅宗一帜。公元495年,印度禅师跋陀多次登临嵩山少室,认为五乳峰下为长生不衰之宝地,即请求魏孝文帝在少室山五乳峰下为他建立寺院。"少林者,少室之林也",此寺即为少林寺。慧可断臂立雪,禅宗发展后继有人。后来,以慧能为代表的南宗和以神秀为代表的北宗成为中国禅宗的两大流派,禅宗呈一时之盛。唐末五代时,五家禅相继建立,标志着中国禅宗文化进入极盛期。著者认为,少林文化的一大特色,就是三教相互补充,融会创造了新的境界。例如,明代就承认佛道儒三教的和合,认为"三教一体,九流一源,百家一理,万法一门"。

著者对少林武术的把握也有不少精辟的见解。他认为,少林武术是中国著名的武术流派之一,是少林文化的奇葩。少林气功注重"意念、呼吸、姿势",作为少林武术的一个重要组成部分,在中国气功发展史上,占有重要的地位。著者对少林文化中的禅宗、理学、道学、文学、艺术、天文、地理、经济等现象逐一进行思考探索,综合剖析,再入现实,提出"河南旅游适度超前发展战略",无疑使这本书的现实意义更加突出。

特别值得称道的是,本书著者采用了一种"跨文体"写作方式,体现了一种"发现的逻辑"。就文体而言,叙事、抒情兼备,历史、逻辑交织,文采洋溢,血肉丰满。就题材内容而论,纵到底,横到边,在一块狭小的区域内"索微探幽"、"见微知著"精耕细作,在这个意义上,《中国少林文化学》实乃一部厚重之作,一部见作者功力之作。

我作为张国臣老师的学生,多年来在学习和工作上都得到他的指教。我因研究《中原文化精神》而和老师在一起多有切磋,对他工作之余数十年如一日,一路钻研进去,百炼钢化为绕指柔,吹尽黄沙始见金,在学术上勇猛精进的劲头十分佩服。《诗经》中说:"嵩高惟岳,峻极于天。"宋人范仲淹说:"不来峻极游,何能小天下?"诚哉斯言!读完《中国少林文化学》,隐隐有回肠荡气之感。

少林文化的大成之作*
——读张国臣《中国少林文化学》

孟宪明

一门学问或者一项事业,总是有一个源起、发展、蓬勃以至于集大成的过程。不然,这门学问或事业就只能处于唯象阶段而达不到形而上的系统的理论高度。近读张国臣先生将近50万言的《中国少林文化学》,深感此书对于少林文化的研究,已臻大成之境。少林寺从北魏孝文帝太和年间(公元495年)建寺,1000多年来,风雨剥蚀,战火洗礼,荣辱盛衰,沧桑浮沉,虽然产生了灿烂的文化,但真正以"文化"目之,则是近20年来的事情。先是一部电影《少林寺》,让国人大开眼界,接着是登封嵩山的旅游开发,再接着就是郑州国际少林武术节了。"武术搭台,经贸唱戏。"少林文化的兴起和发财致富的"浮躁"连在一起,很让一些人怀疑其"文化含量"。其实细细一想就会明白,少林文化确有文化,不然,你想"浮躁"就能"浮躁"得起来?

文化有三态,亦即以古建筑为代表的固体文化(建筑文化)、以文字为代表的液体文化(文本文化)、以民俗为代表的气体文化

---

* 孟宪明,教授、作家、评论家、民俗学家。该文原载《中华读书报》1999年11月3日。

(生活文化)。《中国少林文化学》涉及了更宽的文化层面,它把乐山乐水的旅游文化和振兴民族的经济文化也一并收囊,5编21章,系统构建了作为一门崭新学问的理论体系。区域性的文化研究该如何更深入地进行,如何更有力地发展和壮大,一直是我国学界和政府共同关注的问题。张国臣先生这一行为的价值和意义决不可小觑。小而言之,它给少林文化以总结;大而言之,它将给我国众多的区域文化的研究和发展提供范式。

此书的另一价值是完整。自然景观、人文景观、地质地貌的时间流程,东西南北的空间拓展,大景如佛教名刹少林寺、道教大观中岳庙、儒家名校嵩阳书院、测景度日观星台,自然展卷必写,写必详尽。就是那些独立的景观,像启母石、达摩洞、立雪亭,也都溯流考源,务求完备。至于那些意趣高古的观赏胜境,像嵩门待月、玉溪垂钓、少室晴雪、卢崖飞瀑等等,不仅写来生动,而且弥漫禅意,深悟先人之雅思。可以说,此书不仅是学习、研究少林文化的必读书,就是嵩岳游览,也是不可多得的导游和参谋。

国臣先生早年习中国文学,散文诗歌,多有创获,深得为文要旨。诗的凝练,散文的意境,小说的细节真实,十八般兵器,他都一一搬进书中。读大书最怕的沉闷、厚重、结实,在他的书中几乎扫尽。一砖一石,无不被文化砥砺;一草一木,无不被文化滋养。石淙之水,少室之雪,辕辕之晨雾,峰头之明月,嵩山的一切,都被"艺术"过、"文化"过了,大有言者娓娓、闻者津津之快感。

我称此书为少林文化的大成之作,其实,它的大,就包含着以上所说的体系之"大"、完整之"大"和用大量细节体现出来的以小见大之"大"。

我不是说完了优点不说缺点就不好看,那样地非得找几条缺点出来,这么沉甸甸的大书,哪能没几点小疵?读完此书半个月后的一个傍晚,我忽然看见了其中的不足,那就是民俗文化欠丰。千年少林,以武术名扬天下,救过唐王,抗过倭寇,"天下功夫出少林",会不对乡俗产生影响？嵩山脚下武校林立,少室溪边拳声震耳,上千名武功教师,数万名习武少年,会不浸润民风、滋益教化？会不产生特有的区域性的文化心理现象？国臣先生虽然在一些章节中也对民俗文化有所涉及,但作为整体上的把握似嫌不足。民俗文化是民族文化的底色,决不可等闲视之。

区域文化研究的一枝奇葩*
——读张国臣《中国少林文化学》

苏长青

张国臣同志的著述《中国少林文化学》,是新时期文化研究著述中,以独特的视角全面、系统地考察研究中岳嵩山少林一带区域文化的文化学专著。

《中国少林文化学》以嵩山作为地理界碑,全景式地图说了少林地区文化的个体风貌。长期以来,研究界关于中华文化的研究成果可谓汗牛充栋,但有关区域文化的研究成果却寥若晨星。位于黄河南岸的嵩山少林地区以其丰富的文化内涵呈现出独特的风韵,成为中国文化的重要组成部分。在这个以嵩山少林为表征的特定区域内,不仅自然地理环境特殊,而且拥有中华优秀文化的主要特征。在这里可以看到独特优越的人文环境和历史脚步留下的深深足迹:冰川的移动,朝代的变更;思想的争战,文化的交融。这里不仅有中国佛教禅宗祖庭少林寺,而且有中国道教文化的主要圣地之一中岳庙,更有中国宋代儒学的中心活动场所嵩阳书院;这里不仅有建筑、绘画、雕刻、地质等直观资料,而且有讲究风骨、崇尚自然、修身治学、爱国自尊等文化传递,更有闻名中外的少林武功文明奇观。作者就是把笔触瞄向这样的地域,挖掘其丰富的文

---

* 苏长青,文学硕士,现任中共河南省委政研室副主任。该文原载《河南商报》1999年9月5日。

化内涵,并形成了系统的少林文化学。

该书运用多元一体的文化观,从中华文化全局的高度审视少林文化的演变,探索中外文化兼容互补的发展过程。中华文化是博大精深的文化,也是特殊而具体的文化,具有明显的地域特点和民族特色。对于中华文化的方方面面进行历史地、具体地考察研究,从地域文化的特殊性里找出中华文化的统一性,不仅可以更全面地了解、丰富、充实中华文化的内容,而且会对创造有中国特色的社会主义新文化产生积极的推动作用。作者站在今天的高度看问题,不囿于历史的成见,从经济、政治、文化的角度,观照了少林地区经济、政治、文化的沿革及相互促进制约作用,对少林文化中的禅学、理学、道学、文学、艺术、天文、地理、经济学现象进行思考探索、综合剖析。作者列举了《少林寺》电影对少林文化区域内经济发展的推动作用,并用登封市20年来改革发展的轨迹,佐证了文化与经济的相互促进作用。

与以往文化研究著述不尽相同的是,这部书是从地域文化的视角观照整个少林地区乃至中华文化的演变进程,以少林地区文化的整合性和相互渗透性为起点和旨归展开铺陈,从而使读者不仅能够了解少林地区乃至中华文化发展的脉络,而且使描绘的文化沿革轨迹更具历史的真实性。在统合古今的基础上,作者运用历史唯物主义和辩证唯物主义观点,借鉴多学科理论,对少林文化的纵向和横向文化背景进行探赜。同时,作者立足少林,把这一地域的文化放在民族的甚至是世界的范畴内进行多角度、多方位的探讨。这种时空交叉、纵横交错的立体式文化研究,对于世人了解少林文化乃至中华文化,以古鉴今都具有启迪意义。在构筑框架、提出论点时,作者善于广泛借鉴,吸取当今文化研究的成果,博采众长、兼容并包,既熔众方家学者的博见于一炉,又有自己的独特的见解。全书共分21个部分,纵横开阖,对少林地区的文化景观时而钩沉发微,细致介绍,时而跨越时空,古今捭阖,显示了作者开合有度的叙述风格和较强的语言驾驭能力。

少林文化的创立与研究是一项拓荒性工作。从《跋》中可以看出,作者在少林文化的环境中披风沐雨,浸润自己的文化风骨,灵台世界里深深地积淀着少林文化的因子,40年的风雨坎坷路无时不凝聚着他对少林文化的依存和眷念,也正是这样的情怀,才使作者不管如何坎坷曲折,不管如何畅达顺意,不管是逆境、平境还是顺境,都能笔耕不辍,刻意完成这部著述。国家新闻出版署原署长于友先在《序》中说:"《中国少林文化学》比较全面、系统地考察研究了中岳嵩山少林一带古往今来的文化现象,建立起自己的体系,构成了一门学问。"这是对作者多年来辛苦劳动的肯定,也是对该书中肯的评价。

不惑之年的不惑之书*
——张国臣和他的《中国少林文化学》

张鲜明

7月的一天,明亮的光线破窗而入,照在省委政策研究室副主任张国臣宽大的办公桌上。桌上那本47万字的《中国少林文化学》厚重而醒目,散发着浓浓墨香。这是河南人民出版社刚刚送来的样书。

此时,张国臣明亮、睿智的目光从一份文稿移到这本书上,那温润的眼神,像是在审视梦中的女儿。他站起身轻轻地捧起书,慢慢地打开它,那一行行熟悉的跳动的文字,使他的双眼充满了泪花。他觉得这不是一本书,而是一棵树,一棵长了5年的,不,长了40多年的树。此刻,他的思绪随着这棵"树",在往事里摇曳⋯⋯

张国臣与这部《中国少林文化学》之间,似乎有一种缘分,仿佛冥冥之中,嵩山少林早就要把这一开创性的区域文化研究工程交给他。

1500多年前,"天下第一名刹"少林寺出现在中岳嵩山。

1956年,张国臣出生在嵩山南麓登封县一个风景秀丽的小山村。

在张国臣7岁那年,少林寺的释德根禅师就到过张国臣就学

---

* 张鲜明,《河南日报》高级记者、诗人。此文原载《河南日报》1999年8月6日。同载于国家《新闻出版报》。

的那所小学禅坐,并教学校的娃娃们打拳,讲述十三棍僧救唐王的故事。父母也曾带他到少林寺、中岳庙、嵩阳书院、观星台等处游玩,意在让他接受古文化的熏陶。在达摩、孔子、天中王、郭守敬的塑像前,幼小的张国臣感受到了一种无法言说的庄严和瑰丽。那是中国文化的魅力。这魅力,在他心中沛然作雨,沐浴着他,滋润着他。

在他10岁那年,"文化"被"革"了"命",他辍了学。割草,放牛,拾粪,拉板车,一天只能挣3分钱。饥饿的折磨、失学的痛苦、重体力的劳动,不但没有消磨他的意志,反而使他比同时代人多了几分成熟和毅力。

1977年,张国臣以全县第一名的成绩,考入河南大学中文系。他珍惜这来之不易的学习机会。白天,聆听老师的教诲,如饥似渴;晚上,读书写作常到零时。平日里节衣缩食,把助学金和稿费都用来买书。有时被一本书吸引,竟通宵不眠。

大学生张国臣时常在深夜里梦见一个地方。那个地方很美丽,也很熟悉,是嵩山。嵩山在呼唤自己的儿子。1979年暑假,张国臣回到家乡,徒步考察了嵩山少林地区37处名胜古迹。他深深地陶醉在秀丽的山水和博大精深的古文化之中了。中秋节那天,他坐在法王寺月台,欣赏着嵩门待月的奇观,顿感天灵大开,天地之间有一种神秘的、瑰丽的东西,像音乐一般强烈地冲击着他。他曾在深夜秉烛徘徊于少林碑廊之中,也曾站在峻极峰上远眺群山,聆听从遥远的时空传来的某种声音。他听懂了,这是古老嵩山和少林文化的呼唤!在大学的4年里,他写出了《嵩山,泉水丁冬》等一批关于嵩山少林文化的文章,完成了《历代名人嵩山诗选》、《嵩山》两部文化专著。

1982年1月,张国臣大学毕业留校任教。

他知道,少林文化是中华文化的特形,要深入研究少林文化,就必须吃透中华文化的精髓。面对博大精深的中华文化,他感到了自己知识的贫乏。为了弄懂中国理学,他利用暑假,自费前往北京大学,拜著名哲学家冯友兰为师。80多岁的冯老收下了这个学生,在"三松堂"给张国臣讲嵩阳书院创始者、宋代大理学家程颐和程颢的思想,谈新理学的发展和社会历史意义。为了研究道家思想史,为了进一步了解中国禅宗对诗歌创作的影响,张国臣曾拜访了著名历史学家、作家姚雪垠和著名诗人臧克家。这些大家的教诲,为他日后写作《中国少林文化学》打下了基础。在河南大学,张国臣曾任校报主编、少林武术学院副院长。工作之余,他的全部精力都倾注到了少林文化的研究之中。有一次,为了赶写文稿,他一连熬了好几个通宵,以至于累得吐血,住进医院。就这样,7年间,完成了《中国文化之最》、《中国艺术之最》、《中国当代大学生优秀文学作品赏析》、《中国花鸟诗词鉴赏辞典》、《少林诗词选注》等23部专著。

党组织是爱才、重才的。1988年,他走出高校。33岁即被任命为郑州晚报社社长,后任郑州市委办公厅主任、市委副秘书长,并被聘为河南大学兼职教授。

他是个敬业精神极强的人,从来都把自己的岗位职责看得很重。他是国家公务员,工作是具体的、实在的。一天到晚公务缠身,经常是黎明即起,深夜方归。他以极大的热情投入到工作当中,于千头万绪中把一件件具体工作处理得有条不紊,得到了领导和同志们的一致肯定。他又是青年学者,他始终牢记省市领导对他的教诲。他们经常告诫他,在做好行政管理工作的同时,一定要认真学习邓小平建设有中国特色社会主义的理论,再忙,读书、写作不能丢,对少林文化的研究要继续下去。当夜深人静、一个人独处的时候,他时常听到一个声音从心底冒出来,呼唤着他。那是嵩山,是少林。他明白,自己除了社会责任之外,还应当肩负文化建设的使命。他不能放下书本。事实上他已经放不下书本了,读书成了他生活的一种必需。一捧起书,他就会回到一个远离喧哗与骚动、远离名利纷争的宁静世界。那是一个美丽、圣洁的境界。

繁忙的张国臣没有停止向少林文化的纵深挺进。多少个夜晚,他伏案疾书,一篇篇关于少林文化的论文从他的笔端清泉般涌出。

随着对少林文化研究的深入,张国臣越来越觉得,在不到10公里的区域内,融会了儒、释、道三种文化形态的少林文化,是中华文化的缩影,由此切入,就可以把握中华文化的底脉,从而抵达中华文化的最深处。怎样才能在一个更加广阔的背景上,去把握和概括少林文化?他苦苦地思索着。

"少林文化学!"一天晚上,张国臣的脑子里突然蹦出这么一个概念,他豁然开朗,激动得大喊起来。他意识到,自己正在走向一个新的高度,正在接近一个宏大的文化工程。然而,当他冷静下来,又一阵悚然:这么一个大工程,不投入相当的时间和精力,是无法完成的,而他最缺乏的就是时间。他下不了决心。

后来的机缘,使他坚定了把这个大工程干下去的决心。

那是1993年4月和5月,张国臣分别陪同原国家主席杨尚昆、原全国政协副主席马万祺等领导同志考察了嵩山少林文化。他们对博大精深的少林文化给予了很高评价。当得知张国臣正在进行这方面的研究时,鼓励他克服困难,向纵深处研究。

上级领导的鼓励和支持,使他具有更大的使命感。经过充分的准备,1994年8月,他开始了《中国少林文化学》的写作。

这么一个浩大的文化创建工程,完全是在业余时间里完成的。星期天、节假日,是他最好的读书、写作时间。以后的几个春节,张国臣几乎都是在家中的书房或办公室度过的。对他来说,写作的日日夜夜是甜蜜的,也是痛苦的。这不是普通的一部书,而是在建立一门学科。他运用辩证唯物主义和历史唯物主义基本原理对少林文化中的禅宗、理学、道学、文学、艺术、天文、地理、经济等现象进行思考和分析,从而总结出人生必然经历的"顺境、平境、逆境"

三个阶段,进而揭示世界万事万物只有顺应历史潮流才能发展的道理。这样一部不惑之书,涉及的学科实在是太多了,虽然也有下笔如神、快马轻刀的时候,但归根到底这是一次历险,说不定什么时候从什么地方会跳出个拦路虎来。多少次,他感到自己知识不足,写不下去了,曾懊悔得大哭,把笔折断了一支又一支。他曾晕倒在书堆里,醒来,又捧起了书。1994年春节,张国臣因病住院,一只手扎着吊针,一只手捧着书本。9岁的女儿看到他那个拼命架势,真怕有一天会永远见不到爸爸了,一次次哭着夺下张国臣手中的笔,劝他不要写了。他总是摇头一笑,又埋头到书稿上去。

日历一页页翻过去,《中国少林文化学》一天天厚起来。

1996年,河南省公开选拔副厅级干部。当时正是该书杀青之际。在省市领导和同志们的支持帮助下,他走进了考场,最终被选入省委政策研究室任副主任。

省委政策研究室是省委的参谋部、智囊团,这样一个重要岗位,为张国臣提供了更高的视点,他的视野更加广阔了。经济基础决定上层建筑,上层建筑反作用于经济基础。文化不可能是一种独立于经济之外的自我生成状态,它的发生、发展受制于经济,同时也可以促进经济的发展。站在这个高度上关注少林文化,他感到少林文化研究的焦点应该投向文化与经济关系的坐标之上。他注意到,1979年,一部《少林寺》电影揭开了嵩山少林文化旅游的序幕。嵩山一带特有的少林文化,带动了当地旅游业的大发展,使以登封市为代表的少林区域的城市品位不断提高,综合实力不断增强。旅游业的发展,打破了当地干部群众封闭落后的思维模式,增强了他们的开放意识和开拓精神,改变了许多不良风气和习俗,促进了当地精神文明建设的发展。这一文化与经济相互推进的事实,使张国臣看到了少林文化研究的一个新领域。从此以后,他开始更多地思考文化怎样为现实社会和经济发展服务的问题。带着这个问题,他开始了大范围的考察,并以此为基点,为《中国少林文化学》增添了新内容。这部书共分五编,少林文化与经济发展关系的内容就占了整整一编。以此为基础,张国臣还写出了《试论河南旅游经济适度超前发展战略》等一大批文化经济论文,受到了省委、省政府领导的好评。为了回报社会,他将上万元稿费购买成书刊,捐赠给山村学校,并救助了多名贫困地区的失学儿童,使他们得以继续上学。

就这样,五个寒暑,三易其稿,数次增删,这部巨著终于完成了、出版了,厚厚重重地放在他的面前。此刻,抚摸着书,他想起了党的培养,想起了人民的哺育,想起了无数关心和支持过他的人。他仿佛看到有无数双眸子,正穿过时间的隧道,投向他,投向这部书。

这是他熟悉的眸子。

这里有国家新闻出版署原署长于友先。他首先看出了《中国少林文化学》这部著作的独特价值,亲自为该书作序,称赞"《中国少林文化学》比较全面、系统地考察研究了中岳嵩山少林一带古往今来的文化现象,建立起自己的体系,构成了一门学问。这是中国文化研究中一个可喜可贺的新成果"!于友先署长对张国臣的学识和精神给予了高度评价,认为该书"以深邃的哲理让人回味,可读性强。从中可见作者丰厚的文化积淀和坚实的文字功底,可见其付出的艰苦劳动和刻苦学习、勤奋工作、勇于创造、自觉奉献、负重奋进的精神和勇气"!

这里有中央政策研究室主任滕文生。他了解张国臣的为人,也深知这部书的价值,对该书的写作给予了大力支持。他在看了《中国少林文化学》书稿之后,挥笔题词:"不来峻极游,何以小天下。"

这里有河南省的有关领导同志。他们多次听取关于这部书写作情况的汇报,认为该书内容丰富,涉及学科众多,包含深邃哲理,富有创新精神,对于提高民族素质大有裨益。他们替他出主意、想办法,开阔了他的思路,帮助解决本书向纵深研究所遇到的实际问题,并指示他要下大功夫,一定要把这部书写成精品。

这里有著名作家李準、著名学者余秋雨。他们在看了这部书稿之后,都对本书给予了高度评价,并分别为该书题词:"嵩高惟岳,峻极于天";"心寄少林"。

这里还有一些新闻记者。他们以特有的职业敏感,早早地捕捉到了这部书写作的信息,看到了这部书在中国文化研究中非同寻常的意义。香港《大公报》在该书出版前夕,发表了题为《张国臣创立〈中国少林文化学〉》的消息,称"该书从而成为此门学科的开创者"。

张国臣知道,在中国大地,甚至在海外,正有许许多多满含深情的眼睛,在注视着这部书。现在,他把这部书交出去了,交给广大读者去检验。此时,他抚摸着它,仿佛看到一股清泉,他亲手开掘的清泉,正逾山越谷,汇入大海。那是中华文化浩瀚无际的大海……

嵩山仰止*
——张国臣《嵩山散文三十篇》序

文怀沙

西方有一座令人敬畏的"神山"——奥林匹斯山;东方有一座令中华民族敬仰的"圣山"——中岳嵩山。

嵩山是"圣山"——

它居中原腹地,纳宇宙精华,是华夏文明发祥地和核心传承区,是儒学、道家、禅宗、武林集萃之地,古往今来当之无愧地承担着中华民族文化圣山的使命。

嵩山是天地大书——

它25亿年前,当地球还在洪荒时期便已横空出世。打开嵩山地层,就像翻开深厚无比的大地之书,太古、元古、古生、中生、新生,每一个地质年代都在这里留下清晰的印记。

嵩山是华夏文明之树的主根——

盘古开天地、女娲补天、伏羲画八卦、二郎担山赶太阳……众多神话传说,都能在以嵩山为中心的中原地区找到众多遗迹。

距今9000年到7000年的裴李岗文化在嵩山地区有43处遗址,遗存之多、分布之密为全国之冠。

---

* 文怀沙,著名国学大师、北京大学教授。该文是2011年张国臣陪同文怀沙教授考察嵩山文化后,文怀沙教授为张国臣《嵩山散文三十篇》一书写的序言。

距今4500年到4000年的龙山文化遗址在嵩山地区星罗棋布，王城岗遗址、八方遗址、颍阳遗址、杨村遗址、君召南洼遗址，像一个个星座闪耀在华夏文明的上空。

人文始祖黄帝，诞生于嵩山余脉风后岭下的轩辕丘。他战胜蚩尤，一统华夏，定都于嵩山脚下。

唐尧、虞舜的重大政治活动，都是在嵩山地区完成的。尧晚年数次到登封箕山拜访许由，留下了箕山、颍水、洗耳泉、许由冢等文化遗址。帝尧巡狩阳城，并以百岁之高龄驾崩于嵩山脚下的登封阳城。帝舜曾迁都到登封负黍城。

大禹诞生于嵩山。

夏、商、周三代皆环绕嵩山地区建都。

嵩山是中华民族文化的发动机和孵化器——

佛教传入中国，第一个具有正统意义的寺院是嵩山玉柱峰下的"大法王寺"。

嵩山嵩阳书院，是宋代四大书院之首。理学家程颢、程颐在此讲学，使嵩山成为理学尤其是洛学的重要传播基地。北宋时，除二程之外，司马光、范仲淹、王曾、韩维、吕海、范纯仁、李纲、朱熹等大儒也在此讲学，使儒学尤其是宋代理学在嵩山地区得以更为广泛地传播。

有专家说，中华文明的核心是中原文化，中原文化的精髓是嵩山文化，诚哉斯言！所以，我讲国学，讲着讲着就情不自禁地讲到中原，讲到中原，就会满怀崇敬地说起嵩山。

正是这样的机缘，当我接到张国臣博士的书稿《嵩山散文三十篇》的时候，我竟为之砰然心动！有人用散文、而且是散文集的形式，来说嵩山了！我的心，是为嵩山而动的！

这本书处处有来头，事事有考究，简直就是一部关于嵩山的辞典！

我认识张国臣博士，是因为我应邀到河南讲学的时候，许多人跟我提到这个名字。人们对我说，有个叫张国臣的人，是个官员，却酷爱文化,尤其喜爱嵩山文化,创立了一个叫做"少林文化学"的学派。在这个年代,竟然有人能够创立一个学派,那会是一个何等了不起的人物!

后来,我在一个学术活动中结识了他。果然,一表人才,气宇不凡,目光高远,举手投足,昂昂然大丈夫也!听其谈吐,使我敬畏。

此后,多次交往,得知国臣先生原本是登封人,是喝嵩山的泉水长大的。怪不得他如此聪慧,对嵩山如此情有独钟。我想到上面提到的那些出自中原和嵩山地区的历史人物,想到古往今来嵩山这片神奇的土地上发生的种种奇迹,更加相信地灵人杰之说。所以,当我听说国臣先生出了许多书,并汇成洋洋四百万言的九卷文集《嵩山的流泉》的时候,就不觉得奇怪了。更令我感动的是,今年五月,国臣先生他向家乡中小学校捐赠自己珍藏的数千册图书,并为嵩阳高中捐赠图书馆,服膺于他"不为自己捞,只会往外捐"光风霁月般的人品,我欣然命笔,题写馆名——"嵩阳高中国臣图书馆"。我还听说,前不久,他又拿出政府奖励他为弘扬嵩山文化所作贡献的奖金和自己的工资六万元,捐资助学,帮助家乡十一名家境困难的孩子圆了大学梦。从国臣先生身上,我不仅参悟嵩山的神奥和伟大,让我更加相信天地人之间存在说不清、却又分明存在着的诸多"缘分"。

由是,我发出这样的咏叹:
高山仰止兮,吾尊嵩山。
嵩岳神奥兮,亿万斯年。
欲感嵩山之灵兮,问张国臣;
欲知嵩山之奥兮,读此美文!
是为序。

2011年12月9日　匆草于北京

嵩高惟岳[*]
——张国臣《嵩山散文三十篇》序

廖 奔

  天地之中,有嵩山焉。嵩山挺立大地中心,巍峨耸峻,上摩天际,成为中原地区的自然地标与文化景仰物,所谓"高山仰止"是也。因而,与鲁南人对泰山的深厚情感一样,大约中原人提起嵩山,没有不向往之情油然而生的。

  由于鼎峙中原,嵩山自古以来被赋予了特殊的观念内涵。所谓中原,系炎黄部族最初筚路蓝缕的祖居地和由来之地,她孕育了华夏部族的根脉,发源了中华民族滂沛的历史文化长河。嵩山则为中原之天柱,又称嵩岳,《诗经·大雅·嵩高》所谓"嵩高惟岳,峻极于天",她因而荣膺"中岳"称号,遂居中国"五岳"名山之首,为历朝历代君臣民氓所尊崇。于是乎,在国人"中岳——中原——中州——中土——中国——中华"的观念链中,嵩山成为"天地中心"之征象、民族表记之寄托,她作为古人宇宙概念的外化物象,聚合成中国人尤其是中原人的原始心结。

  我与嵩山的情感牵惹,始于幼时的登岳。我从小认识的山就只是嵩山。郑州旁侧无大山,黄河南岸的邙山,尽管由于刘邦项羽楚汉争霸、在这里发动的鸿沟大战而颇负历史盛名,毕竟只是一条

---

 [*] 廖奔,中国文联副主席,著名作家、评论家。该文是廖奔为张国臣《嵩山散文三十篇》一书写的序言。

丘陵土包，远远当不起"山"的称谓。再远的就是嵩山了。记得少时乘车前去游访，视界里于青葱原野间忽然拔地而起一座混莽苍峻、雄浑陡峭、目极不能尽、飞鸟不能升的高山，不禁凛然惊惕、肃然起敬、神魂精魄俱为之摄！车止登封县城（今登封市），然后攀爬太室山峻极峰，深入白云间而返，下眺山脚古城堡如棋盘，留下终生印象。后父亲因乡谊研究唐代诗人岑参行迹，终日考究其中的太室山、少室山、启母阙地理方位和人文内蕴，使我多了一些对嵩山的质感。长而踏访中原古迹，多绕嵩山回环。先于其北麓瞻观偃师酒流沟宋壁画墓、巩县宋陵石翁仲队列、密县打虎亭汉壁画墓，仰面即见嵩阴山形。后绕至南麓深入其腹地，多次踏勘中岳庙祭天露台、嵩阳书院大将军汉柏、少林寺塔林与达摩洞、郭守敬观星台，始知嵩山与中原文化渊源深厚。

　　我的河南大学中文系77级的同学张国臣为登封人，少时即与嵩山之体相摩相接、相生相感，以后长期工作在中原地区，来往驰骋、时或回乡，出入嵩山腹里，更为其精气氤氲激荡。又好古喜文，四处游历必有诗咏文颂，因而深究嵩山自然地理、文脉情思，成地域散文三十篇，约为一集，命余作序。我因一己之嵩山情结，又以同窗谊，因稍为之凝思殚虑，欣然命笔耳。

　　初睹国臣散文，入眼尽是自然意象：山麓红叶、涧底流泉、林隙风形、柏间塔影、书院晨雾、佛寺晚钟，举凡嵩山昼晦神态、四季风景，处处可品，事事入诵。国臣在用他一颗体贴的心感受着嵩山的温情，把发现的目光印满了她的每一个皱褶。然而国臣的辞情又不止于山川风物，更深入到其历史文化的厚重肌理，因视而见史，以事而出识，于是论随景出，逞文命意，笔墨踪及禅宗、道教、儒学、天文、地理、建筑、武术、医药、经济，地覆海涵，颇多哲意，把文章做成了学问。虽然理胜于情，未全合我口味，然系统梳理嵩山人文历史，弘扬特殊地域文化，亦成为触摸中原文化原旨的一次有益尝试。尤为吸引和感动我的，是国臣行文的淳朴浑厚风格，以及文中始终一以贯之的昂扬向上之气,它氤氲在这篇篇文辞里,也如影随形地缠绕在国臣的人生路途之中。我由是看到了一个嵩山之子从坎坷山径上一路走来,艰苦跋涉、披荆斩棘、风尘仆仆、毫无懈怠,终于积跬步而至千里、聚细沙而成坚塔,成就了今天事业的辉煌。古话曰文如其人,其国臣之谓乎?

打开这本书,慢慢地读,细细地品,听张国臣说嵩山的博学、聪慧而又朴实无华的话语,于是我们就随作者一起行走于崇山峻岭之上、探幽于峡谷深壑之间、沉醉于文化渊薮之中,能不美景与遐思与共、感悟与感动并生,其乐融融乎?

2012年3月15日于燕山脚下

嵩山吐翠　翰墨流香[*]
——读张国臣《嵩山散文三十篇》

张鲜明

天地之中,有嵩山焉。

诗曰:"嵩高惟岳,峻极于天。"嵩山之古,称祖诸山;嵩山之奥,源远流长;嵩山之魂,震烁古今。

张国臣先生生于嵩山,长于嵩山。"天行健,君子当自强不息;地势坤,君子以厚德载物。"他究天人之际,通古今之变,而成嵩山文化学;他察文化之根,品山水之美,乃有《嵩山散文三十篇》。张国臣的这本《嵩山散文三十篇》,描绘的是嵩山的峻极神秀,演绎的是五千年的璀璨文明,歌颂的是祖国的大好河山,抒发的是嵩山赤子的空灵心志,堪称中原文化和中原文学的新收获!披阅《嵩山散文三十篇》,犹如随作者一起攀登于峻峰之上,漫步于峡谷之间,醉心于人文之中,美景与遐思共存,感动与感悟同收,品读再三,爱不释手。在悉心研读之后,我认为本书有以下几大突出特点:

一、鲜明的思想性。新时期以来,中国散文百花齐放,大家迭出,风格多样。在某种意义上,这也增大了散文写作的难度。散文难写,难在于司空见惯的生活场景中发现与表达出超出常人的哲

---

[*] 张鲜明,《河南日报》高级记者,诗人、作家。该文是张鲜明为张国臣《嵩山散文三十篇》一书写的跋。

理和智慧,难在如何将深刻的哲理和深奥的智慧用看似平白、实则触动灵魂的话语说出来。文以载道,这个"道",是大道,是正道,是"非常道",是思想之路、探索之旅。张国臣的散文以历史和唯物的视角,从不同的侧面进入,不仅发掘出嵩山之美,还能看出别人看不到的更多层次、更多哲理。他站在"天地之中"这一独特人文地理的位置,体察嵩山以及嵩山所在的中原地区在新时代的苏醒、更生、发展与进步。《天人和谐法王寺》等许多篇章可以说都是启人心智的哲文。与女儿的通信《做劲翔太空的嵩岳雄鹰》,不仅以自己的成长经历去教育孩子,文中所充溢的自强不息、厚德载物的哲思,对我们的后代、对每一个人,都是具有重要的启示意义的。《学习嵩山,感恩嵩山》揭示了艰难困苦玉汝于成的深刻道理,更是三言"感恩",彰显大爱,处处可见做人与济世之道。

二、深厚的文化性。文化是根,文化是魂。嵩山作为五岳之一,不仅秀甲天下,更是一座伟大的文化圣山。文化淬炼时代精神,文化凝聚奋进力量。张国臣先生热爱祖国,醉心于嵩山山水,更沉迷于嵩山文化。诚如他自己所言:"漫步嵩山,考察少林,常使人沉醉其中。这是嵩山的魅力,更是文化的影响。"一定意义上讲,《嵩山散文三十篇》就是对嵩山文化的整体梳理,尤其是其中的《神奥嵩山》一文,系统地研究了嵩山文化的基本特点和发展规律,成为探求中原文化一个新的突破口。在构建嵩山文化这一宏大工程中,张国臣的笔墨涉及禅宗、道教、儒教、天文、地理、建筑、武术、医药、经济等多个领域,条理清晰,有理有据,展示了一个文化学者的深厚素养和独到的学术眼光。

三、高超的艺术性。散文的写作,有自身的规律,诸如形散神不散以及表达的随意与形式的自由等等。这些要求,看起来不难,但真正达到这样的境界是不容易的。嵩山在亿万年的演变中,孕育了自己不同于其他名山的自然之美、人文之丰,历代文人墨客多有佳作,在这样的地方,要写出具有新意、不同凡俗的作品,若无非凡的见识和高于常人的写作功力，是万难做到的。张国臣正是凭着作为嵩山之子，多年来把深情的步履印满嵩山的每个皱褶、每处风景，熟悉这里的一山一水、一草一木，加上特有的领悟能力，才发现了许多常人发现不了的嵩山的神奥之处。这是他通过自己的灵魂，看到——不，找到的，属于他自己的嵩山。看他的《嵩山赋》吧，文白互见，语言凝练，思虑深邃，大气磅礴，既有汉赋的文采，又有唐宋大家的胸襟。《嵩山，泉水丁冬》深得"不散"之法，重细节，恰似一幅工笔画；荡开去，有传说，有人物，使所状之物有了一种特别的厚重感。更难得的是，作者由一处山泉而上天入地，贯穿古今，思接千里，获得了一种不可遏止的奋斗力量。语言重推敲之功，结构有匠心之妙，诚美文也。

　　四、科学的规律性。张国臣不仅是一个学者、博士，更是一位优秀公务员、谋略家、策划家，他关于嵩山的研究，绝不是一味地钻在故纸堆里、停留在书斋里的，而是要通过对嵩山文化的研究，找出科学性的、规律性的东西，为时代服务，为人民服务，为当下的经济文化发展服务。在他的笔下，从嵩山的地质演变，到宗教的融会，到武术与禅宗的结合，无不验证着与时俱进和科学发展的真理。《与时俱进看少林》以精到之笔，阐发"时光流动，社会前进，时代呼唤新的禅理"；《中岳〈庙会图〉，商品经济发展的备忘录》，论及宗教流变与世俗生活的交融，发前人未发之语；《中原崛起看登封》之《由登封看中原经济区文化旅游发展战略》，站位高远，由点及面，谋划精准，是对中原经济区建设和华夏历史文明传承创新区建设快速而积极的响应，为中原文化大发展大繁荣建言献策。

　　五、突出的创新性。文无定法，创新乃成。本书的创新性，体现在以下几个方面：一是体裁的创新。本书集学术散文、哲理散文、纪事散文、书信散文等于一体，诸体兼备，各显风采。特别值得称道的是，作者打破了一些文人在散文写作上的格局，自觉地用散文的笔法来写学术和理论文章，这对散文的表达领域是一种扩展，对学术、理论文章是一种创新。二是题材的创新,嵩山红叶、少林佛塔、嵩阳书声等,凡嵩山风物、风景、风情皆入文中,篇篇可品。三是写作手法的创新,重构了散文写作框架。《登峻极兮小天下》、《静地松风会善寺》等夹叙夹议,有景有趣有情有思;《汉风流韵少室阙》、《天下功夫出少林》等篇章具有史论、文论特色,是对"文无定法"的最高诠释,是对散文理念和写作手法的一种大解放。

六、显著的纪实性。张国臣先生这部散文集的魅力,除上述几点之外,还在于它的纪实性。统观这些散文,都是"非虚构写作":无论是第一编"天地之中定登封"中以史实为切口的文化散文,还是第二编"嵩山秋叶别样红"中以状景、叙事为特色的美文,无一不是纪实。史是信史,景是实景,人是真人,事是实事,情是真情。涉及文物、典故、史实的,更是无一处没出处,无一处不可考。所以,我要说,这部散文集是可以既当美文去品,又可当史料去读的。尤其是《嵩山的流泉》一文,那是他的生命之泉、命运之流的真实记录。艰苦的少年岁月,艰难的求学经历,与命运的顽强抗争,一往无前的进取精神……作者非凡的人生经历和卓越的心路历程,谁读了不为之动容、不涕泪满襟!再看本书的第三编"中原崛起看登封"。作为一篇题为《由登封看中原经济区文化旅游发展战略》的长篇散文,其中的资料、数据、观点,更是作者长期调查研究的结晶,具有极强的科学性、资料性,怎一个"实"字了得!它不仅通篇体现了"实"的精神,而且是由于建立在深入调查研究的基础上,文章由大量真实生动的事例做支撑,有理有据,是现实生活的记录,把一篇本来可能是枯燥的报告,写成了既有深刻见解,又夹叙夹议,生动有趣的长篇散文,这真是个了不起的功夫!

上述这一切,都在张国臣先生的这本散文集里得到了充分的体现。这位嵩山赤子正用自己的心灵传达嵩山的话语。打开这本书,慢慢地读,细细地听,听张国臣,听嵩山说的这些智慧、深邃却朴实的话语。如果读懂了、听懂了,那么你将受益无穷!

嵩山吐翠,翰墨流香。《嵩山散文三十篇》,是一泓从神奥嵩山汩汩流出的诗一样的清泉啊!是从"天地之中"沛然升起的思想的彩虹啊!让我们细细地品读,让我们崇敬地仰望,之后,让我们一起走向嵩山,走向我们心灵的故乡……

2012 年 3 月 18 日于郑州

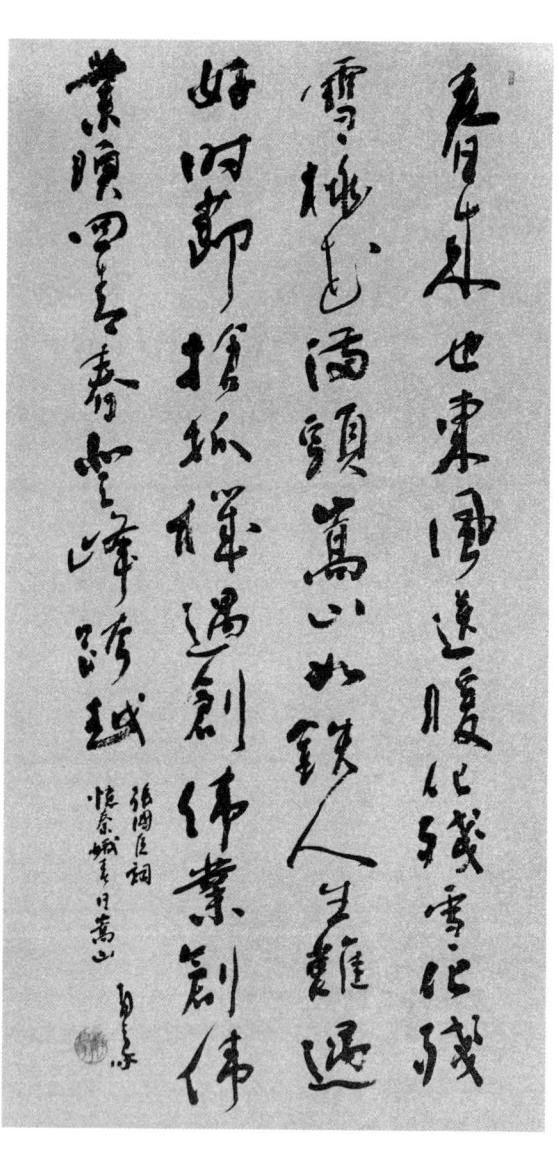

日本国书法协会副主席高桥书张国臣词《忆秦娥·嵩山》

诗词嵩山小天下*
——张国臣《嵩山诗词一百首》序

二月河

中岳嵩山是诗,是诗的嵩山。诗圣杜甫出生于嵩山北麓,李白、白居易、欧阳修等伟大诗人都流连嵩山,写出了不朽的诗篇。

张国臣同志生于嵩山,是喝嵩山的泉水长大的。嵩山赋予了他博大的胸怀,嵩泉给了他深邃的智慧。

志同者道亦同。我与国臣同志是多年的好朋友,我们经常发信息进行交流,这主要源于对文化研究的共同志趣和爱好。在我看来,国臣同志是一个学者型公务员,作为河南省检察文联主席、管理学和法学博士,在繁忙的工作之余,他潜心研究嵩山文化并有很深的造诣,提高了知识修养,推动了工作又好又快地发展。他创立了少林文化学,又连续多年被评为优秀公务员。2008 年,他的《嵩山的流泉》九卷文化丛书出版,洋洋洒洒四百余万言,整合了嵩山独有的区域文化,弘扬了我国的民族文化,为嵩山登封"天地之中"历史建筑群申报世界文化遗产成功作出了理论宣传上的突出贡献。2009 年,我参加在河南大学举办的"张国臣《嵩山的流泉》捐赠仪式暨文化丛书学术研讨会",对国臣同志有了更新的了解,让我感受到了《嵩山的流泉》流淌的是一个奋进者的勤奋之

---

* 二月河,原名凌解放,中国著名作家。该文是二月河先生为张国臣《嵩山诗词一百首》一书写的序言。

水、思想之水、创新之水。

诗言志,歌永言。国臣同时也是一位诗人,是河南省诗歌学会顾问,深厚的嵩山文化底蕴赋予了他灵动的思维,在他的《嵩山的流泉》九卷文化丛书中,就有诗词卷,收录了他写诗三十多年的几百首诗词,其中,就有许多是与嵩山有关的、品位极高的诗词。嵩山吐翠,翰墨流香。读了他的诗词,更让我对伟大神奥的嵩山充满了神往与敬仰。前些天,国臣同志给我寄来了他的《嵩山诗词一百首》书稿,请我作序。读过之后,我就欣然应允了。

国臣真是嵩山赤子。读国臣同志这部书稿,恍若跟随一位仙人,神游于少室太室之中,感受到中岳的雄奇与神奥;又仿佛跟随一位诗友,悠游于山林与清泉之间,体验着这片土地的古老与神秘。我不由从心里说:这真是一次美好的享受啊,是诗人面对好诗的那种享受!读后,诸多感受可以归纳几点:

一是豪放。豪放是中国诗歌传统的重要特色之一,以至于成为一个重要的诗歌流派。从李白到苏东坡等,他们的诗词都是那样的吞吐八荒、思接千古,真正是大气磅礴,气吞山河。豪放派诗歌的挥洒、奔放和豪迈,充分显示了中国诗人的博大胸襟,让人胸胆开张,何其欢畅!国臣同志咏诵的《沁园春·嵩山》、《嵩阳将军柏》、《少室山赋》等诗词,就让我感受到了一种大奔放、大欢畅。究其原因,我想,大概与他生活的这片热土有关,与他所写的嵩山有关。中原文化是华夏文明的一个重要源头,而嵩山文化是其精髓。嵩山博大神奥,是"天地之中",是儒释道三教交融汇合之地。这里的山川,大气、豪放;这里的人民,奔放、豪迈。正因为嵩山是大的、雄的、奇的、豪的,故而来自国臣的嵩山的诗词也是大的、雄的、奇的、豪的;又因为嵩山是中原的核心,嵩山文化是中原文化的重要组成部分,故而写嵩山的诗词,表现出的自然也是中原的大、中原的雄、中原的奇、中原的豪。这是中原文化赋予的根性与诗性!

二是史诗。现实主义创作是传统诗词的重要一脉。从《诗经》到嵩山北麓的杜甫、伊洛河畔的白居易,浩浩荡荡直到今天,中国的诗歌天空中,灿若星斗的优秀诗人,总是秉承伟大的现实主义传统,坚守"诗言志"和文以载道的文学信念,肩负着崇高而伟大的社会责任,并不断扩展现实主义的创作方法,用史诗般的诗歌记录时代、反映民生,激励一代又一代中华儿女沿着正确的人生道路奋勇向前。国臣同志这本诗集中的《嵩阳书院》、《普京访少林》、《念奴娇·少林怀古》等诗词作品,就显示出突出的史诗特点。这些诗词,不仅描绘了嵩山雄险神秀的自然风光,还诗意般地演绎了嵩山所承载的中国5000年来的思想和文化,就像是一部中国思想史、文化史。进入他的诗词,仿佛走进了一个开放的地质、宗教、武术、科技、建筑、艺术的博物院。同时,国臣同志的这些诗词,向我们展示的,还是一个不断变化、发展的嵩山,是一部诗歌体的嵩山发展史。特别是诗人对嵩山地区改革开放以来所产生的巨变,并结合诗人自己的成长的历史,对时代的发展和人生的进步、境界的升华,都有很好的记录和展示。这是历史与现实交相辉映的产物,堪称新史诗!

三是创新。创新是民族之魂,更是文学艺术的制胜之道。国臣同志自幼深爱唐诗宋词,曾手抄《唐诗三百首》,并勤于吟诵,具有深厚的古典诗歌功底。人到中年,随着人生阅历的丰富和对诗歌艺术研究的加深,他更加自觉地运用古体诗词的形式,并在此基础上进行突破和创新。读他的《梦游嵩山吟留别》、《留余》、《少林竹》、《清平乐·嵩泉》等嵩山诗词,无论是在意境的营造上,还是在语言的运用上,处处可以看到诗人的匠心独运。譬如,他化用古意,步前人韵,写的却是当下生活,不受古意所限,切近时代,切近民生,十分灵动。譬如,他在遵守格律平仄的基础上,又敢于突破传统的束缚,许多词章如天马行空,挥洒自如,洒脱不羁;有的时候,他甚至借用当代口语入诗,让人咏诵起来,启人心智,催人奋进,融入诗境,忘记了形式,何其快哉!

"不来峻极游,何以小天下?"范仲淹的诗句和张国臣的诗词,是世界文化遗产"天地之中"嵩山呈现给世人、呈现给世界的最好的名片!

诗词嵩山小天下!是为序。

2011 年 7 月 23 日于南阳

嵩岳万木竞葱茏*
——张国臣《嵩山诗词一百首》序

杨匡汉

亿万年前的造山运动,崛起了伟岳凌空、峻极于天的中岳嵩山,峰峦连卧,松柏苍翠,无可比拟的美妙、丰富、神奇。千百年来的兴废与文变,成就了贤帝的拓植、初祖的参禅、诗人的鸿篇、雅士的新学,也难怪这里的老百姓对我说过:"到了河南,到了登封,到了嵩山,只要跺三脚,就能听到历史的回声!"

如今,我又十分高兴地从张国臣新著《嵩山诗词一百首》中,读到了神奥的嵩山,读出了嵩山儿女的情怀。张国臣生于斯、长于斯,其人其诗,深受嵩山山川之润泽,深得嵩山烟雨之薰陶。他是知名的嵩山文化学者,"少林文化学"为他所首创;他又是与嵩山共呼吸的诗人,引领你悠游于山林与流泉之间,感悟中岳的雄奇,体验中原的炎凉,享受"小天下"的智性的快乐。

读张国臣的嵩山诗词,首先使我想到古代诗人所提倡的"重、大、拙"三字诀,那是一种诗词襟怀和质地的精英意识。"重"即凝重厚实,"大"即胸胆开张,"拙"即朴拙无华。张国臣的《沁园春·嵩山》《嵩阳将军柏》《少室山赋》等诗词,让我感受到了一种吞吐八荒的大奔放、大气象。究其原因,显然与他生活的中原有关,

---

* 杨匡汉,中国社科院文学研究所所长、教授、博士生导师,著名文学评论家。该文是杨匡汉教授为张国臣《嵩山诗词一百首》一书写的序言。

与他心里梦里的嵩山有关。自古道"得中原者得天下",中原文化是华夏文明的一个重要源头,而嵩山文化是其精髓。嵩山博大、凝重,是"天地之中",是儒释道三教交融汇合之地。这里的山川,博大、纵深、绵长;这里的人民,朴素、憨厚、豪放。一方水土养一方人文。嵩山是中原的核心,嵩山文化是中原文化的重要组成部分,故而写嵩山的优秀诗词,表现出的自然也是中原的大、中原的雄、中原的豪、中原的朴。中原文化赋予了张国臣以根性与诗性。这本诗集中的《嵩阳书院》、《念奴娇·少林怀古》等等作品,不仅描绘了嵩山雄险神秀的自然风物,还诗意地演绎了嵩山所承载的中国五千年来的人文地脉、思想文化。进入他的诗词,仿佛走进了一个开放的地质、宗教、武术、科技、建筑、艺术的博物馆。而且,张国臣向我们展示的,还是一个不断变化、发展中的嵩山。特别是诗人注视嵩山地区改革开放以来的巨变,结合自己的心路历程,对时代的发展和人生的进步、精神的振厉和境界的升华,都剑胆琴心地作了很好的记录与呈示。

　　论及当今的中国诗歌,人们往往以新诗为主要着眼点。新诗运动已近百年,其厥绩至伟,在于为新文化进入现代世界提供了精神的与传媒的通畅管道,然而同时也以与传统文化和诗歌典章的脱节为沉重代价。看得出来,张国臣是一位不薄新诗爱旧诗的歌者。他不薄"新",而是在自己的创作中有新思想的流贯,新生活的注入,新语言的充实;他又爱"旧",在自己的歌吟中始终恪守诗言志、律和声、以旨趣为神采的理路。今人容易把传统与现代对立起来,或者只是把两者视为历时性的关系。可喜的是,张国臣在诗词中将时间空间化,又将空间时间化了。他的几首步古人韵的诗词,如《春归嵩山·步李白韵》、《归嵩山作·步王维韵》、《嵩阳书院放歌·步白居易韵》等等,不啻是古典的回响,是时空的穿越。李白送杨山人归嵩山,但见"长留一片月",可谓嘤鸣雅会;张国臣续话沧桑,把追风岁月漫评量,看到的是"春来化冰雪",那嵩山之太室山和少室山几遭风雨,换了人间,更似长龙腾空。古人向山河取暖,今人向地脉取法,在倾听自然、感应宇宙、体察人生上,古今诗人异曲同工。也因此,我们有理由珍重时推格调而勿忘神韵,也确信古今相望足可磅礴而发高吟。

在"万类霜天竞自由"的文学生态环境里,对于运用旧体诗词写作的诗人来说,创新是应有之义,更是前沿话题。繁星数到三更鼓,布之为旧瓶装新酒。据河南诗歌界朋友介绍,张国臣自幼酷爱唐诗宋词,曾手抄《唐诗三百首》,并勤于吟诵,心腑蕴高旷琴音。人到中年,随着人生阅历的丰富和对诗歌艺术研究的加深,他更揖接英贤,运用古体诗词的形式,并努力在此基础上进行创辟。他的《梦游嵩山吟留别》《留余》《少林竹》《清平乐·嵩泉》等诗词,无论是在思想的真纯上,珠玉的吐纳上,意境的营造上,还是在语言的运用上,均可看到诗人踞案沉思的匠心与泼墨。他循环古意,回旋于心,写的是当下生活,切近时代,切近民生,丹心滴血如霞;他遵守格律平仄,又敢于突破模形仿势的束缚,许多辞章如天马行空,挥洒自如,唱叹弥日;他还移用当代口语入诗,新声独灿,启人心智。如此深探情本,真气盘旋,就不必以形式之新旧而论高下了。

"不来峻极游,何以小天下?"此诗此词已是世界文化遗产"天地之中"嵩山呈现给世人的名片。那么,我们同样期盼着,胸次浩茫者张国臣,能继续假嵩山以为风骨,织天机以为华章,获取走向诗世界的通行证。

人世纷纭,得雄奇者有几?嵩岳万木竞葱茏,新词妙制绕毫端!

是为序。

2011 年 7 月 24 日凌晨于北京

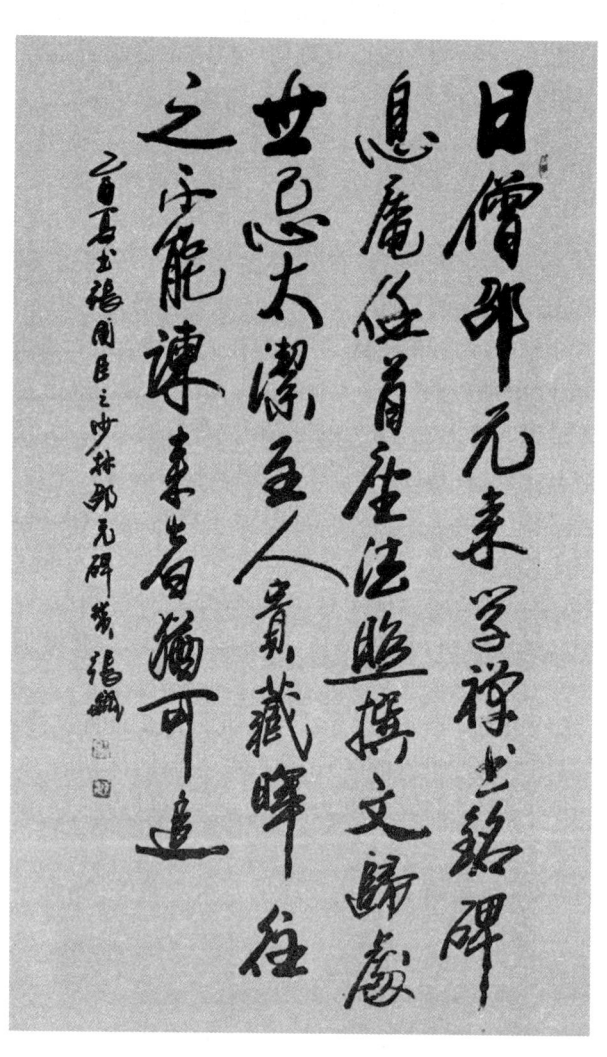

中国书法家协会副主席张飙书张国臣诗《少林邵元碑》

泉流不息　终成江海*
——张国臣《嵩山的流泉》总序

霍松林

历史的脚步总是有着自己的逻辑，生命的流程总是演绎着不同的轨迹。

在这个世界上，每个人都在书写着自己的历史，定位着自己的人生，追求着自身的价值。然而，人，作为一个"智灵的存在物"，永远无法改变这样一个生命的法则——成功永远属于那些不知疲倦、忘我奋斗的探索者、攀登者；勤奋、执著、积极、精进永远是那些探索者、攀登者走向成功与辉煌的通行证。涓涓细流汇成浩瀚海洋，奋进求索凝结智慧之果。张国臣同志生于嵩山，所著《嵩山的流泉》，有诗词、散文、电视剧本、理论、演讲、武术、箴言、评论等多卷，数百万言，是一个嵩山之子在攀登中用30年的心血和汗水凝结而成的智慧结晶。从某种意义和程度上说，该书多视角、跨时空、多维度地描述了中国30年来改革开放和社会主义现代化事业波澜壮阔的历史进程，记录了一个探索者时时与祖国同心、事事与时代同步、不断拼搏进取的人生旅程。

一位哲人说过，一部好书就是一部历史。在历史的长河里，30

---

* 霍松林，国务院学科评委会评审委员，陕西师范大学中文系教授、博士生导师，中国杜甫研究会会长。该文是霍松林教授为张国臣九卷文集《嵩山的流泉》丛书写的总序。

年,可谓弹指一挥间,但对于一个亲身目睹了中国社会大变革、大转型、大发展的作者来说,却是一条风雨求知路、执著奋进路、拼搏实干路!该书作者以满腔的热情投入到这场伟大的社会变革浪潮之中,并以实际行动谱写了一个共产党人爱国爱党爱人民、不断发展进步的篇章。《嵩山的流泉》,流淌的是一个奋进者的勤奋之水、思想之水、探索创新之水,跃动的是一个攀登者不畏艰险、奋力前进的生命音符。她涵盖了作者多年来从事跨学科、多领域研究所积累起来的学术成果,书里既有文艺散文、诗词歌赋的拾贝,又有演讲的精粹和理论的纵横;既有管理的现代化探索,又有学术方法论的探讨。尽管书中的早期作品还带有时代的痕迹,有的还显得稚嫩,但确为作者30年心血凝成,真实地展示了时代发展的足迹。通览全书,掩卷静思,我认为,该书有以下几个主要特点。

一、宽阔的历史眼光

历史眼光是一种驾驭全局的前瞻性力量。用马克思主义的唯物史观,认知、解读时代问题,是一个共产党人应该具备的历史眼光。面对多元、多变、复杂的世界性发展浪潮,面对社会大变革带来的体制转型、结构分化和价值观的深刻嬗变,如何以一种积极向上的精神状态和开拓创新的时代意识,投身于改革开放的伟大实践,无愧于这个伟大的时代,是一个重大的现实课题。作者在该书中认为,只有时刻保持政治思想上的清醒和坚定,才能实现工作行动中的开拓和创新;只有运用马克思主义的世界观和方法论,去观察、分析重大的社会现实问题,才能正确定位人生的坐标,实现人生的社会价值。

科学的理念指导作者用战略思维来观察分析重大现实问题。作者先后撰写的一系列政论性理论文章,深刻论述了转型期中国社会所面对的重大战略性问题。如马克思主义的新发展问题,所有制结构的创新问题,计划和市场的关系问题,可持续发展战略问题,文化发展战略选择问题,等等,体现了作者强烈的历史责任感和对党、对祖国深深的挚爱之情。作者认为,必须以世界眼光吸纳、借鉴人类优秀文明成果。文明是一种世界性的资源,任何一个国家和民族都不可能离开世界文明的大道而实现跨越式的发展。如作者在"赴西欧考察报告"中,提出了积极吸收借鉴西方先进的政法文化,加快社会治安防范管理现代化进程的建设性构想,就进入了领导的决策视野,产生了一定的社会影响。

二、深厚的文化积淀

文化是一种无形的力量。深厚的理论功底来自于深厚的文化底蕴和学术积累。嵩山文化是中华文化的缩影和特殊形态。《嵩山的流泉》是作者依托多年来对嵩山少林文化研究的学术优势,在文化领域进行综合性发掘的又一个阶段性成果。书中处处洋溢着浓郁的嵩山情结和对少林文化的学术敏感,字里行间流淌着深深的文化关怀和人文之情。如书中散见的大量诗词、散文、演讲、评论等,大都以嵩山文化为界面,礼赞祖国山河之美丽,讴歌改革发展之成就,颂唱人民群众之伟大。

文化的力量催动着伟大的热情,伟大的热情能够战胜一切困难和挑战。作者在繁忙的工作之余,披风沐雨,笔耕不辍,正是这种力量和热情,支撑着他在文化领域不断进行辛勤的耕耘,并结出累累硕果。可以说,《嵩山的流泉》是作者继《中国少林文化学》、《神奥嵩山》、《中岳嵩山》等多部专著之后,在嵩山文化系列研究中的又一系统工程和力作。

三、不懈的探索创新

理论永远是灰色的,而实践之树常青。社会主义现代化事业是一项前无古人的开创性事业,没有现成的模式和凝固的经验可资借鉴。只有在实践中探索,在探索中创新,才能不断积累新经验、构建新理论、推动新发展。国臣同志以管理现代化为主题,依托扎实的理论素养和丰富的实践经验,在自己的实际工作领域,积极进取,大胆创新,形成了一批具有重大理论和实践价值的探索性成果。如把"知识管理"新概念引入治安防范管理领域,提出了治安防范管理理念"三大创新"、管理体制"六个转变"的设想;把"博弈论"引入治安防范管理策略选择过程,建立了政法机关、人民群众和罪犯三者之间的博弈模型;运用"扁平化组织"理论构建了治安防范管理群决策支持系统;根据政治经济学中"不均衡发展"理论,设计出旅游经济、区域经济协调发展战略构想,等等,在实践中产生了一定的社会效应。

天道酬勤。创新性的成果,来自于作者执著的勤奋。勤奋是一种信念,已经转化为一种内在的自觉,蕴涵于作者每天的工作生活之中。勤奋是一种力量,驱动着作者在人生的旅途中,不断地挑战自我、超越自我,向时间要效率、要效能。《嵩山的流泉》图文并茂,洋洋洒洒,立体式展现嵩山文化,本身就是创新,可谓作者多年来志存高远、勤奋耕耘的见证。

四、多元的学术方法

方法论从来都是学术研究中的核心元素。只有正确的方法论支撑,才有理论创新的有效突破。《嵩山的流泉》流淌的是方法之泉水,汇集了作者多年学术研究中所积累起来的科学方法。如在《心理学个性的自我剖析》中,作者提出一个人必须有浩然的正气、昂扬的锐气和蓬勃的朝气。只有弘扬这种精神,才能在奋进中不断创造新的成果。如在《我的治学之道》一文中,作者精辟地阐释了成功的治学之道,提出了学识、胆识、见识、认识四要素说。知识是光,无知是黑暗,疑难是求知的先导,思考是破疑的尖刀,积累是创新的基石,实践是新知的源泉。在治安防范管理现代化研究中,作者设计的"理念、体制和组织"三位一体的管理运行模式,具有一定的实践应用价值。在行政管理现代化的探讨中,作者详细地论述了"怎样起草文件和撰写领导同志讲话稿"、"怎样搞好调查研究提高科学决策水平"、"怎样提高行政效率"等等方法问题。这些科学方法的集锦,无疑为读者提供了可以共享的学术资源,降低了读者学习探索的时间成本。

泉流不息,终成江海。总之,《嵩山的流泉》各卷内容丰富,思想深邃,意境高远,文笔清新流畅。尽管其在整体编排上,似乎可以再系统些,书中个别观点的论证似乎还可以再展开些,但瑕不掩瑜,该丛书不失为一套给人启迪、催人奋进的有益之卷,我愿意把她推荐给广大读者朋友们!

2008年3月于西安

人间有好诗*
——张国臣《嵩山的流泉·诗词卷》序

王怀让

  2005年某月某日,同国臣先生同车去荥阳参加一项活动。车上谈到了诗,国臣先生意趣盎然,谈兴极浓,不但言之凿凿地论说了自己对诗歌的见解,还声之铿铿地吟诵了他在那一时段的许多诗作。诗意的绵长,使我们那个本来就很短的行程变得更加苦短。我过去是知道国臣先生写诗的,但不知道他竟然写了那么多且那么好的诗。我当时有动于衷,向他提出了"再勤写点,再多写点,所到之处,有感必诗,聚沙成塔,集腋成裘,把足迹装订成册,将人生编辑出版"的建议。他点头应允。孰料那一个点头,竟成了他人生的一个承诺——之后,或三日五日、或十天半月,我便能从手机上读到他的最新诗作。如果借用一个曲调来形容他的诗的创作态势,那该是"步步高";如果借用一个词牌来评价他的诗的成色气息,那该是"满庭芳"。更有一个"孰料",自彼时起地球仅绕着太阳转了一圈,他便绕着诗歌转了100多圈——每转一圈,都是一首新作。连同早年旧作,一个300首诗歌叠起的"大砖头"就砸在了我的写字台上。这着实让我大吃一惊,甚至下意识地用手摸了摸桌面,看看有没有砸出一个坑来。

---

 * 王怀让,中国著名作家、诗人。该文是王怀让先生为张国臣《嵩山的流泉·诗词卷》写的序言。

国臣文集,卷帙庞然,块头巍然,令人观止。譬如登山,面对重峦叠嶂,也只能一个一个山峰地去攀跋。我这里攀的就是诗歌卷之"嵩山"——虽然还不能说是"峻极峰",但叹其为少室山或太室山,还是有足够的海拔的。

我想借用诗经的"风"、"雅"、"颂"三个字(只借其字,不用其意),来扫描国臣先生诗作的大家气象。

风。是荆轲"风萧萧兮易水寒"的"风",是刘邦"大风起兮云飞扬"的"风",也是毛泽东"风卷红旗过大关"的"风"。这就是诗人的气质。风即气,诗人、特别是豪放派的诗人,他们的人格理应是大气、正气和血气,他们的诗格当然是浩然气、风云气和英雄气了。国臣先生的诗的主题是对中岳嵩山的吟咏。嵩山既是他的故乡的著名的山,又是我们祖国的五岳之一。诗人从小就接受了嵩山的滋养和教养,血脉里渗透了嵩山的铁,骨子里长进了嵩山的钙,所以他的诗出口便是嵩山,而从他的口里出来的嵩山必是巍峨的、是男性的、是阳刚的。在诗人眼里,嵩山不但一年之中的春夏秋冬各有不同,即便一日之内,朝晖夕雨也大相径庭。同样是一座"古险奇奥不见影,万壑千崖露峥嵘"(《登峻极峰》)的嵩山,"嵩门吹风月渐圆,红叶吐火诗又添"(《嵩山秋》)——它的秋色是这样动人;而"白雪飞河洛,红梅绽嵩少"(《卜算子·嵩梅迎春》)——它的冬装又是如此美丽。它的晨光很诗情,它的大门是诗叩开的:"李杜叩嵩门,日照太室林"(《登嵩山》)。它的山色又很画意,它的颜色是月染上的:"日照红叶红似火,月挂嵩门嵩染蓝"(《月满嵩山》)。嵩山就是用如此丰富的色彩,绘制出一幅幅质感很强的油画:"横空出世光耀"(《沁园春·嵩山》)、"壁立千仞望不断"(《清平乐·少室山》)、"坚如磐石争奇峰,笑拥天狼"(《浪淘沙·嵩岳寺》),等等。这就是诗人为嵩山的造像,一座大格局的嵩山,一座大气派的嵩山,给人以大启迪、大造化的嵩山,教人做大丈夫、有大作为的嵩山。如此的一系列"大",诗人的胸怀小得了吗？生活中的诗人正是这样，从学生时代就编注《嵩山诗选》，到主持一家省会大报，到悉心处理一个市委的日常事务，到参与领导全省的政法工作，从毕业于有着将近百年历史的名校，到再造于中央党校的辉煌殿堂，万里路行也，万卷书读也，"载书三车回中原，沐雨几望求是园"（《毕业·致同学》），如此学富"三车"，如此实事求是，这样的学识和见识就是胸怀，这样的胸怀就是人格，有了这样的人格，自然便有了上面那一系列"大"的诗格了。

雅。是大雅，高雅，风雅，也是文雅，儒雅，博雅。经商有儒商，我看作诗也应该有儒诗一说。儒诗自然是雅诗，雅诗是相对于俗诗而言的。俗诗有两类，一类是高级的俗，一类是低级的俗。前者如人民群众创造的民歌，后者如《红楼梦》中薛蟠之流的写作。现在又多出一种第三类的俗，是那些谁也看不懂、连自己也说不清什么意思、专门用来糊弄人的所谓诗，这当然也是俗，是世俗和流俗。国臣先生由学士而硕士而博士，他在《博士论文答辩获优感怀》一诗中所表达的"世存万物惟书好"的感悟和观念，决定了他的诗的审美趋向和取向。编在这部诗歌卷中的诗人游历祖国名山大川的写于旅次中的诗作，集中表现了诗人的"雅"的诗歌信念。他在《西安》所看到的"雁塔起乐泉"和"华清汤水浅"，以"浅"见深，以汤水之浅，见人心之深；他在《西宁塔尔寺》所看到的"酥油花开青海欣"和在《圣大昭寺》所得到的"圣洁哈达天赐我"，由人及我，先青海之欣欣向荣，再"我"之天遂人愿。巍峨山海关的"文化壮河山"、幻影蓬莱阁的"忠臣孝子即神仙"、登泰山时的"燃香祈福保民安"、游焦作时的"焦作归来不思峡"如此等等，皆在寄情于山水之间传达出先天下而忧、后天下而乐的中国文人的传统道德情怀。这样的诗人和诗歌境界，便是大雅、高雅和风雅，如此之雅、之文、之儒、之博，是不会从天上掉下来的。国臣先生获得博士学位之后，我曾有诗祝贺，那诗曰："士者博学通天地，国臣国文两相兼。

此生有君在座右,一如坐在春风间。"我国的古代,很少有作诗不做官的,我们的今天,很少有做官兼作诗的,所以我就尤感"国臣国文两相兼"的难得。国臣先生不但"国臣"做得很有政绩,"国文"也做到如此成绩,实在是嵩山的功绩和他祖上的德绩,当然也是他本人的劳绩。

颂。说到他祖上的德绩,我要很郑重地向读者朋友推荐编在这部诗歌卷中的这样两首诗,一首是《悼念慈母王秋娥》:

观星诞生颍河南,逝父失学哭童年。
抗日救国兄辞家,织布养母妹耕田。
卖茶教子书溅泪,缝衣育女血流干。
六十患病仍施舍,秋日俊娥成善仙。

另一首是《悼念慈父张颍水》:

诞生颍河清水间,六十四载苦黄连。
灯下教子摹颜柳,纸上帮女改诗篇。
教书育人松松起,乐善好施人人赞。
仰望高厦思慈父,化泪为力画春山。

这两首诗,都可以称为旧体诗中的叙事诗。每一首的颔联和颈联,都是叙事的;首联都是综合概括的;尾联都是抒发悲痛感情、祝福逝者升天、化悲痛为力量的。国臣先生在外是忠臣,在家是孝子。每首8句56字,可谓字字情真,句句意切,几个生活片断把两位既含辛茹苦养育子女,又乐善好施救助邻里的老人的质朴形象,泥土般雕塑在大地上,也雕塑在读者的心上。这一类悼亡诗,在诗歌卷中还有不少,有悼念舅父的,有悼念老师的,也有悼念领袖的。这些诗都写得感人至深,原因就是用心去写。还有一类酬唱诗,如党校毕业有赠,如同学结婚志喜,如友人生日祝贺等等。这些诗则写得激情燃烧,热血沸腾,原因也是用心去写。我把上述这些悼亡诗和酬唱诗,一并称为"颂",歌颂、称颂、吟颂、祝颂——总之是美好的思念和怀念,美好的祝福和祝愿。这种美好要真正"美好"起来,必须真,唯真才会热烈;必须善,唯善才会深切;必须美,唯美才会唯新。国臣先生的诗达到了这个高度,说明国臣先生的心进入了这个境界。所以我想说,国臣先生是用诗写成的人,他的诗"是用诗写成的人"写成的诗。

国臣先生的诗,从外壳看显然属于格律诗的范畴。对于今人写格律诗,我向来主张一是支持,二是宽容。我把今人写的这些诗称为新古体诗,就是想给那些唯格律们一个盾牌。说到格律,当然很重要,但它却不是最重要的。这一点,古人的认同甚至高于今人。譬如说那首唐诗"第一"的《黄鹤楼》吧,前面三句"黄鹤"二字三度出现,第三句几乎全用仄声,第四句又用"空悠悠"这样的三平调煞尾,和第三句也完全没有对仗,而这些都是律诗之大忌。但是已经进入诗中的崔颢顾不得这些金科玉律,他只管随口说出,一气旋转,顺势而下,绝不要半点滞碍。"黄鹤"二字的再三出现,却因其气势奔流直下,使读者"手挥五弦,目送飞鸿",急忙读下去,无暇察觉到它的重叠出现。诗人在这里也完全忘却了他是在写"前有浮声,后须切响",字字皆有定声的七律,一任诗情的瀑布飞流直下。读者呢,也忘却了自己是在读七律,因被诗情征服而投降了这种明目张胆的"破格"。崔颢如此,《红楼梦》中的诗人林黛玉也如是,她在教人作诗时就有过一段很出名的论断:"若是果有了奇句,连平仄虚实不对都使得的。"古人尚且使得,我们今人怎么就使不得了?说了这么多,目的只有一个,就是想告诉国臣先生,不要听有些人的说三道四,黄河九曲十八弯,愈到下游,河床便愈会宽广,到了入海口,那简直就是无边浩瀚的大海了。

这部诗歌卷的编辑也是匠心独具的。图文并茂,每一首诗都有相应的照片匹配,不光让人在读诗的时候同时领略了诗人的风采,更让人从诗人彼时彼刻彼情彼景中的神色和神情中,看到了一首诗的产生过程——惟妙也夫,惟肖也夫!

这部诗歌卷的压卷之作是《留余》。"留余"本是巩义康百万庄园里一副匾额上的两个字,据说是康家的家训。"谦受益,满招损",一切留有余地,这是我们民族的一条重要思想积累。康家用来发家致富,我们也应该用,大则用来富国强民,小则用来修身养性。我也见过这个匾额,但被我的目光扫去了。国臣先生不同,他在这里看了良久、思了良久,最终思出了自己的《留余》:

> 嵩伊康家留余铭,水满必溢道理清。
> 留得余巧还造化,留得余禄还朝廷。
> 留得余福还子孙,留得余财还百姓。
> 四方和谐乐吃亏,失中有得百业兴。

何其精辟精粹!何其深刻深邃!何其刻骨刻肉!何其铭脑铭心!这八句诗,可谓国臣先生人生观、世界观的集成——谁会留余,谁就会进步。

白居易在赴江州途中,读到了李杜诗集,因题卷后五言十二句。那诗最后四句云:"文场供秀句,乐府待新词。天意君须会,人间要好诗。"我在这里把这四句略加改造,作为我对国臣先生诗作的整体评价,放在本文最后,爰就教于国臣先生并读者诸君:

> 山水皆秀句,生活多新词。
> 天意君已会,人间有好诗。

2008 年 9 月 8 日于满庭芳书屋

心随朗月高　志与秋霜洁[*]
——张国臣《嵩山的流泉·散文卷》序

王剑冰

一

在省委政法委常务副书记任上的国臣,身上必压着一份旁人无法估晓的重量。他的责任、用心以及压力已经将他的生命空间占用得所剩无多,怎想他一下子拿出了九卷本的个人文集。这就让我等"常务"文字的人感到惊羡而惭愧了。

为政者对社会的贡献,是能够将心中的蓝图构筑起现实的风景,以表明自身的价值。比如抓政法工作的国臣,构筑的风景必是强化社会治安、给一方百姓以更多的安居乐业的氛围。为文者与之不同的,是将生命历程与经验变成文本性的东西,将风景提升到精神层面上去。

国臣的工作不可说不繁忙、不紧张,但他竟能够在紧张和繁忙之外去寻求另一种精神的追求,他也许因此而找到了调节这种紧张与繁忙的平衡点,也许他利用这种精神去更好地寻求工作的热情和亮点。这就使得他有一种饱满的生活热情,既能够驾轻就熟

---

[*] 王剑冰,著名作家、鲁迅文学奖评委。该文是王剑冰先生为张国臣《嵩山的流泉·散文卷》写的序言。

地对待自己的工作，又能够从工作和生活中启发文学的灵感。也就是构筑和实现改变社会的蓝图的同时，又能于其中理性地体味出精神的快乐并将这种快乐转化为艺术性的文字，这是双重的收获。

我就想了，在繁杂的事物和喧嚣的尘世之外，国臣一定具有超然脱俗的心境。我在他的《静地松风会善寺》中找到了这种依据："夜里，安静地拿出《嵩山》映月而看。清爽的松风吹我卧榻催我进入梦境，清素的小米饭可为晚餐。在这样的幽境里，离开了尘世烦恼，始知佛教大千世界的真谛，始信维摩菩萨法度无边。"一个人常常葆有这样的心境，于大千世界去探寻人生真谛，才能一步步走入日升的巅峰。

国臣生于嵩山，长于嵩山，按他的话说，"是饮嵩山的泉水长大的"。国臣把这部散文卷放入文集《嵩山的流泉》，说明了他难以割舍的嵩山情结。国臣在这个五岳之中的圣地留下过汗和泪，酸与甜，莽莽嵩山垫高了国臣的志向，巍巍少林磨砺了国臣的筋骨。国臣说："我笃信天道酬勤。"国臣从小坚持习武、练球、读书，后来成为全县乒乓球比赛第一名和高考文科第一名。

他就是带着这种嵩山的情结开始了他的新的人生。

他在大学发表的第一篇作文是《嵩山，泉水丁冬》，撰写出的第一部书是《嵩山诗选注》，此后他陆续出版了《中国少林文化学》、《神奥嵩山》、《中国艺术之最》、《少林诗词选注》等多部专著。还主编了《少林武功》、《中国文化之最》等。他还积累了千余万字的读书笔记和剪报札记，写出了由此而获得的心得《少林箴言》，撰写了10集文化风光电视片《嵩山》的文学脚本。

这是一个让人感觉永远不知疲倦的人，一个拿自己的生命同追求赛跑的人，一个胸怀着嵩山精神并立志把这种精神扩而广之的鼓与呼、呐与喊的人。当然，国臣也不是个神人、铁人，他也有疲倦的时候，迷惘的时候，他的好就是他所遵循的原则和意向。国臣曾经说过："我实在太累了，在节假日废寝忘食，曾劳累晕倒在书房，但仍手不释笔，拼搏向上。"国臣还说过："一个人有一个人的爱好，在工作的闲暇时间里，有的人可能去玩牌打麻将了，我是把所有的时间都利用在了文字的敲打上，你说累不累，也累，苦不苦，也真是苦，但我这是苦并快乐着。"唐李世民有言："心随朗月高，志与秋霜洁。"此种人生境界，对国臣来说，也是合应的。

《嵩山的流泉·散文卷》的出版，标示着国臣人生奋斗的里程刻度。国臣感言："《嵩山的流泉》是一个求学者读书中的所思所悟所得的一部分。"这话说得好，在这部书中我们能够感到国臣的所经所历，所展所望，所收所获，感受到时间走过的不同的光影，人生旅途的不同的履痕。

二

长期沉浸于文学的圈子，总会受到一些氛围、语场、体系的影响，从而陷入某种模式与迷惘，尤其是散文，在新时期之前散文没有自己的特色，而是文学的边角料和政治的工具，矫情虚意的成分多，写散文必"升华"，必"境界"。新时期之后，散文经历了向"五四"时期的回归过程，经历了以余秋雨为首的文化大散文的拓展和冲击，经历了引入个性化写作的这样三次变革，在变革中能够欣喜而且明显地感到散文所受到的来自于不同领域的冲击。

这种冲击一部分在文学内部，比如诗歌界，更多的诗人写出的散文自然地带入了语言的特点，跳跃、凝练、概括而赋有诗性，对事物的认识往往能够以点带面，他们的散文多被冠以"新散文"。比如小说界，小说家写的散文仍然将描写和叙述作为他们的拿手戏，尤其是他们会编造故事，构筑情节，刻画人物，因而他们写的散文有内容，有看头。比如理论界，理论家的散文当然是散发着明亮的思辨色彩，他们具有总结性和发挥性，对事物的认识比较敏感和透彻，读他们的散文往往会有一种启悟在里面。这种来自于文学内部的冲击，使散文产生了新的生机和活力，散文的诸多可能开始实现和拓展。

那么，还有来自于文学外部的冲击，其同样对散文的发展起到了某种作用，这就有教育界、艺术界、科技界以及行政官员这样一些写手的冲击。教育界是那些长期从事教育工作并对文学有着深入研究的知识分子，他们的文字干净洗练，严谨精确，知道在什么地方下劲，在什么地方收笔。艺术界有画家、书法家、主持人、演员等，由于他们有某项艺术的专长，他们写出的散文也就带入了某种艺术的感觉与特质。科技界是一些长期从事科技的专家，他们的散文多是从科学的角度分析社会、自然与生命。

再就是一批行政官员。这些人中有些只是想把自己的所历所感记录下来，比如出国考察的旅痕等，限于一般性的随感写作；有的则是对散文这种文体有着一定的研究，并且长期葆有对文学的热忱，多年耕耘从不懈怠，写出的文字不仅具有散文的特性，而且多了一重别的行当所鲜有的综合能力、思维方式与认识角度。

所说这些都是对散文的贡献，这样就使得今天的散文创作丰赡而活跃，也更加向社会化和大众化发展。

三

国臣是"七七"级的学生，比我大一级，算是学兄。那个时候的中文系学生有很多喜欢文学，同学们有了创作上的收获，都会迅速被大家所知晓，而后会聚在一起共同切磋。那个时候大家便知道了张国臣的名字。毕业之后，同学们各奔东西，各忙各的，但时而会听到国臣的一些消息，他虽然没有被分到文化部门工作，但听到的消息更多的是他在文化上的成就。

这部散文集是一部时间跨度有三十年的作品合集，显示出他各个时间段的不同的成果。很多的文章都是出自于他当时的心态和灵感,他毫不隐瞒地把一些较为稚嫩的早期的作品也收录进来,表明他是想对自己的人生里程有一个总结,一个回顾。

我喜欢国臣的《携女登山观瀑后的遐思》和《做劲翔太空的嵩岳雄鹰——致女儿的信》这样的一些散文,从中可以看出他生活的另一面,工作之外的另一种情怀。那种掩饰不住的对女儿的情感和关爱,是真正的个人的东西,洋溢着他温软的真性情。

我也喜欢《雄伟壮观太室山》《千古名刹少林寺》等嵩山系列散记,这些散记构成了一幅宏阔的散文画卷,渊深厚重,情感交融,文字也干净。

如他写中岳庙:"背倚黄盖峰,面对玉案山,群山环抱,布局谨严,规模宏伟,红墙黄瓦,金碧辉煌。""雨后站在黄盖峰上,天高云淡,风吹柏舞,山峦一片清新,真像一群美丽的少女的秀眉被轻抚。中岳神气如此,古往今来,为多少人向往啊!"

再看他写观星台:"深春,周公庙内,苔草荒,石表斜,雨过之后,天上星星凋零。明月高照,这里一片宁静。'垣竹戛清声,阶桐散疏影。升高睇烟岚,隐隐环嵩岭。'矮墙边的竹子发出戛戛之声,台阶旁的梧桐疏散有影。站在高处看那山岗,片片云气隐隐环抱嵩岭。"此诗由近及远、动静结合,把1000多年来饱经风雨侵袭而岿然独存的测景台生动地展现在读者面前,令人回味,激人钦敬。

没有对家乡嵩山的深厚情感,没有对嵩山文化的深刻探究,作者是很难写出这样的文字的。

我也喜欢读《廉政调查启示录》这种洋洋洒洒超万字的文章,其述论并举,文情合用,筋纲相通,让人耐读,有启发也有警策。

比如文章的开篇:"钱,经济学家称之为'一般等价物',然而,这种'一般等价物'在商品经济初步发展时期,尤其在法制不健全的情况下,经社会近几年的锉、磨,已逐渐变成万能钥匙了。它常和'权'进行交换。'权'与'钱'的频繁交易,少数干部贪污、收受贿赂,是当前人们所痛恨的腐败现象的主要表现之一。"

有人在归纳散文成就的时候,会把恩格斯《在马克思墓前的讲话》、毛泽东的《为人民服务》当做散文的典范,那么国臣把他的一些总结报告也收入到这个集子里来,恐也有这样的想法,这也说明国臣对近些年散文的概念是有研究的,他想做成一部大散文集。古代就有除韵文之外都是散文的说法,现今也有除虚构的小说、戏剧和诗歌之外,都可归为散文的理念。国臣这样的放置,我们也就这样来读,也就会读出他的理性与倾注。

四

时间对于每个人都是公平的,消磨时间或充分地利用时间都会迎来新的一天。

从不惑到知天命之年的这段人生旅程,很多的人或许是走出了明白,或许是走出了疲累,因而也就在生命的定式上做起了减法。国臣却不然,他依然不停地做着加法,在生命的天平上增添着砝码。

其实过去做官的多有文学性情,很多文人写出的作品得益于他们在官场的任职,比如王安石、欧阳修、苏轼、范仲淹等,现在的行政官员的学历和文化水准越来越高了,很多的人拿起了笔,记述和表达自己的工作和生活经验。这是好事情,这会使他们在平常的思考中多一些文学的调和剂,使他们在工作中更多一点热情、理性和人情味儿。

国臣在官场上的顺达,说明他很适应于这种氛围,并且把从事的工作做得得心应手。既然是官场中人,总是会有一些做官的样子与方式,这自然也会反映到国臣的文风中,因而可以看到他的激情不在于张扬、激荡,而在于平实、稳重与练达。

长期的政治与理论的熏陶,使国臣对社会的多个方面有比较全面和深入的了解,并有着多方位的认知与思考,尤其是关于社会、人生、生命等问题。这部作品集像一个内容丰富的拼盘,一个人的不同的时期、不同的境遇、不同的感怀、不同的精神指向,都可以从这个拼盘当中分得出来,让人感受到纷繁多样的精神品位。这是我应该祝贺的。当然,我还希望看到国臣更多的带有个人化的文字,如果从我个人的角度出发的话。

2007 年夏于郑州商城坊

嵩山：不竭的生命泉源*
——张国臣《嵩山的流泉·演讲卷》序

关爱和

继《中国少林文化学》之后，国臣同志近期又推出九卷本文集《嵩山的流泉》。读国臣的文字，总能感觉到字里行间涌动的充沛感情。我以为，这种感情的源头在嵩山，嵩山为国臣的文字提供了不竭的生命泉源。国臣是在嵩山地区长大的。对于国臣而言，和滔滔黄河一样，巍巍嵩山是中原文化乃至中华文化的一个象征。正是嵩山所代表的中原文化的悠久、厚重、博大……影响和成就了他。

嵩山给了他激情。对嵩山所传达的深邃中原文化内涵，国臣同志始终怀着深厚而真挚的人文主义感情。正是因为对这一文化有着深厚真挚的感情和深刻的文化思考，国臣同志才萌生了以弘扬、传承中华文化为己任的强烈责任感，这种责任感继而转化为国臣洋溢的创作激情。

嵩山给了他胸襟与胆识。评论界说《中国少林文化学》"建立起了自己的体系，构成了一门学问，有独到的发现，在区域文化研究史上是一个重大突破"。建立体系有所突破正是国臣同志一直以来的创作目标或者说"野心"。做学问，干事业，必须要有胆有识有魄力。胸襟宽广，才能志存高远，胆识过人，才有克服常人不

---

* 关爱和，河南大学校长、教授、博士生导师。该文是关爱和教授为张国臣《嵩山的流泉·演讲卷》写的序言。

能逾越的困难的勇气和魄力,也才能达到常人达不到的境界,看到常人看不到的风景。在很大意义上,国臣正是以文字把自己领略到的无限险峰的旖旎风光呈现给了读者。

嵩山给了他智慧。国臣同志的作品充满时代精神与现实关怀,几乎每篇文章都是有感而发,都能读出文章背后的时代大背景,真正体现了作者"与时俱进"的创作追求。而在对时事的感触慨叹中又处处渗透着独到的人生感悟与智慧。作为一位知识结构丰富、学养精深、视野开阔的学者,国臣同志为读者提供的不仅是知识,还有自己长期浸润在中原文化中领悟到的智慧,后者也许是更重要因而也是更有意义的。

国臣是勤奋的。国臣的创作都是工作之余进行,国臣说过,"一个人有一个人的爱好,在工作的闲暇时间里,有的人可能去玩牌打麻将了,我是把所有的时间都利用在了文字的敲打上,你说累不累,也累,苦不苦,也真是苦,但我这是苦并快乐着"。这些年来,为了着力把握中华文化的精髓,他在繁琐的工作之余,广泛涉足地质、天文、佛、儒、道、书法、绘画、医药等诸多学科,付出了常人难以想象的劳动。他的每一份成绩都可以说是混合着汗水、泪水甚至血水取得的。国臣常说,"我笃信天道酬勤"。上天对国臣"苦并快乐着"的读书生涯的回报是丰厚的:近年来国臣同志先后出版的《中国艺术之最》、《中国文化之最》、《嵩山》、《少林诗词选注》、《中国少林文化学》等23部书,无疑就是国臣同志在文化的天空翱翔时为自己,也为时代为历史留下的美丽印记。

生也有涯知也无涯。我愿以国臣《忆秦娥·春日嵩山》中的句子,祝愿国臣同志在探索、弘扬中原文化的无涯征途上,"抢抓机遇创伟业,……唤回青春,登峰跨越"!

2008年8月16日于河南大学

真情 真知 真实*
——张国臣《嵩山的流泉·箴言卷》序

二月河

在人生的长河里,一个成功之人所达到并保持着的高度,绝不是一蹴而就的,它常常交织着登攀人一路的艰辛,凝聚着探索者无尽的汗水。张国臣同志的新著《嵩山的流泉·箴言卷》,是作者数十年来对嵩山少林文化现象进行潜心研究、倾力思考的又一心血之作。全书观点精辟,意境高远,文笔清新灵动,字里行间透射着作者思想的火花和深厚的知识积淀,蕴涵着作者对嵩山少林文化的真挚之情、真知之见、真实之感。读罢,启人心智、拓人思路、催人奋进!

一是真挚之情。真情源于挚爱。挚爱是一种境界、一种气质、一种心灵的升华。作为嵩山之子,国臣同志曾在嵩山南麓读完了小学、初中、高中,其间记下了数千条在少林地区所见、所学、所听、所悟的箴言。这些箴言,一方面真实地记录了作者苦难中磨砺、风雨中笔耕的足迹,另一方面也是作者执著的嵩山情结的一个浓缩。读者可以从中深切地感受到作者高远的人生追求和对生命、亲情、友情、爱情的讴歌与挚爱。比如书中对母爱的赞美,"母爱之崇高如大山,深沉如大海,纯洁如白云,无私如天地,那根为游子缝补过

---

* 二月河,著名作家。该文是二月河为张国臣《嵩山的流泉·箴言卷》写的序言。

衣衫的慈母线,是世界上最长的线","母亲的脸是镜子的先驱,她的心是水做的,生气的时候是冰,暖一暖仍然是水……"字里行间,流淌着真情,令人感佩。是啊,人世间的美好都是用母爱铸就的。在我的印象中,母亲的飒飒英姿永远是我生命中的一个亮点。我千辛万苦创作《康熙大帝》,其耐苦坚忍的品格完全来自母亲地地道道的家教。在这个世界上,有很多资源是可以再生的,而唯有生命属于每一个人只有一次。用爱拥抱生命,生命才会有内涵;用情点燃生命,生命才会焕发出活力。从此意义上讲,嵩山少林箴言中关于人生、幸福、事业、家庭、爱情、友情的睿智诠释,正是国臣同志挚爱生命、执著奋进、升华人生的真实心声!

　　二是真知之见。真知源于实践。再伟大的智慧如果不能应用在行动上,也将是毫无意义的材料。嵩山少林箴言不是空洞的、虚妄的说教,而是生动的、具体的实践结晶。读嵩山少林箴言,给人的最大的感受是,道理真知、深邃,既有激情的飞扬,又有思想的浪花。作者结合自己的人生感悟,从政治、经济、法律、管理、治学等多个不同的维度对前人的思想成果进行了有深度的发掘、提炼,形成了比较系统的箴言体系。例如,"政治就是权力的体现","法律是人民权利的喉舌,法院是法律帝国的首都,法官是帝国的王侯。迟来的正义即非正义,正义被耽搁等于正义被剥夺……"就揭示了权力与权利、法律与正义之间的逻辑关系。"和谐并不意味着没有矛盾和差别,而是多样性的统一;和谐,并不是稳而不动,静而不变,而是动态的稳定","管理就是把复杂的问题简单化,把混乱的事情规范化,管理意味着制度选择,制度的力量就是培育人、激励人、开发人,为人的发展提供制度平台,使想干事的人有机会,能干事的人有舞台,干成事的人有地位……"昭示了管理、和谐与人的发展之间的渊源关系。"知识是头上的花环,财产是颈上的锁链,智慧是穿不破的衣裳,知识是取不尽的宝藏","时间永远是最短缺的资源,它的供给丝毫没有弹性……"阐释了珍惜时间与学习知识之间的因果关系。书中这些真知灼见给读者以启迪和力量，无疑具有方法论的意义！

三是真实之感。真实源于修炼。能追无尽境，始为不凡人。一个人能放弃什么，关键要看他想获得什么，能放弃常人不能放弃的东西，一定能获得常人不能获得的东西。国臣同志多年来始终没有忘记奋斗，始终保持着一种浩然的正气、蓬勃的朝气和昂扬的锐气，在人生道路上奋力开拓、探索。出身贫苦而不自卑，创业艰难而不安逸，事业辉煌而不奢华。书中处处可以见到作者对生活、理想、名利、品德、苦难独到的解读。例如，他在书中阐述的"人生三境界"给人以警示和启迪：首先是"逆境"，此时不能自暴自弃，应愈挫愈奋，坚信"冬天到了，春天还会远吗"；其次是"平境"，此时不能颓废消沉，应刻苦学习，加强修养，坚信"是金子总会发光"；最后是"顺境"，此时不能忘乎所以，应戒骄戒躁，要多为人民办好事、办实事，要"夹着尾巴做人"。是啊，人们往往钦慕的是成功时刻的鲜花和掌声，但有谁知道背后的艰辛和苦难？我认为，成功就是才气加运气再加力气。没有力气，才气就会凋零，运气也不会垂青。有人问我，是学什么专业的，我回答是，社会大学毕业的，学的是苦难系拼命专业，课本是世上没有免费的午餐。坎坷之身须怀壮志之情，穷困之境应无颓唐之意。国臣同志多年来痴心不改，在嵩山文化苑里，苦耕不辍，继《少林文化学》、《神奥嵩山》之后，又用心血凝成了《嵩山的流泉》丛书多卷。我可以说，在嵩山文化研究领域完成了如此鸿篇系列，这本身就是作者真实人生、奋进人生的一个大写！

是为序。

2008年9月于南阳

丁冬的泉水象征着春天的到来*
——张国臣《嵩山的流泉·文学脚本卷》序

孟宪明

我和国臣是同学,1978年3月入校,1982年元月毕业,历史上称之为七七级。我读国臣的第一篇文章是《嵩山,泉水丁冬》,那时候正是百废待兴、万象更新之际,不用说,丁冬的泉水象征着春天的到来。我当时只感到鹅黄嫩绿般清新的美,至于泉水的丁冬声,我一点儿感受不到。我是豫东人,生长在千里大平原,极目远望处那一抹暗蓝,我知道,那定是一个村庄。我们只在穿(打)新井的时候听到过"泉眼"二字,有时候,大人们还用粗大的嗓门喊着:水眼出水了!把"泉"字替过了!大三的时候,我们五个同学合编了一本《人生珍言录》,国臣贡献了一条珍言,我记得很清楚:

瀑布不因山的陷坑而停止歌唱。

泉水,瀑布,这些词都是和山连在一起的!

看一下国臣这些年出版的作品,从《历代名人嵩山诗选》、《少林武术》(9种)、《少林诗词选注》、《中国少林文化学》、《神奥嵩山》,到今天的10集电视文化风光片《中岳嵩山》,你就不难发现一个事实:

---

* 孟宪明,河南省文学院一级作家、民俗学家、教授,曾六次获得中国电视剧飞天奖。该文是孟宪明先生为张国臣《嵩山的流泉·文学脚本卷》写的序言。

国臣是属于嵩山的。

弗洛伊德研究过文学,他说作家的创作都受其潜意识影响,而潜意识的丰富营养就根植于人生的童年。国臣是喝嵩山的泉水长大的。少林寺,中岳庙,嵩阳书院,几乎就是他张家的私产。他不写嵩山谁写嵩山!如果在二十年前,我定然说他是热爱家乡。可是在今天,我对这一问题的看法就不敢如此果断了。因为我发现,经过近三十年的思考,国臣已经超越了这个层面,他的家乡大了!国臣在思考嵩山为什么是嵩山,嵩山为什么引领了中华文化?他从东西南北的大空间说嵩山,他从亘古至今的大时间说嵩山,他从文史哲儒释道经地生等等的大文化说嵩山,从文字说到声画,从国内说到海外,从一家一家的大学讲坛说到只此一家的中央电视台。他说出了一门崭新的学科——中国少林文化学。

国臣胆大。年轻时他背着个草绿色的帆布挎包,一手拿书,一手拿面包,在臧克家老先生家门前的台阶上坐下,静等着老人午睡醒来。臧老的门因他而开!他敢去麻烦冯友兰。言者谆谆,闻者唯唯。看着冯老一脸的老年斑,再看看国臣年轻的面容,你会感到冯老的衣钵似乎已经有人接过来了。他要增功力,长见识,他勇敢地抬起手,轻轻敲响一扇又一扇或净洁或斑驳的门,于是,一个又一个的学界泰斗走了出来……

学识。见识。胆识。要想学问有成,三"识"缺一不可。读万卷书行万里路,国臣不缺少学识。想人未想发人未发,国臣不缺少见识。重要的,就是看有没有胆识了。都知道"少林"指的是少林寺,都知道少林寺以禅、武扬名,但,它能成为一门学问吗?国臣用一本厚厚的书作答:能!

创新不容易。创新不仅仅需要学养,也需要振臂一呼的勇气。

国臣刻苦。很多稿子都是在节假日期间赶出来的。《中岳嵩山》原来叫《神奥嵩山》,每写一集都叫我看。你得承认电视也是一门学问,一门学问自有一门学问的弄法。国臣没写过电视脚本,他弄得很艰苦。春节期间他住到嵩山改稿，从初一到十五，一改就是半个月。他给我打电话，说太累了，昨夜吐在了电脑屏幕上。早年他累得吐血，吃了不少中药。中年了，又值春节，还能累成这样！黄侃说，无必死之决心，无必成之事业。抱着必死的决心去弄事，还有啥事弄不成！这种人就是到少林寺当和尚，也能最先得道。你现在看看这部电视片脚本，非常专业，非常到位了！

国臣请我写序，说，以后不写大书了。我附耳低语，嵩山学还没人弄呢！

我们相视而嘻。

丙戌年闰七月半于蛟龙窟混沌斋
时明月在天，虫声似水。

前瞻的理念[*]
——张国臣《嵩山的流泉·理论卷》序

郑永扣

理论上的创新性探索从来离不开前瞻的理念支撑和艰辛的知识积累。张国臣同志的新作《嵩山的流泉·理论卷》,以现代化理念和知识管理理念为导引,以深厚的嵩山文化积淀为基础,对我国改革开放和社会主义现代化建设中出现的一些重大理论和实践课题进行了战略性思考和探索性研究。全书内容丰富,逻辑严密,既有实证性的分析,又有规范性的论证;既有历史的比较,又有现实的探讨,体现了作者扎实的理论创新能力和实践运用能力。该书的出版,对于新时期推进管理现代化的探索,无疑具有一定的借鉴意义。

一是现代化的理念。现代化已成为当今世界的历史潮流。作者认为,当代中国,理论创新的目的,就是为了更好地把握时代发展的脉搏,紧跟世界进步的潮流,加快社会主义现代化建设事业。随着经济社会转型进程的加快,我国的社会结构出现了深刻变化,利益关系发生了急剧调整,多元价值观念和多样生活方式相互交错,各种深层次的社会矛盾不断凸现,传统的管理理念和运行机制逐渐丧失了其应有的规范力和约束力。在这种情况下,如何变革

---

[*] 郑永扣,郑州大学党委书记、教授、博士生导师。该文是郑永扣教授为张国臣《嵩山的流泉·理论卷》写的序言。

发展理念,创新发展模式,探索建立有利于经济社会运行的现代管理机制,就成为提升科学发展能力、构建和谐社会的一个重大课题。

真正的发现之旅,不只是为了寻找全新的景色,更是为了拥有全新的眼光。作者在本书中强调:面对新形势新挑战,只有以科学发展观为指导,以现代化理念为支撑,不断加快理论创新、体制创新的步伐,才能有效地整合社会各种资源,推动经济社会全面协调可持续发展。正是在这一战略眼光的引领下,作者深入实践,深入基层,调查研究,对我国改革发展稳定中的一些重大课题进行探索性思考,提出了许多有创建性的对策建议。例如,在"现代市场经济条件下所有制多元结构的调查与思考"中,作者提出,必须坚持以解放和发展生产力为标准,探索建立现代混合型的所有制结构,不断推进生产要素的市场化进程。在"探索现代旅游经济发展战略"中,作者认为,发展现代旅游经济,必须发掘历史资源,提升文化含量,拓展产业链条。在担任中共河南省委政法委副书记后,作者更加潜心研究管理现代化这一时代课题,在深入调查研究的基础上,提出了新时期社会治安防范管理现代化的框架构想,认为,面对一个日益复杂多变的现代社会,政法综治工作必须摆脱传统的压力——稳定型管理模式,在强化政府控制力,实现"专防专治"的同时,积极开发社会资源,整合社会力量,实现"群防群治",探索建立整合—稳定型的治安管理新模式,实现打击与防范、控制与协调、警力和民力的有机整合。并指出,社会治安管理工作必须与时俱进,开拓创新,探索新模式,建立新平台,强化整合力,提升应变力,自觉运用社会化、系统化、法治化、科技化、市场化等现代理念,构建科学的社会治安防控体系,实现从传统经验管理向现代科学管理的新跨越。

二是知识管理的理念。知识管理日益成为当今世界管理发展的主流形态。随着知识经济时代的到来,经济社会生活日趋知识化、网络化和信息化,知识和信息成为推动经济社会发展的核心要素。面对这一趋势,只有大胆地超越传统的管理理念、管理体制,探索建立现代立体的、多维的科学管理新体制,才能赢得组织生存的核心竞争力,实现跨越式发展。从这个意义上,知识管理就是用"知识开发知识",即把组织系统的信息与信息、信息与活动、信息与人有机连接起来,实现知识和信息的开发、整合与共享,并运用集体创新能力,以谋取组织发展的比较优势。作为管理学博士,作者对知识管理这一现代形态有着比较系统的研究和把握,并把自己的研究成果及时地运用到管理工作实践中。他先后提出了"管理理念在知识经济时代的三大创新"、"管理体制在知识经济时代九大转变"、"博弈论在社会治安防范管理中的运用"、"建立社会治安防范管理群体决策支持系统"、"探索构建扁平化政法组织"等具有前沿性、创新性、开拓性的观点,并从理论的视角进行独到地分析论证,这些构想,在管理实践中产生了良好的社会效应。

理论的生命力在于指导实践。运用知识管理理论构建管理系统的运行模型,整合管理资源,提升管理效能,是作者近些年来进行理论探索的一个着力点。例如,依托对现代前沿管理理论的敏锐洞察和对社会治安防范管理动态的深刻把握,作者在本书中提出,社会治安防范管理实际上是一个由管理理念、管理体制和管理组织三大元素组成的有机系统。管理理念是管理系统中最深层次的要素,是系统凝聚各种资源、整合组织力量的灵魂;管理体制是管理理念的外化和具体化;管理组织是管理理念和管理机制运行的载体,三大要素相互制约,相互支撑,共同维系管理系统的协调运行。从这个意义上,管理创新实际上就是管理理念、管理体制和管理组织的创新。为此,作者在实际管理工作中,运用博弈理论,探索建立了公安部门、人民群众、罪犯三者之间的博弈模型,系统地阐释治安防范管理过程中各个行为人的利益选择动机和策略组合空间,为有效地预防、控制犯罪,提高决策效能提供了科学的信息支持。运用信息整合原理,探索建立了省会城市治安防范管理群体决策支持系统模型,有力地减少了决策的盲目性、随意性,提高了决策的民主性、科学性。运用现代学习型组织原理,探索建立了人、物、行等边三角互动的治安防范管理组织体系,大大提升了治安防范管理组织的快速反应能力、整合能力和调控能力。这些创新性的构想,为新时期加快我国治安防范管理的现代化探索提供了可行的思路。

三是以人为本的理念。现代公共管理的一个发展趋势是:公共权力日益向社会回归,"尊重人、满足人、激励人、开发人"日益成为政府公共管理的主流价值取向。作者认为,所谓人本理念就是要求一切管理工作围绕着人的全面发展,围绕着调动人的积极性、主动性和创造性来展开,以科学的体制和人性化的管理,营造良好的社会氛围和体制平台,使人的个性得以伸展,人的潜能得以开发,人的需要得以满足,人的价值得以实现。为此,本书从两个维度对人本理念进行了有深度的挖掘:一个是将人文关怀渗透于政府管理的全过程之中,倾听民声,反映民情,表达民意,凝聚民力,在对待由利益诉求引起的社会冲突问题上必须祛除敏感化,将其作为一种正常的社会现象来看待、来调处,把握利益汇合点,协调平衡多元利益,化解利益冲突;一个是提升政府管理的社会公信力和整合力,强化终身学习理念,打造学习型政府组织。探索建立工作学习化、学习工作化的良性机制,在学习中提升政府的公共服务能力和维护社会稳定、促进社会和谐的能力。

以人为本不仅是一种理念设计,更是一种体制安排。作者认为,只有探索建立有利于人民群众表达利益、反映诉求、诉说委屈、提出建议的各种经常化、制度化的渠道,才能把大量的、不稳定的冲突因素消融在萌芽状态。为此,本书提出了当代中国应建立健全社会宣泄机制、社会预警机制、矛盾纠纷排解机制等设想,认为这些机制的运行,等于为社会有机体装上了"排气孔"和"安全阀",使经济社会运行过程中所产生的紧张能量能够及时地予以宣泄和排解,从而可以防止不稳定因素在社会领域的积累。作者还结合自己长期从事政法管理工作的经验,提出新时期政法工作必须坚持效果导向,打开各类"安全阀",为人民群众提供能够在法律和政策的范围内表达利益诉求的规范化渠道,如探索建立的"领导接访制"、"带案下访制"、"全程评访制"等各种矛盾排解机制,化解群众的不满情绪,引导群众理性表达诉求。只有这样,才能增强政法工作的感染力和凝聚力,强化政法队伍的感召力和战斗力,为和谐社会建设创造稳定的社会环境。

生命之火因热情而点燃,生命之舟因拼搏而前行。作为领导干部,国臣同志在繁忙的工作之余,抗拒住世俗的喧嚣,抵挡住寂寞和清苦,在理论的前沿长期笔耕不辍,奋力开拓,令人感佩!《嵩山的流泉·理论卷》只是他系列学术专著中的一部。通向理论研究的巅峰之路,必定崎岖不平,但我们相信,国臣同志以其顽强的毅力和深厚的学养,一定可以不断登上新的高度!

2007 年 12 月于郑州

少林武术创新的一大贡献*
——张国臣《嵩山的流泉·武术卷》序

栗胜夫

我与张国臣先生是至交,1987年,同任河南大学武术学院副院长,共同研究、整理、教授少林武术。国臣先生生于嵩山,长于嵩山,长年研究嵩山文化,硕果累累。近读其《嵩山的流泉·武术卷》,感到内容丰富,理论和实践紧密结合,具有创新性、实用性,在少林武术发展史上是一个大贡献!

讲中华武术,不能少掉少林拳。少林拳源于少林寺,拳以寺而得名。少林拳又称少林功夫,是少林拳与各种器械的总称。少林拳历史悠久、源远流长、内容丰富、涉及面广,国内外久负盛名。"天下武功出少林、少林武功甲天下",就是世人对少林拳的赞誉。

但是,当我们静下心来认真思考少林拳的来历时,便不难发现,一个奇怪而又矛盾的问题出现了。少林拳属于中华民族传统文化的组成部分,它以技击为核心,讲究攻防进退、谈兵论战、见义勇为、强健体魄、修身养性,体现着鲜明的民族特色,饱含着以爱国主义为核心的民族精神。而少林寺则是以传播西方文化为主的佛门圣地,属舶来品。其宗旨是要弟子们清净为本,慈悲为怀,四大

---

* 栗胜夫,河南大学武术教授、博士生导师。该文是栗胜夫教授为张国臣《嵩山的流泉·武术卷》写的序言。

皆空、不住红尘、讲功德、来世进天堂……一个中华武术,一个西来佛教,两种文化不但内涵截然不同,而且精神取向也水火不容。既然如此,少林拳为什么源于少林寺,拳、寺之间又为什么那么珠联璧合、相得益彰呢？我国历史上,佛教寺院成千上万,为什么唯有少林寺与武术结缘后,双双并进至今、兴旺不衰呢？催化它们进步的动因究竟是什么？

回答这些问题,还必须从"少林十三和尚助唐立功"谈起。

二室攒沅一径通,少林寺在翠微中。
地从梁魏标灵异,僧自隋唐好武名。

我知道,国臣先生在1979年上大学时,就探讨少林武术的起源,查出了上述明代登封知县傅梅《过少林寺》中的诗句。此诗上面一句讲的是少林寺前的山景风光,后一句则讲的是佛教禅宗的传入时间和少林武功的成名年代。

少林寺始建于南北朝北魏太和二十年(公元496年)。公元527年,又一名印度高僧达摩来中国传授佛教禅宗,他经梁到北魏,在嵩山面壁9年。到了隋代,少林寺已成了一个有百顷良田的大庄园。隋末,由于皇帝杨广的昏庸腐败,致使全国的反隋浪潮此起彼伏。广大的农民揭竿而起,不但攻击隋朝官府和豪绅地主,同时也打击与隋王朝利益紧密相连的佛门势力。当时,拥有百顷良田的少林寺,也自然成了当地农民起义军的进攻对象。据唐时《皇唐嵩岳少林寺碑》中所述:"大业之末,群盗攻剽。此寺为山贼所劫。僧徒拒之,贼遂纵火烧塔院,院中众宇,倏然同灭。"这次农民起义军的行动,给少林寺以毁灭性打击。殿堂僧房等全被起义军一炬化为灰烬。失去家园的少林众僧,无奈退居于少林寺西北五十里处的柏谷庄,守护着那里属于寺院的百顷良田为生。

公元620年,唐王李世民起兵太原,出关征战盘踞洛阳、号称郑国皇帝的原隋朝大将王世充。同年9月,李世民率大兵向洛阳逼近。战斗的紧要关头,具有政治头脑的少林寺僧昙宗等13人,见机行事,操起棍棒,凭借熟悉地形之利,突然向空虚的郑军后营发起攻击,活捉了王世充侄子王仁则,捆绑送至唐营。少林武僧这一军事行动,对唐军是一个极大的鼓舞,对郑军是一个沉重的打击,迫使走投无路的王世充及早向唐军投降。凭借这一胜利,少林寺僧为自己打造出了荣誉和不寻常的政治资本。

为感谢少林众僧的战功,李世民登基以后,"嘉其义烈,频降玺书宣慰,赐田四十顷,水碾一具"(《皇唐嵩岳少林寺碑》)。公元621年4月,唐政权对13位战功突出的少林和尚不但均有赏赐,而且封昙宗为"大将军"。为传颂这些荣耀,少林寺特立《皇唐嵩岳少林寺碑》,向后人炫耀这一丰功伟绩。碑的正面左上方"世民"二字为唐太宗李世民亲手草书嵌入,碑的阴面附有13位立功和尚的名字。此碑虽经近千年风雨冲洗,但至今完整屹立,字字醒目,为后人研究少林寺与少林拳提供了珍贵的佐证。少林寺在传灯修法的过程中,常对引以为荣的助唐立功事件进行美化和修饰。他们把少林十三僧助唐立功事实演义为十三和尚救郎唐王立功,并在寺内绘制大型彩色壁画,张扬他们的神奇功绩。唐、郑之战,给少林武僧们以大显身手、一鸣惊人的机会。立功和尚受到大唐皇帝的频频宣慰,使少林寺名声大振,荣耀无比。贞观以后,唐王朝对少林寺倍加关照,"敕中岳少林寺,置大德十人,数内有缺,寺中抽补,人不虚假,座无虚授"。选少林寺这些德高望重的和尚担任国师,参政议政,如此殊荣,天下唯少林寺独家享有,这是对少林寺僧人们的极大褒奖。"海内灵岳,莫如嵩山。"不久,少林寺便成了"天下第一名刹"。习武参战立功受封的事实,犹如一服甜又香的兴奋剂,强烈地刺激着少林寺僧人们的习武热情。在历代皇室的支持下,他们"昼习经曲,夜练武略,修文不忘武备"(寺存《西来堂碑》),习武同实战紧密结合起来。一部分少林和尚实际变成了皇家所供养的特殊军队,习武性质也较前大不相同。"谈玄更演武,礼佛爱论兵"已成了少林寺世代相传的特殊宗风(张家泰《少林寺》)。明代诗人徐学谟在其《少林寺杂诗》中说得好,"怪得僧徒偏好武,昙宗封为大将军"。的确,"自唐太宗击退王世充,赐昙宗官,僧各习武,武艺俱绝"(王士性《嵩游记》)。习武宗风,薪火相继。少林寺僧自此走上了与众不同的修业之道。

特殊的年代,特殊的环境,特殊的机遇。少林武僧参加唐、郑之战立功受封,才使得少林武功出世有名。昙宗等武僧们的助唐之举,是中国历史上"僧兵"的最早作战记录,也是少林武功开始被人所识、被人所仰的基石。十三僧助唐立功受赏,是少林武功出世成名的特定条件,少林武术的起端,少林寺与众不同的宗风源头也应从此说起。这也是笔者对此序开始时所提问题的答复。

宋代的少林寺,规模宏大,僧众达2000多人,尤其是北宋年间,少林寺成了全国武术的集散地。为吸取全国各派武术精华,丰富发展少林武术,福居大师曾邀请武术名流十八家云集少林寺,虚心与他们切磋技艺,并把这十八家之长概括为"以太祖长拳起手,韩通通背为要。郑恩之缠封尤妙,温元之短拳甚奇。马籍短打更佳,孙恒猴拳且盛。黄右之靠身难近,绵盛之面掌疾飞。金箱之磕手通背,刘兴之钩搂探手,谭方之滚漏贯耳。燕青之粘拿跌法,林冲之鸳鸯脚强。孟苏之七势连掌,崔连之窝里炮锤。杨滚之捆掠真人,王郎之螳螂总敌。怀德之摔掠硬崩"(赵宝俊《少林寺》)。福居大和尚将各家之长,编集成册,供寺僧学习演练,为后来少林武术内容的丰富与发展打下了良好基础。

北宋末年,金兵南侵,占领了军事要地潼关。紧要关头,为解国难民危,河南尹范致虚调少林寺武僧宗印为宣抚司参议兼节制军马。宗印把少林武僧组成"尊胜队"和"净胜队"两军,日夜兼程向潼关进发,与金兵交战。战场上的少林武僧们舍生忘死,奋力冲杀,最后因势单力薄,皆壮烈捐躯,"终得正果"。

元朝,少林寺的社会地位有增无减,少林寺住持福裕大师,不但在佛学界享有至高的名位,而且很受朝廷敬重。元定宗曾诏其入住和林,元宪宗也常邀他至宫殿议事,元世祖忽必烈封他为"光宗正法"之号,死后又追封为"晋国公、少林开山光宗正法大禅师"等称号。寺兴武旺,元代少林寺的武术也同样得到蓬勃发展,如当时寺内的智庵、智聚、子安、党训等,都是身怀绝技的著名武僧。另外,还有日本僧人大智、邵元等,远渡重洋来少林寺拜师求法。邵元和尚居少林寺达21年之久。在此期间,他初为书记,后为"当山首座"(仅次于住持),与少林寺众僧朝夕相处,讲经、说法、习武,结下了深厚的友情。他返回日本后,将少林武术在国内传播,被日本国民称为"国魂"。

明代是中华武术全面发展的重要历史时期,少林武术在这一时期达到巅峰,誉满天下。这一时期,棍在少林武术中占有重要地位。少林僧所使用的各种兵刃,以棍最闻名。明代著名武术家茅元仪在其《武备志》中写道:"诸艺宗于棍,棍宗于少林。"明抗倭将领程冲斗曾在少林寺习武十余载,所著《少林棍法阐宗》一书,对少林棍的传播作出了重要的贡献。明代少林棍法之所以闻名于世,最主要原因是在保家卫国的抗倭战争中,"本寺武僧,屡经调遣,奋勇杀敌,屡立战功。"(少林寺《万历二十三年七月碑》)与倭寇交战,"少林僧俱持铁棍长七尺,重三十斤,运转便捷如竹杖,骁勇雄杰。官兵每临降,辄用其为前锋……抡棍破敌,遇者即仆,顷刻毙数倭。"(《上海掌故丛书·吴淞甲巳倭变志》)故明代郑若曾在其《僧兵首捷记》中十分感慨地写道:"夫今之武艺,天下莫不让少林焉。"明代有关少林武术的记载多不胜举,众多文人墨客、官府要员来少林寺观光,大都以最后能亲眼目睹少林武功表演为快事。他们对少林武僧的精湛技艺,均给予了高度的评价。如明天启五年(公元1625年),河南巡抚程绍来少林寺检阅僧兵,观看了武僧的精彩表演之后,赋诗道:"暂憩招提试武僧,金戈铁棒技层层。刚强胜有降魔力,习惯轻挟搏虎能。定乱策勋真正果,保邦靖世即传灯。中天缓急无劳虑,忠义毗卢演大乘。"(程绍《少林观武》诗)由此可见,明代的少林僧人已经把习武健身,保家卫国作为他们的主要职业了。

清代,少林寺众僧继承和恪守禅武一体的宗风,把昼习经、夜练武作为自己的修职,寺僧习武之风极盛。今之少林寺毗卢阁(又名千佛殿)内的青砖地面上,所留下的48个凹陷"脚窝",就是少林寺武僧长期从事武功训练的有力见证。雍正时期,清政府禁止民间结社和习武,少林寺习武行为也曾一度遭禁,寺僧的练武活动不得不由公开转入暗地进行。道光八年(公元1828年),清政府官员麟庆代表河南巡府登嵩山祭祀,至少林,要求观看寺僧武艺。起初,寺僧不敢承认会武,恐遭犯上之罪。麟庆见此情景含笑说道:"少林拳勇,自昔有闻,只在谨守清规,保护名山,正不必打诳语。"听了麟庆这番话,少林寺住持才敢选数十名健僧于殿前演练。麟庆看后称赞道:"熊经鸟伸,果然矫捷。"(麟庆《鸿雪因缘图记》)现存白衣殿内的壁画中,一幅清官员观看寺僧演武的彩色壁画,就是记述当时众武僧为麟庆专场表演武技的场景。清末,少林寺日趋衰败,一片破落景象,少林寺僧纷纷出走,星散各地,成了游方僧人。少林寺武僧流散民间,对少林武术的广泛传播起到了积极的推动作用。

张国臣先生用大量的史料,作出"少林武术是中华民族聪明智慧的结晶"的论断,并把1981年少林寺德禅大师传授的"少林禅定气功功法"、"棍枪刀剑术"和"少林秘方"进行挖掘整理,提炼总结出"少林精神",构建出少林武术的体系,是个创新,可喜可贺!

民国时期,国民政府于1928年成立了"国术研究馆",将少林拳专列一门进行传授和研究。同年7月,"国术研究馆"改名为"中央国术馆",下设教务、编审、总务三处。1930年,编审处长唐豪先生写有《少林武当考》一书,为研究少林武术的起源与发展提供了有价值的资料。1928年,军阀混战,国民军冯玉祥部下石友三与建国豫军樊钟秀战于河南。樊设司令部于少林寺,石友三攻占少林寺后,因不见樊军踪迹,疑寺僧暗助樊军,甚为气愤,便纵火焚寺,大火延续40余天,殿堂楼阁等古建筑被夷为平地,大量珍藏文物遭到严重破坏。

新中国成立后,少林寺和少林武术又获得了新生。1982年,香港中原影业公司摄制的彩色宽银幕功夫片《少林寺》的公映,轰动了国内外。自此,空前的少林武术热一直升温不下,国内外少林武术爱好者,慕名前来少林寺投师习武者络绎不绝。为了满足国内外游客来少林寺参观和学习少林武术的需要,民间武术学校也相继产生,目前,登封市有大小武术学校70余所,在校习武人数达5万之众。1988年,国家投资兴建了宏伟壮观的嵩山少林寺武术馆。1992年,登封市被国家体委首批命名为"全国武术之乡"。

面对空前的少林武术盛况,郑州市、登封市政府因势利导,提出了"武术搭台,经贸唱戏"的口号,自1991年至2004年,先后成功举办了7届国际少林武术节。在此基础上,2005年,少林武术节升格为首届世界传统武术节,由国家和河南省政府联合举办。来自世界各地的武术团体同国内的武术代表队同台演练、竞技,相互学习,加深了解,增进了友谊,促进了交往与合作,为少林武术在海内外的传播打下了良好基础。河南省和郑州市政府及有关部门重视武术资源的利用,强化了品牌意识,经常组织少林武术团出国演出,少林武术已经成为与世界各国交往的桥梁和纽带,对中华民族文化的弘扬、民族精神的张扬发挥着越来越大的作用。2006年4月,俄罗斯总统普京专程访问少林寺,观看了精彩的少林武术表演。此行震惊全球,展现了少林功夫的无限魅力。

总之,少林武术源于嵩山少林寺,遍及全中国,享誉全世界。今天,张国臣先生将多年研究嵩山少林武术文化之成果整理出版,这对少林武术创新无疑是一大贡献。历史悠久、积淀深厚的嵩山文化、少林武术文化是人类的宝贵财富,需要挖掘整理、传承发展。以爱国主义为主线的少林武术精神更需要大力弘扬。笔者坚信,随着科学技术、社会文明的不断进步,少林武术终将会成为全世界人民的良朋密友、终身伙伴,为世人的身心健康发挥特殊功效。

2008年8月于河南大学

思索　追求　奋斗[*]
——张国臣《嵩山的流泉·评论卷》序

王文金

国臣同志前几天来见我，说到将由河南大学出版社出版他的《嵩山的流泉》丛书，并且让我为其中一卷——评论卷写序。写序，我实在力不胜任，但愿就他本人及他对嵩山、少林文化的研究说几句话。

国臣同志给我的印象：总是停不下来，总是闲不住！他在不断思索、不断追求、不断奋斗！在学生时期是这样，留校工作期间是这样，离开学校到其他几个部门工作后也是这样。从20世纪80年代始（当时他还是学生）直到今天，他一直没有停止过编书、写书的工作（在我的印象中，他已经出版的书籍有20多本，其中有少数属于选编，多数都是自著）。这对于肩负重要职务、工作繁忙的国臣同志来说，实属不易。在我们过去的接触交谈中，我常感到他的心态是积极的、志向是高远的，时时有一种拼搏奋进的情绪在其内心涌动。他总想在学业与事业上干一番成绩来。他说："开弓没有回头箭，生命不息，奋斗不止！"并常用"能追无尽境，始为不凡人"来激励自己。"焚膏油以继晷，恒兀兀以穷年。"天道酬勤，今日他能结集出版浩浩长卷，也就是十分自然的事情了。

---

[*] 王文金，河南大学原校长、教授、博士生导师。该文是王文金教授为张国臣《嵩山的流泉·评论卷》写的序言。

国臣同志是登封人,家住嵩山南麓,这里的奇峰异水,历史典故,名胜古迹,尤其是佛教圣地少林寺,都是他自幼所熟悉的,所以他自涉足科研以来,就一直倾心于少林文化大厦的建构,于此也颇有建树。他的《中国少林文化学》出版时,时任国家新闻出版署署长的于友先曾作出了这样肯定性的评价:"《中国少林文化学》比较全面系统地考察研究了中岳嵩山少林一带古往今来的文化现象,建立起自己的体系,构成了一门学问。这是中国文化研究中的一个可喜的新成果!"(见《嵩山深处考察中华文化》,1999年8月20日《人民日报》)时任中共河南省委常委、省委宣传部长的林炎志也说《中国少林文化学》的出版是"实现了区域文化研究的一个新突破"。(见《评〈中国少林文化学〉》,2000年4月14日《大河报》)国臣同志对少林文化的研究,以及围绕着嵩山、少林所作的其他方面的研究,其开创意义是深远的。收入评论卷里的单篇文章也大多是介绍研究嵩山和少林文化的。有写嵩山的历史和地质形貌的;有写嵩山的一碑一阙的由来及其所蕴藏的文化精神的;有写少林雕塑、壁画艺术精巧与其所包含的奥秘内容的。总之,国臣同志探奇寻珍,考证和评介了嵩山和少林文化的方方面面。在他轻松的笔谈中,读者愉快地走进了中岳嵩山,深入细致地领略了嵩山、少林寺的历史、自然景观和文化的丰富性。收入本卷的还有国臣同志在河南大学上学和工作期间所撰写的一些文章和学术论文。寻觅历史足迹,可以窥见国臣同志当年的勤奋与睿智。

国臣同志对事业与学术的追求是执著的,我相信他会始终保持坚强的意志、创新的精神、活跃的思维,在做好本职工作的同时,将已开拓的少林文化研究之路,继续拓展延伸,祝他取得更大的成绩!

2008年8月18日于河南大学

嵩山的眸子　文化的长卷*
——张国臣《嵩山的流泉·摄影卷》序

王一汀

"不积跬步,无以至千里;不积小流,无以成江海。"

国臣兄再次来电催促我落笔为其文集《嵩山的流泉·摄影卷》写序,我始觉兄长前非戏言,方赤颜钝思,斗胆作文。荀子《劝学篇》中的这句箴言是我编辑此卷瞬时涌上心头的话,也是他勤奋治学的真实写照。

学崇广博,精益求精！我以此言评论兄长再恰当不过。从30年前编著《嵩山》、《少林诗词选注》开始,他陆续著有《少林武功》丛书(9册)、《中国当代大学生优秀文学作品赏析》丛书(4卷8册)、《中国文化之最》、《花鸟诗歌鉴赏辞典》、《中国艺术之最》、《神奥嵩山》等。兄长像愚公"挖山不止",经10多年考察研究,终于在不惑之年创立了《中国少林文化学》,首先建立起"少林文化"体系……当读者再次捧起眼前这部包罗了理论、诗词、散文、箴言、文学脚本、摄影等多达九卷的文集时,一定不会怀疑我之所说为矜夸之言了。如果您知道这部巨厚的文集——《嵩山的流泉》,完全是他在工作之余挤出来的作品的话,更会和我一样只有肃然起敬了。天道酬勤,有德无敌！多少年来,他一直在学习,读硕士、攻博

---

* 王一汀,中央美术学院著名画家。该文是王一汀先生为张国臣《嵩山的流泉·摄影卷》写的序言。

士；一直在笔耕，写文章、摄美图。在生活学习中，我都把他作为治学问道的榜样、处世立身的镜子。我是个搞艺术的，写文章是我的软肋，但我从编辑这本摄影集子的过程中，目睹了精美图片的诞生，欣赏了视觉艺术的独特，可能比别人更有发言权。画画有"废纸三千"，我深知兄长这些作品的诞生远非建立在"三千"之上！正如清代纪晓岚说："过如秋草芟难尽，学似春冰积不高。"摄影卷是我兄一步一印、一点一滴积累，不断创新完善而成，而且其对自己摄影作品要求之严格也远远超过了写文章。我用心从数千张作品中挑选出这些作品，同是登封人，自感对家乡嵩山的热爱难及兄长。这里的一草一木都让他激动不已，发现神奇之处，他常手舞足蹈、状若稚童！对于兄长，保守地说，整个嵩山就剩两块石头他没有踩过，还有两棵树他没有抚摸！他不仅用文字写满了嵩山，也用镜头裁碎了嵩山！

去巧求拙，平中寓奇！细览此集，感悟颇深。曾听有人这样说过："摄影没什么学头，只要有个好相机，谁都会拍出好照片。"我不想谈其言有多么无知，只知道一部好相机是永远满足不了一个摄影师对优秀作品的更高追求的！一张好的摄影作品不是取决于按快门的力度，而是直接反映了一个摄影师的审美品位和思想高度。我每次随兄长登山采风，佩服他常在一片看似平淡无奇中找到一些很有寓意的客观场景，并从他所需要的文化角度恰当从容地按下快门。人说他痴迷嵩山，登不完、写不完、拍不完嵩山，翻开《嵩山的流泉》九卷文集尤其是这本摄影集时可见，书中并没有通常看到的那种唯美、离奇、强烈的作品，也没有多么宏大的场景，但是细心的读者会明显地察觉出书中的作品着眼于客观自然的局部、细节，从细微中见精神，可谓"精细微，致广大"。作品直接反映了兄长对摄影的自我认识以及客观世界传达给他的感受，并以他自身的修养付与哲理的提炼。俗云："长江白沙无数，却可一尘观之；一花一世界，一草一天国。"其实以小见大、以大喻小的表达形式不仅多见于艺术，文学作品中亦不乏其例。"千山鸟飞绝，万径人踪灭。孤舟蓑笠翁，独钓寒江雪。"读柳宗元的《江雪》可以明显体会这种以小喻大、大小互换的中国传统哲学思想。目极千山收作万径，由万径缩至孤舟，最终目光聚焦于独钓之渔翁，一种驻步移目、淡然览景的况味飘然而出，令人心旷神怡！以小见大不单反映了中国人的智慧，也是中国传统美学中极具魅力的内容之一。此摄影卷堪为佐证！

内涵丰富，境界高尚！知识增添智慧，境界提高品位。高尚的艺术照片可不是作者随意的、无目的的拍照，而是充满哲理的艺术思考。在一般性思维上，不少人都习惯并满足于对客观现象的直观描述，因为那是思维最轻松、最简单的方式，其思维过程只是将一系列客观现象毫无创意地排列起来，而这种"排列"所反映的，只是客观世界最直接、最简单的，用一双眼睛就能看出来的一种关系。所以对客观现象的一般性拍照，无需思维的特别"用心"，所拍的照片，也只能是记录了"到此一游"。高明的艺术摄影家对自己的作品是经过精心构思和由表及里的深刻思考的，是赋予照片独特文化内涵的，是凸现照片鲜明主题的，是给读者以美妙艺术享受的！不是吗？我们从这本摄影集的优美文字和照片中，可以悟出"与时俱进"、"由低到高"的哲理，可以听到"坚持科学发展"、"求是拼搏，干成一事"的呼喊，更可以体会到"天人合一"、"人与自然和谐相处"的高尚和谐境界。细品，余音绕梁……

寄情于景，大气厚重！一枝一叶，禅意无穷。从兄长的摄影作品中，我们能感受到作者对世界万物的大爱！无论是嵩山的巉岩涧瀑、峻岭峡谷，还是幽静的禅房、庙观，在他的镜头下，都有血有肉，凸现情感。兄长爱嵩山、爱祖国、爱世界！近年来他将手中的镜头伸得更远。我们可以看到西岳华山的险峻、江南水乡的秀丽，还可以从考察南非、埃及、土耳其、新加坡等国时的一系列作品里，体会到同一种爱，看到一个文学家的表现力和一个诗人现实主义、浪漫主义紧密结合的激情。在编辑的过程中,我除了喜欢作品中光影、色彩的独特把握外,更喜欢那另类的构图。构图决定形式。这种张力构图让我感觉到了古埃及伟大文明的厚重,几张照片就使古埃及那文明的光芒穿透数千年的历史云烟,将过去和现在联系起来,真实得可以触摸!看来不只文字可以书写历史,摄影一样可以书写,还可以再现,且更具亲和力!摄影这一独特的艺术一定会成为兄长今后创作的又一种新的载体和表现形式。

《嵩山的流泉》凝聚了国臣兄30年的心血。贾岛在《剑客》诗中有"十年磨一剑"句,在这里我不想冗述兄长为《嵩山的流泉》这部亲子般的著作付出了多少精力,也不愿过多评价书中摄影作品的精彩画面,一如《红楼梦》之于读者——无需听他人臆解,览过之后体会、收获将各有不同。以我的浅见实难有恰切之言呈于读者,但我能为兄长的文集编辑照片并为《嵩山的流泉·摄影卷》写序,实乃荣幸之至!

慕国臣兄高才雅量,能明理优仕为民干事,又淡泊名利立言修身!故有诗云:"半为国家半为民,高怀锦绣寄山林。闲来峻极峰巅坐,敢笑天中第一人。"

是为序。

戊子年初秋 挥汗于中央美术学院

著名画家毕建勋题绘张国臣诗《谒达摩洞》

《嵩山诗选》序言*

任访秋

我国名山胜水之所以为世人所倾慕向往,大抵与歌咏者有关。而歌咏者,两汉以前,多属被放逐的迁客骚人,他们退隐林泉,徜徉湖山,心怀郁抑,形诸歌咏。最早的如屈原,他的《山鬼》《涉江》,应推为我国描写山水景物之祖。

魏晋以后,佛老盛行;永嘉之乱,中原板荡。士大夫多以弋钓草野,隐居田园,为明哲保身之计。于是模山范水之作,盛极一时,东南山水之所以为后人所熟知,多由于与当时作者如谢灵运、吴均等的诗文有关。

同时,当时封建统治者崇尚佛法,而僧侣所居,大抵为山明水秀之区,因而佛刹遍及各地。南朝四百八十寺,大抵为齐梁以来佞佛者之所建。至于北朝,较之江左,并无逊色。北魏杨衒之《洛阳伽蓝记》可为明证。

此外,当时文人,因从事地学研究,探索祖国水系,而从事实际调查,对山川景物,名胜古迹,凡亲历目击的,均予以叙述刻画,如郦道元的《水经注》即为此类著述的杰作。

唐宋以来,此风未沬。当时作者,由于仕路坎坷,放逐远方,往

---

* 任访秋,河南省政协原副主席、教授。《嵩山诗选》是张国臣1980年在河南大学中文系读书时,利用暑假考察少林文化、考证文物古迹后编撰的,由地质出版社1983年出版。著名教授任访秋为该书作序。

往借寻幽探胜，以消忧遣愁。如柳子厚之贬居永州，写出了脍炙人口的山水记。而白苏二公，在迁谪中，于为民兴利改造自然之余，犹不忘采取措施，借为湖山生色。即如杭州之白堤、苏堤，至今尚为游人所乐道。至他们歌咏西湖的诗篇，为西子容颜，益添妩媚，令未亲历其境的读者，产生无限遐想。

明中叶以后，文人有不少视山水为性命，袁中郎、陶石茅，以及稍后的张宗子、徐霞客等，他们写出了大量的诗歌、散文游记等著作。他们刻画山水，达到了精微传神的地步。流风所被，直至晚清，魏源亦深有此癖，平生足迹，踏遍五岳，流连光景的篇什，充满了他的集子。

像上边的一些作者，歌咏山水名胜的作品，从表面看来，似乎是封建士大夫悠闲之作，既无补于国计民生，更无助于思想教育。实际并不如此。我国幅员辽阔，高山大川，湖泊沼泽，古迹名胜，遍于各地。描绘它们的诗文，不仅给读者开拓了眼界，扩大了胸襟，并且于无形中进行了审美与爱国主义的教育。从读者的心灵深处，激发起民族自豪感与民族自信心。这种在精神上所起的潜移默化作用是一点也不应低估的。

嵩山为我国五岳之一，峰峦耸翠，涧水澄澈，名胜古迹，指不胜屈。就其大者而言如少林寺，建于太和十九年，为当时印度高僧菩提达摩卓锡传经之所。相传他当年面壁九年的面壁庵尚在，睹物思人，令千百年的游人，想见其潜心修炼的功力。

又如嵩阳书院，为我国四大书院之一，可说是我省当年的最高学府。北宋时洛派理学家明道伊川兄弟，就曾讲学于此。而院中的汉柏唐碑，尤为无数游客所赞叹。

至于隋唐以来，骚人墨客，名宦达贤，来此游览时，触景生情，文思泉涌，而写出的篇什，散见于各家文集及志书的，不一而足。河南大学张国臣等同志，感于近年来旅游之风大兴，我省地居中原，而中岳实为我省名胜之冠。海外侨胞，各国外宾，以及国内游人,每年来此登临者,实繁有徒。为了便于游客对中岳名胜的历史发展、景物变化,以及神遇目视者的感受有较深刻的理解,因而将我国历代文学名家有关歌咏此地风光的诗作,加以搜集编选并注释,费数年之力,功始告竣。此不仅为中岳名胜之知己,并堪为广大游人的导师。至于广为招来,发扬国光,其意义尤为深远,因乐而为之序。

《中国艺术之最》序言*

靳德行

我们伟大的祖国,幅员辽阔,物产丰富,人口众多,历史悠久。千百年来,我国各族人民用勤劳智慧的双手,开发了中华大地,创造了光辉灿烂的文化,留下了丰富的艺术珍品,为人类文明作出了巨大贡献。

艺术是一个广泛的概念,它包括音乐、舞蹈、戏曲、电影、电视、杂技、陶瓷、工艺、雕刻、绘画、壁画、版画、书法、摄影等许多门类和品种。在这样一个历史悠久、内容丰富的艺术画廊中,要把我国人民创造的无数艺术珍品,进行一番沙里淘金的筛选,把那些众多的艺术之"最"收集在一起,进行编纂整理,确是一项艰难而又有意义的劳动。

张国臣同志怀着对祖国文化艺术的热爱和珍惜之情以及强烈的责任感,承担了这一劳动,进行了拓荒的工作。他孜孜不倦地学习和研究马克思主义有关文化艺术的经典著作,广泛搜集国内外有关文化艺术的专著、论文和资料,认真汲取党的十一届三中全会以来我国学者的研究成果,经过多年的艰苦努力,终于完成了《中国艺术之最》一书。

---

* 靳德行,河南大学原校长、著名历史学家、教授。该文是靳德行教授为张国臣编著的《中国艺术之最》写的序言。该书由中国旅游出版社1987年出版。

《中国艺术之最》一书,内容丰富,结构严谨,形式新颖。全书共19万字,分为16部分。在每一部分中,编者力图把这一艺术领域中所有的"中国艺术之最"撮录起来,既照顾到面上的广度,又顾及到点上的深刻性,这样就给人们勾勒出一个完整的概貌。因此,全书可以用8个字来概括:博而不乱,无微不伦。

《中国艺术之最》一书的第二个特点是,编著者力图以历史唯物主义的观点、方法,分析和运用资料,做到史料和观点的统一,从中揭示出中国艺术发展的规律,保证著述的科学性、准确性及学术价值。中国丰富的艺术珍品在其发展的历史长河中,是有先有后的,而且个别种类的艺术是在其他艺术种类发展到一定阶段后分化出来的,因而呈现出丰富多彩、五光十色的艺术特征。例如,诗、歌、舞,最初是三位一体的,古代的所谓"言之不足,故嗟叹之;嗟叹之不足,故咏歌之;咏歌之不足,不如手之、舞之、足之、蹈之也",即是如此。其他诸如绘画、戏曲、电影、电视等都是随着社会生产的发展而产生的。作者在编著时,以丰富、精确的史料,展开有理有据的论证。宛如将人们引进一个陈列有序的"展览馆",除琳琅满目的艺术珍品外,还有清楚明了的解说,言之有物,令人信服。这样就使我们更加感到祖国之可爱,人民之可敬,增强了民族的自豪感和自信心,从中受到生动的爱国主义和历史唯物主义的教育。

《中国艺术之最》一书的另一个特点是文字简练,条理清楚,重点突出。作者在编著每一艺术种类时,都力求做到详略得当,巨细分明。对个别重要的艺术珍品、重要人物或重大艺术活动等,作者都作了详细的介绍,给读者一完整的印象。例如,关汉卿是我国古代最多产的剧作家,也是最著名的戏剧家,因此,作者就对关汉卿的生平、爱好、艺术生涯、主要艺术作品及其影响等做了详尽的介绍。这样的介绍既具体,又不冗繁;既简练,又不板直。而对某些不很重要或不必大述特述的艺术现象等,则稍加简介,适可而止,有时就三言两语一笔带过,做到干净利落、恰到好处。

　　总之,《中国艺术之最》是一本进行爱国主义和历史唯物主义教育的好书。它为研究中国艺术史的同志提供了很大的方便和不少有价值的参考资料,对于总结我国的历史文化遗产、推动两个文明建设,将会起到积极作用。当然,本书也不是无瑕可寻的。例如,在史论结合方面不够紧密,史料发掘方面现代和当代的材料较少,排列顺序也不尽适当,等等。希望读者不吝指正。

1986 年 5 月

《中国文化之最》序言[*]

靳德行

中国是一个泱泱文明大国,拥有五千年的灿烂文化。中国的传统文化经过长期积淀,已经深融于中华民族的民族精神之中,为中国新文化的建设奠定了坚实的基础。整理和继承这一宝贵的文化遗产,是当前进一步建设社会主义新型文化的迫切需要,也与国家腾飞、民族振兴息息相关。

张国臣、张天定同志主持编纂的这部《中国文化之最》,对中国的新、旧文化进行搜集和整理,堪称弘扬中华文化的壮举。相信对于广大读者了解中国文化遗产、丰富文化知识、提高文化素养,本书也将大有裨益。

《中国文化之最》是一部融物质文明与精神文明为一体的文化巨著。编者的搜罗非常丰富,举凡哲学、政治、法律、经济、文学、艺术、科技的各个方面,可以说无所不包。它上起中国原始文化,下止当代"两个文明",集中华民族数千年文化之大成。全面、翔实地记录了炎黄子孙对世界文化所作的巨大贡献。值得注意的是,本书又不是一般的资料搜集,编者有自己明确的编辑意图,即从文化史的高度来总体考虑,重视体现中华文化的延展性。既有

---

[*] 该文是靳德行教授为张国臣等编著的《中国文化之最》写的序言。该书由中国旅游出版社1991年出版。

古代文化的回顾,又有现代文化的展望。所分40多个大类,又下设160多个小类,纵横交错,井然有序,比较清晰地描画出了中国文化的演进轨迹。

本书在全面搜集资料的基础上,精当鉴别,选择那些堪称中国文化精英的典型材料,从不同的角度突出尖端。让读者不是一般地涉猎,而是总体上把握制高点,并且注意吸收各界的最新研究成果,特别注意从报章杂志上发现新颖材料,使全书体现出一股清新的时代气息。

当然,从尽善尽美的要求着眼,本书也有一些不足之处。比如,一些类目的设置,似还可以细加推敲,使之更趋恰当;有些词条的选用,也不尽确切,这可能是编者囿于"最"字的局限,勉力为之的吧。但无论如何,本书总体设计是成功的。中国目前尚无此类专著,它的出版,无疑填补了文化史上的一个空白,具有一定的拓荒意义。

这部一百多万字的大作,是五十余位中青年学者近二年辛勤劳作的结晶。感谢他们对中华文化所作的贡献,特为之序。

1990 年 11 月于开封

评张国臣新著《神奥嵩山》*

王 晨

《神奥嵩山》这本书,是张国臣同志继《中国少林文化学》等专著之后,在嵩山研究领域取得的又一新的成果。它的出版,可喜可贺。

"光阴似箭笔耕难,心寄少林夜不眠。"国臣同志在工作之余,夜以继日,笔耕不辍,写出本书,可谓成之不易。尽管在体例等方面还存在一些不尽如人意之处,但瑕不掩瑜,在嵩山研究文丛中,这是一本有价值、有意义的新著。

《神奥嵩山》内容丰富,生动中见神奥,平实中现深情,给人留下深刻的印象,突出的感受有以下几点:

热爱之情。全书洋溢着作者对嵩山历史、人文、自然景观的热爱之情,洋溢着对祖国大好河山的热爱之情。爱祖国,爱嵩山,这种感情表现在全书的各个篇章,流淌在字里行间。如在第一编《嵩山古今》对嵩山历史沿革、文化遗迹以及美丽的中州胜景、神秘的少林文化的阐述中,在十二集文化风光电视片文学脚本《嵩山风骨》对嵩山文化的神奇、古奥、博大、雄隽的描绘中,在《嵩山红叶》一编所收录的一系列清新优美的嵩山游记中,在作者潜心研究整理的《嵩山诗选》中,作者都满怀深情,以平实而优美的文

---

* 王晨,人民日报社社长、高级记者、教授。该文原载《河南日报》2004年3月18日。

字，为读者展现着秀美之嵩山。

期盼之心。书中渗透着作者对建设嵩山、发展嵩山的期盼之心。作者以《嵩山雄风》为题，专门辟出一编研究和探讨嵩山所在的登封市的改革开放和社会、文化与经济发展问题。在描绘中岳嵩山地区独特的山水与人文资源时，作者更多关注的是自然资源的保护性开发，如何利用文化资源发展旅游产业，带动经济发展。规划着嵩山的蓝图，描绘着美好的未来，展现给读者的是发展之嵩山。

有益之卷。本书从多角度、多方位对嵩山进行介绍与描绘，为读者呈奉出丰富多彩的嵩山自然美景、历史人文等多方面知识，也为进一步研究嵩山提供了很好的借鉴。如《少林武术》一编，系统地阐述了少林武术文化的历史渊源和文化精华；《嵩山诗选》详尽地收集、注释了有关嵩山的千古名诗；《嵩岳烽火》则从一位革命者口述历史的角度，真实地记录了中国共产党20世纪三四十年代在登封市及嵩岳地区的革命斗争业绩，不仅可读性强，还具有较高的研究价值。读了这些篇章，嵩山给人的印象又增进了一层，不仅是秀美之嵩山、发展之嵩山，还是博大精深之嵩山。真是，嵩山神奥，神奥嵩山。

《神奥嵩山》序言

黎志成

《神奥嵩山》是张国臣同志将嵩山少林文化和企业管理、企业文化相结合进行研究的最新成果。该书的出版,可喜可贺!

河南是一个农业大省、人口大省,工业还不发达,发展经济是第一要务。这是河南的省情和特点。河南又是一个文物大省、旅游大省,地下文物中国第一。中国七大古都,河南占三。这是河南的文化资本和优势。在新形势下,如何加强企业管理,提高经济效益,发展工业,以工促农;如何以文化兴旅游,以旅游促经济,借旅游之力,实现文化、旅游、经济良性互动,走出一条具有河南特色的社会主义现代化道路,是值得深入思考的重大课题。我认为,该书对这些重大问题进行思考,有一定的意义和价值。

一、该书在企业管理尤其是振兴国有企业方面进行了有益探索。国有企业在国民经济中占有重要地位。但由于经济体制的转型和产业结构的调整,国有企业面临着前所未有的严峻挑战。如何使国有企业摆脱困境是一个经济问题,也是我们必须解决好的一个政治问题。该书以登电企业集团、新登企业集团、磴槽企业集团等企业的管理为例,比较深刻地作了解析。一是抓战略,因地制

---

* 黎志成,华中科技大学教授、博士生导师,中国优选法统筹法与经济数学研究会副理事长。该文是黎志成教授为张国臣《神奥嵩山》一书写的序言。

宜，以市场为导向，实现持续快速发展；二是抓决策，严格程序，充分论证，实现决策民主化、科学化；三是抓创新，改革体制，调整结构，实现经济效益和社会效益统一；四是抓管理，与时俱进，更新观念，实现管理现代化；五是抓安全，多策并举，常抓不懈，实现效益最大化。国有企业必须以改革为动力，以发展为主题，以市场为导向，以效益为中心，依靠科技，完善机制，强化管理，全面提高企业整体素质和市场竞争力。该书总结出的成功经验，是江泽民同志"三个代表"重要思想在基层的具体落实和实践，是值得学习和借鉴的。

二、该书指出了企业牢固树立品牌意识和战略的必要性。市场竞争实际上是品牌竞争。振兴河南经济，需要打造企业品牌和文化品牌。郑州登峰熔料有限公司——一家名不见经传的私营企业，借改革春风，依靠先进的科学技术和灵活的经营机制，到国外市场竞风流，闯出一条私营企业的成功之路。登封少林寺塔沟武术学校，作为教育文化产业，狠抓管理，突出少林品牌，展少林雄风，敢与外国高手试比高低，培育出大批高素质高层次武术人才，成为享誉海内外的一所武术名校。作者在书中对品牌效应进行的分析说明，无论是企业品牌还是文化品牌，其经济效益和社会效益都是不可估量的。河南需要更多更好的品牌。

三、该书总结出以旅游为桥梁，实现文化与经济良性互动的规律性。登封市以电影《少林寺》广为传播为契机，以博大丰厚的嵩山少林文化为载体，以旅游业作为先导性支柱产业，加快兴建历史文化名城和旅游名城步伐，有力地促进了社会经济的快速发展。作者认为，在世界经济和世界文化一体化进程日趋加快的形势下，河南作为中华民族和中华文化的发祥地之一，应借鉴推广登封经验，确立以文化兴旅游，以旅游促经济，实现文化、旅游、经济良性互动的战略格局，实现旅游现代化、国际化，使旅游产业成为国民经济的重要增长点，进而带动相关产业，促进河南经济快速发展。

《神奥嵩山》以犀利的文笔和生动的实例,阐发了作者对加强企业管理,打造企业文化品牌,发展大旅游等思想、观点和建议,符合河南实际和国际潮流,可谓正当其时。该书的观点尽管在某些方面还有待进一步探讨和深化,但仍是一部值得一读的好书,我愿意把她推荐给读者朋友们!

辞章但谱少林曲　画卷多描中岳云*
——评张国臣新著《神奥嵩山》

康保成

中岳嵩山巍然屹立在中原大地,嵩山脚下有一座闻名中外的佛教禅院少林寺。嵩山、少林文化哺育了一位奇特的学人,他以弘扬嵩山、少林文化为己任,勤奋笔耕,20年不辍,写出了一部部赞颂家乡美丽山川,弘扬祖国优秀遗产的著作。最近,他的新著《神奥嵩山》由河南大学出版社出版了。他的名字叫张国臣。

我和国臣兄是校友,当年同在母校河南大学中文系读书。他为人不事张扬,不善交际,极少参加各种应酬,而把时间全用到了读书、写作上。这种习惯直到他担任了较高领导职务时仍然保持着。大学毕业后,他先后担任郑州晚报社社长、中共郑州市委办公厅主任、河南省委政策研究室副主任、河南省委政法委副书记等职。在繁忙的日常工作之余,他焚膏继晷,孜孜不倦地在书海中遨游。功夫不负有心人,辛勤地劳作终于结出了累累硕果。到目前为止,他已经出版了25本著作,而《神奥嵩山》则是一部关于嵩山和少林文化的小型的百科全书,是他20余年研究成果的集大成。

该书58万字,共由7编组成。第一编《嵩山今古》,概括地介绍了嵩山的地质形成、历史沿革、名胜古迹等。第二编《神奥嵩

---

* 康保成,中山大学教授、博士生导师、古代戏曲与人类口头和非物质文化遗产研究所所长。该文原载《郑州日报》2004年4月21日。

山》,是一部12集的电视片脚本,全面而形象地向世人介绍了嵩山和少林文化。第三编《嵩高雄风》,介绍了当代嵩山人的精神风貌。第四编《嵩山红叶》,分别介绍了少林寺、中岳庙、嵩山书院、观星台等名胜,并插入许多流传久远的民间传说和名人轶事。第五编《嵩岳烽火》,介绍了抗日战争和解放战争时期嵩山人民在党的领导下开展的艰苦卓绝的斗争。第六编《少林武术》,除介绍少林武术的渊源、特点之外,还以图像作配合,具体探讨了"易筋经少林十二式"、"少林连环拳"、"少林长拳"的秘诀和动作要领。第七编《嵩山诗选》,选入了李白、高适、岑参、白居易、孟郊、韦应物、司马光、苏轼、元好问等古代著名诗人歌咏嵩山、少林的诗作以及陈毅、赵朴初、姚雪垠等当代名家的作品。此外,作者自己热情讴歌嵩山的诗歌也择优选录。这样的分类虽不尽科学,但作者的匠心却是一目了然的。他是想做到一卷在手,嵩山、少林文化尽揽其中。

在上述7编中,第二编《神奥嵩山》最有特点,也是作者的最新成果。我想,国臣兄把第二编的名称用作全书的名称,大概也是基于这个原因。所以"神奥",就是神秘、奥妙的意思。魏晋时曹摅《思友人诗》中有"精义测神奥,清机发妙理"句,说的是文章的义理神奇玄妙,而国臣则借用"神奥"这一词汇,准确地概括了嵩山和少林文化的源远流长、博大精深。且看他在这部电视专题片的开头是如何描绘嵩山之神奇的:

在人们心目中,少林寺是一个充满神秘力量的佛家圣地。那奥妙无穷的禅宗丛林,那深不可测的少林功夫,令人心驰神迷……
拥抱这少林寺的,是古老、险峻、奇特、神奥的中岳嵩山!
25亿年前,当世界还在沧海横流时,嵩山已首次横空出世。57亿年前,当嵩山最后一次确定现在的雄姿时,喜马拉雅山和整个秦岭都还在海底沉睡……

这样引人入胜的文字，配合以生动的画面，其艺术效果可想而知。可以毫不夸张地说，作者不仅文笔老道而流畅，而且熟悉电视艺术，更重要的是，他熟悉和热爱嵩山、少林，因而懂得如何把这里的一幅幅神奇古奥的自然景观与人文景观展现给观众。

作者提供我们的第一幅画面是"航拍嵩山"，亦即在飞机上从高空向下拍摄嵩山的远景。紧接着，在提到少林寺时，立即提示近景："少林寺山门，山门前武僧群体练武，外籍学员学拳。"再接着，镜头逐渐放开，由近及远，"从少林寺环拍嵩山"。这就把文字中的少林寺被嵩山环抱的景象真实可感地显现出来。这样的脚本，既充分考虑到影视技术所特有的蒙太奇手法，在画面之间大幅度跳跃，让观众的视野在短时间内不断随之转换，又使用文字将不同的艺术画面自然地衔接起来，丝毫没有突兀、断裂之感。统观全书，此类描写比比皆是，显示出作者驾驭电视片脚本的高超能力。

一般人不会想到，嵩山的历史不仅远远早于我们人类的历史，而且远在喜马拉雅山、秦岭在海底沉睡的 25 亿年前已经横空出世。作者在自豪地宣告这一事实之后，还进一步揭示出嵩山的地质、地貌特征，于是脚本不失时机地把镜头切回到"地质专家谈'五世同堂'现象"。所谓"五世同堂"，指的是太古、元古、古生、中生、新生五纪地质现象同时保存在嵩山，这种情形在世界上是极为罕见的，不愧为世界地质公园。通过文字与画面的有机配合，脚本不仅再次将嵩山的古奥与神奇展示出来，而且还为观众上了一堂生动的科普知识课。作者是中文系出身，可以想象，他能够深入浅出地讲解地质知识，付出了几多辛勤，几多汗水。

神奥嵩山，当她与人类的发展交融在一起的时候，便自然打上了独特的人文标志，成为不可替代的"这一个"。脚本在各集中分别插入了鲧、禹治水，黄帝巡游，巢父洗耳，王子乔化鹤飞升，汉武帝、武则天封禅，达摩祖师一苇渡江，寇谦之托神造经等许许多多有趣的传说故事。在作者笔下，这些多年来口耳相传的神话传说与历史故事,或虚或实,如诗如画,与有形的山水交相辉映,构成嵩山文化奥妙无穷,不可分割的一部分。

在嵩山,有两座神奇的建筑,这就是传说中的周公测景台和元代著名天文学家郭守敬建造的观星台。测景(古"影"字)台利用古制八尺的方锥体土台测量日影,可大体分出一年的24节气。郭守敬对测景台加以改造,加上"景符"等仪器,使测影的误差大幅度减少。通过对多次晷影测量,郭守敬定出至元十四年到十七年的冬至时刻,并精确计算出一回归年的时间为365.2425日。脚本介绍说:这"同现代科学测定的一回归年长度仅相差26秒",真是奇哉妙哉!在作者笔下,测景台与观星台并峙,浓缩了一段我国古代天文学的发展历史。

少林武术,堪称天下一绝,脚本专辟两集予以介绍。"天下武功出少林!"两集中每集开场,都是这样一幅奇警的字幕,将读者与观众带入到出神入化的武术境界中去。在这里,你不仅可以清楚地了解到少林武术的形成、特点与影响,还可以领略其深邃的内涵和一招一式的诀窍要领。脚本着重介绍了少林武术的特点:讲求武德,绝不恃强凌弱,要尚武报国。许多当代武侠小说和相关的影视作品,都宣称少林武功是最高的武功,少林派最讲求武德,与所有的旁门左道都泾渭分明,少林方丈在武林中威望也最高,凡武林争执,要靠少林方丈出面调停方能解决……通过电视片脚本的介绍,我们知道这些并非虚言,画面上出现的《少林十诫》,清楚地规定了少林武僧必须遵守的戒律与准则。

在脚本最后,作者充满自豪地展示了少林武功风靡全国、少林弟子在国际武术比赛中连创佳绩以及少林武术作为中国功夫的代表在世界上产生巨大影响的情况。"少林少林,有多少英雄豪杰把你向往……"在人们熟悉的《少林寺》主题歌中,全片结束。这样的结尾,大有余音袅袅的艺术效果。

《神奥嵩山》电视片共有12集,约10万字,精彩纷呈,难以尽言。在这里,你能看到雄奇秀丽的自然景物,精湛绝伦的书法碑刻,具有永久魅力的唐诗宋词……相信本书的读者一定会有同感:嵩山,少林!你是伟大中华文化的缩影。

这的确是一个很适合实际拍摄的电视片脚本。连同本书其他篇章,我想,这部嵩山、少林文化的小型百科全书,其社会效益是完全可以期待的,国臣兄的心血一定不会白费。

控告申诉检察工作管理的创新*
——张国臣《中国控告申诉检察管理模式研究》序

蔡 宁

最高人民检察院检察长曹建明在学习贯彻全国政法工作会议精神讲话中指出,要深入推进检察体制和工作机制改革,为检察工作发展注入新的生机和活力。张国臣同志是管理学博士,从事政法工作多年,2008年3月任河南省人民检察院党组副书记、常务副检察长。国臣同志勤于学习和研究问题,在认真学习中央、省委和最高人民检察院有关文件、规定精神,深入基层调研,系统总结控告申诉检察工作实践经验的基础上,运用现代管理学理论,对新时期推进控告申诉检察体制和机制改革,实现控告申诉检察工作科学发展进行了许多探索和思考,完成了《中国控告申诉检察管理模式研究》一书。读后,我感到该书最大的特点是创新,主要体现在三个方面:

一、思路方法的创新。思路方法是达到某种目的而采取的途径、步骤和手段。只有思路方法创新,才能实现管理模式的创新。控告申诉检察管理是一门学问,加强管理,有利于规范执法行为,提升工作水平,提高工作效能,促进工作发展。作者以科学发展观为指导,立足发展、全面协调可持续和统筹兼顾,运用现代管理学

---

* 蔡宁,河南省人民检察院党组书记、检察长,二级大检察官。该文是蔡宁检察长为张国臣《中国控告申诉检察管理模式研究》一书写的序言。

理论，研究控告申诉检察工作基本发展规律，提出了构建理念、机制、组织与目标"四位一体"控告申诉检察管理系统的设想，阐述了理念是支撑，机制是平台，组织是主体，目标是愿景，四者相互作用、相互促进、相辅相成的关系，构成了一个开放的、多维的控告申诉检察管理体系。作者用散文的笔法，写出了检察工作管理的理论文章。全书逻辑严密，层次清晰，文风朴实，语言清新，值得一读！

二、管理理念的创新。理念是实践的指导思想。科学的理念指导作者思考控告申诉检察管理中的理论和实践问题。一是坚持科学发展。全书以科学发展观指导控告申诉检察工作，以科学发展观为标尺，查找不足，研究措施，改进工作。二是坚持以人为本。我国是法制文明古国，人文主义是其哲学基础。作者在汲取我国古代法制传统精髓的基础上，结合西方人本思想，强调用以人为本的核心理念指导控告申诉检察工作，把保障权利与保障民生有机结合起来，体现了控告申诉检察工作执法为民的本质。三是坚持知识管理。随着知识经济时代的到来，经济社会生活日趋知识化、网络化和信息化，知识和信息成为推动经济社会发展的核心要素，以信息化为方向的知识管理日益成为当今世界管理发展的主流形态。作者提出要加强控告申诉检察信息化建设，开展视频接访、网上接访，建立控告举报信息化外部和内部两个应用平台，实现控告举报线索受理、管理、监督、反馈的信息化，把握住了检察工作发展的规律。

三、管理模式的创新。管理模式是从特定的管理理念出发，在管理过程中固化下来的一套操作系统和方法。作者以检察实践为基础，把现代管理学中的前沿理论引入控告申诉检察工作分析过程。一是把扁平化管理理论引入到举报工作中，构建出举报工作"三位一体"管理模式，即举报工作管理位置龙头化、方法扁平化、手段信息化。这既是对最高人民检察院新修订的《人民检察院举报工作规定》的深入落实，也是实现举报工作科学管理的创新举措，有利于提高举报工作管理水平，深入推进反腐倡廉建设。二是把系统论运用到处理涉检信访工作中，提出源头预防、承诺稳访、协调处访、联合接访、信息管访、督查结访的处理涉检信访"六位一体"工作模式，有利于全面贯彻落实《中央政法委员会关于进一步加强和改进涉法涉诉信访工作的意见》，对于深入推进社会矛盾化解、社会管理创新、公正廉洁执法具有较强的实践意义。三是把学习型组织运用到检察队伍管理中，提出学习型、复合型和专家型相结合的"三型"控告申诉检察队伍管理模式，提出党员检察干警要做到不贪财，做廉洁从政的表率；不张狂，做执法为民的表率；不结党，做团结和谐的表率；不营私，做公正执法的表率；不忘本，做勤奋敬业的表率；不保守，做科学发展的表率。贯彻了党的十七届四中全会精神，有利于进一步提高检察机关执法公信力，强化高素质检察队伍建设。

实践出真知，创新无止境。该书的探索尽管是初步的，有的观点还需要进一步深入研究和完善，但瑕不掩瑜，我愿意把它推荐给读者朋友们。希望国臣同志再接再厉，继续开拓创新，在做好检察工作的同时，在学术研究创新方面取得新的更大的成绩！

是为序。

2009年12月16日于郑州

理论的升华　实践的超越[*]
——张国臣《中国控告申诉检察管理模式研究》序

张晋藩

学问勤中得,萤窗万卷书。在我看来,张国臣同志首先是一位学者,有着渊博的知识和深厚的文化积淀。他是管理学博士、大学兼职教授,现在又在攻读法学博士学位。文化的力量催动着伟大的热情。在他洋洋洒洒四百万言的九卷文集《嵩山的流泉》出版获得好评之后,他的理论研究和笔耕没有停止,又推出倾力之作《中国控告申诉检察管理模式研究》。这部法学专业性很强的学术专著,以管理学的研究方法,对控告申诉检察管理中的一些重大理论和实践课题进行了战略性思考和探索性研究,既是检察管理理论的创新升华,又是检察管理实践的自我超越,更是作者勤奋、执着、创新、奋进的智慧结晶。通览全书,我认为该书具有以下五个特点:

一是系统性。系统性要求内容丰富,条理清晰,逻辑严密,形成体系。该书把管理学理论运用到控告申诉检察工作中,既有实证性的分析,又有规范性的论证;既有历史的比较,又有现实的探讨,实现了控告申诉检察管理理论研究的系统化。在时间维度上,

---

[*] 张晋藩,中国政法大学原副校长、著名教授、博士生导师,中共中央书记处、全国人大常委会法学授课专家之一。该文是张晋藩教授为张国臣《中国控告申诉检察管理模式研究》一书写的序言。

作者以历史的眼光,跨越5000年的时空,既从渊源上对我国古代御史监察制度进行了考察,又从形式上对诽谤木、肺石、䤛筒、铜匦、登闻鼓等具体制度进行了分析,深刻揭示了我国古代控告申诉制度的丰富内涵。在空间维度上,作者以超国界的视角,既对大陆法系和英美法系检察制度进行了比较分析,又对中国内地、台湾、香港、澳门四大法域检察制度进行了对比考察。在体例结构上,作者以严密的逻辑思维,以理念、机制、组织、目标等为基本要素,立足中国特色社会主义检察制度的大背景,建立了系统的控告申诉检察管理体系,强调要创新控告申诉检察工作理念,健全完善控告举报、涉检信访、刑事申诉、刑事赔偿管理机制,建设学习型、复合型、专家型检察队伍,在促进社会和谐中实现检察工作的创新发展,使得该书在内在联系的结构上浑然一体,展现出理论研究成果的科学价值。

二是开拓性。只有开拓才能创新,才能发展。在研究方法上,作者把现代管理理论与控告申诉检察工作有机结合,开创了以管理学方法研究检察工作的先河,这是检察理论研究和应用研究的新探索,体现了可贵的创新精神和严谨的治学态度。在制度安排上,作者以管理学的思维,对控告申诉检察管理模式进行了科学设计,提出要创新控告申诉检察工作"九大理念",完善举报工作"九项机制",构建涉检信访工作"六位一体"管理模式,建立刑事申诉工作"七项机制",丰富了控告申诉检察管理内涵。在理论分析上,作者把马斯洛的需要层次理论引入到检察工作中,把人文主义思想渗透到工作的全过程,提出坚持以人为本,要树立有理推定、有解推定、有错推定和有偿推定的理念,维护群众合法权益,实行司法救助,彰显了司法人文关怀,充分体现了控告申诉检察工作执法为民的本质。

三是前瞻性。理论的创新离不开理论的前瞻。作者以信息技术和管理学知识为导引,对控告申诉检察管理中的有关理论问题和实践课题进行了前瞻性研究,表现出作者扎实的理论创新能力和实践运用能力。如,随着信息技术的发展,信息化已成为时代发展的潮流。作者早在 2004 年就提出要加强队伍、业务和信息化"三位一体"建设,把信息化引入检察工作,得到了最高人民检察院领导批示,进入决策。在该书中,作者又专章研究了现代信息技术条件下的控告举报信息化建设问题,并以管理学的视角,提出要健全举报工作位置龙头化、管理方法扁平化、管理手段信息化的"三位一体"管理模式,展示了作者敏锐的洞察力和前瞻的思维,对进一步加强和改进控告举报工作具有重要指导意义。

四是理论性。没有科学的理论,就没有伟大的实践。科学发展观是我国经济社会发展的重要指导方针。只有深入贯彻落实科学发展观,加强理论创新和制度创新,才能推动检察工作科学发展。作者提出,以科学发展观为指导,加强控告申诉检察工作,必须围绕第一要务,服务经济社会又好又快发展;坚持以人为本,维护群众合法权益;落实基本要求,化解矛盾纠纷,促进社会和谐;把握根本方法,转变执法观念;勇于改革创新,构建检察工作科学发展的体制机制。这些理论创新符合党的十七大精神,体现了科学发展观的精神实质,与中央和最高人民检察院的要求相一致,是学习实践科学发展观的具体成果,是对检察工作规律的准确把握。理论是对实践的超越。国臣同志曾任河南省委政法委常务副书记,还兼任省社会治安综合治理办公室主任,积累了政法综治、平安建设宏观管理的丰富经验,曾以系统化、科技化、法治化、产业化的现代化理念,设计出治安防范管理现代化博弈模型和人、物、行等边三角互动组织管理模式,在实践中获得了良好效果。与时俱进,本书关于控告申诉检察管理的研究成果,是作者多年丰富的政法工作实践经验的升华。譬如,作者深入实践,深入基层,调查研究,对近年来处理涉法涉诉信访工作经验进行理论总结,创造性地设计出构建源头预防、承诺稳访、协调处访、联合接访、信息管访、督查结访的涉检信访工作"六位一体"管理模式,丰富了涉检信访工作理论,提升了处理涉检信访工作的系统管理水平。

五是实践性。理论的生命在于实践。作者科学地设计出人民检察院控告举报工作、涉检信访工作、刑事申诉和刑事赔偿工作的流程管理模型,直观而又简洁,形象而又生动,既能加强工作管理,又能在实践中运用,具有较强的可操作性。理论的价值在于其对实践规律性的把握。作者凭借现代管理理论的系统知识,把扁平化这一现代科学管理方法引入到控告申诉检察管理中,提出了加强举报线索管理,对要案线索要实行"一对一"管理,对本院管辖的线索要实行"一站式"管理,对一般线索要实行"流水线型"管理,创新了线索管理方法,减少了线索流转环节,加快了线索流转速度,提高了线索管理效能,对控告申诉检察管理模式作出了有益的探索!

"路漫漫其修远兮,吾将上下而求索。"国臣同志笃信天道酬勤,厚德载物,上善若水,大爱无疆,在学习工作实践中不断加强修养,探索提高。在此书问世之际,我谨表示衷心祝贺,并期望国臣同志在今后的工作中与时俱进,开拓创新,取得更多、更加丰硕的成果。

2009 年 12 月 6 日于北京

可贵的探索*
——评张国臣《中国省会城市治安防范管理模式研究》

李良栋

　　放在读者面前的这部专著,可以说是迄今学术界比较系统地研究我国新时期省会城市治安防范管理现代化的创新之作。作为工作在社会治安防范管理第一线的领导干部,作者在繁忙的工作之余,仍执著地关注转型期治安防范管理现代化这一时代课题。本书是作者在全面总结我国治安防范管理实践经验的基础上,运用现代知识管理理论,对新时期如何构建我国省会城市治安防范管理新模式、实现治安防范管理现代化,而进行潜心探索的阶段性成果,同时也是作者博士论文的进一步拓展。

　　当前中国正处于一个前所未有的社会转型期。在全面建设小康社会、实现中华民族伟大复兴的道路上,我们面临着种种挑战和风险。其中社会治安问题就是一个非常重要而复杂的现实问题,面临着各种不确定的变量因素。省会城市作为我国政治、经济、文化活动的中心,人、财、物高度的聚集地,人口流、信息流的密集区,客观上为犯罪活动提供了农村所不及的经济、社会条件。因此,新时期省会城市的治安防范管理工作面临着更多的问题与挑战。抓好省会城市的治安防范管理工作,就会产生强大的辐射、示范效

---

* 李良栋,中共中央党校政法部主任、教授、博士生导师。该文是李良栋教授为张国臣《中国省会城市治安防范管理模式研究》一书写的序言。

应,从而带动中等城市和广大农村的社会治安综合治理的根本好转。要实现省会城市治安防范管理的跨越式发展,就必须与时俱进,创新思路,构建新模式,打造新平台,有效地整合治安防范管理资源,不断地推进治安防范管理现代化。作者正是在这一战略思维的导引下,紧紧围绕这一核心思路,运用现代前沿的科学管理理论,从多个不同的视角,对如何建立新时期省会城市的治安防范管理新模式进行了全方位的理性透视。

通览全文,可以发现,创新思维构成了全书的一条主线,也是这部专著最大的特色。

首先,现代化的知识管理理念,贯穿了全书的始终,是整个论文的灵魂。通篇读来,作者紧紧抓住中国省会城市治安防范管理现代化这一主题,立足新问题、回应新挑战、面对新要求,以"三个代表"重要思想和以人为本的观念为指导,扎根现代知识管理的科学结论和学术营养,运用历史比较和实证分析的研究方法,横向、纵向研究相结合,立体地构建了自己的分析框架和逻辑结构。

作者认为,传统的治安防范管理理念过多地强调组织力量的打击而忽视了社会力量的防范,强调行政手段的控制而忽视法律力量的调节,强调权威与服从而忽视对人的需要研究。因此,新时期的省会城市治安防范管理理念必须以系统化、社会化、科技化、法治化、产业化的现代化理念,构建治安防范管理现代化模式,并自觉地适应信息化时代的知识经济的历史挑战,运用现代知识管理,培育知识型治安防范管理人才,打造知识型、学习型治安防范管理组织,有效整合各种治安防范管理资源,实现治安防范管理效能的大跨越、大提升。

其次,方法论的创新,搭建起了本书的骨架,是全书的切入点。方法论是写好一篇成功之著的核心要素之一。只有方法论的创新,才有分析结构、分析模型的真正创新。作者运用现代系统论原理,构建了理念、体制与组织三位一体的治安防范管理系统。在对省会城市治安防范管理的时代背景、现实挑战、传统管理理念的滞后性、传统组织模式的缺陷、传统管理体制的弊端等深刻分析和深层把握的基础上,提出了建构新型的省会城市治安防范管理模式的方法论设想,即管理理念、管理体制、管理组织的有机结合系统。理念是支撑,体制是平台,组织是手段,三者相互制约,相互作用,构成一个开放的、多维的治安防范管理有机体系,以此统揽全书的结构。

再次,分析模型的现代化,突出了本书的个性,是全书的亮点。作者紧紧利用自己的比较优势,凭借对现代管理理论的系统把握和战略思维的能力,把当代管理学中最前沿的理论引入分析过程,建立了自己的分析模型,即省会城市治安防范管理现代化的博弈模型、群决策支持模型系统和人、物、行等边三角互动的治安防范管理组织模型。一是把博弈论方法引入治安防范管理决策过程,建立了公安部门和群众、罪犯三者之间的博弈模型。这些为科学决策提供了知识、信息和机制的保障链。二是把现代群决策理论运用到社会治安防范管理过程之中,建立了省会城市群决策支持系统。三是运用现代学习型组织原理,设计出省会城市治安防范人、物、行等边三角互动组织管理模式,并对实施这一组织模式的主体素质建设进行了系统构思。

总之,这部专著体现了作者理论联系实际、实事求是的学风和工作作风以及一种始终站在时代前列、把握历史前进脉搏的历史责任感、使命感。我们不是强调提高执政能力吗?这部书就是当前领导干部们切实加强执政能力建设的一个体现。

2005 年 3 月于中央党校

不变的情怀[*]
——张国臣《中国省会城市治安防范管理模式研究》序

关爱和

从1977年秋一起走进河南大学中文系起,和国臣同志相识已近30年了。

在我的印象中,国臣同志首先是一个文人。在《现代汉语词典》中,词条"文人"指会作诗文的读书人。如此解释未免失之简单,远远不能涵盖中国文化意义上的文人概念。在中国文化传统中,文人的人生目标是"修身齐家治国平天下",君子为学乃"以明道也,以救世也",这样的自我期许,决定了中国文人世代相传的"经世"情结。这一情结体现在张国臣身上,就是对中华文化传承责任的自觉担当。还在上大学期间,他已编写出《历代名人嵩山诗选》、《嵩山》两部专著,写出《嵩山,泉水丁冬》等一批探讨嵩山文化的文章。毕业后在河南大学任教的7年间,他又完成了《中国文化之最》、《中国艺术之最》、《少林诗词集注》等20多部专著。1996年,他积十几年研究成果之大成的巨著《中国少林文化学》也终于面世。2003年,他又出版专著《神奥嵩山》。2004年,中央电视台再拍播出他的文学脚本10集文化电视片《嵩山》。国臣同志的这些成果事实上构成了一个系列,这个系列的主题无疑就是对

---

* 关爱和,河南大学校长、教授、博士生导师。该文是关爱和教授为张国臣《中国省会城市治安防范管理模式研究》一书写的序言。

中华传统文化的深情凝望与顽强守护。

当然国臣同志不仅仅是一个文人,他更是一个处在知识经济时代的国家公务员,这一身份要求他站在比传统文人更高的境界:更开阔的视野,更敏锐的眼光,更宽广的胸襟,更深厚的知识底蕴……国臣同志对此有深刻的体察,这种体察诉诸文字,就有了《新闻出版"V"型战略的实施构想》、《河南省旅游业适度超前发展战略》、《浅论多种所有制经济共同发展》等30余篇学术论文的发表;这种体察同样也被贯彻到实践中,面对信息化时代知识经济的挑战,国臣同志始终以积极开放的姿态孜孜以求,勤学不辍。1999年国臣同志获经济学硕士学位。2003年国臣同志获得了管理学博士学位,这本《中国省会城市治安防范管理模式研究》就是他博士期间的研究成果,是他以现代前沿管理理念对社会治安防范管理模式的整合与创新。

近年来,由郑州晚报社到郑州市委又到省委政策研究室再到省委政法委,国臣同志的工作在不断变化,始终未变的是他对中国文化的一往情深,是他"胸怀天下"的赤子情怀——在这个喧嚣的时代,这样的情怀就如同歌德的"生命之树",不朽且常青。

国臣同志嘱我为他的新作作序,因为专业畛域的局限,我不敢妄作评论贻笑于方家,只拉杂写下上面这些话,权代作序,以表达我的由衷喜悦和祝贺之情。

2005年6月

秋月和光不染塵，金音吸水夏躬身
采得嵩岳精神氣，碩果輝煌映乾坤

秋登嵩山 張國臣先生撰
二零一零年庚寅之冬 王性鈺書於臺北

台湾著名书法家王性钰书张国臣诗《秋登嵩山》

攀登嵩山峻极峰的人*

甘子茜

少林文化——中华文化的缩影；
少林文化——中华文化的特形。
独具这一慧眼和学术敏感的,是生于
嵩山、长于嵩山的学者型青年干部
——张国臣。

巍巍嵩山,雄踞五岳之中。

泱泱中国,上下五千年的历史,孕育着博大精深的东方文化。

中华民族,创造了嵩山的文明;嵩山,也造就了举世闻名的少林文化。少林文化——中华文化的缩影！少林文化——中华文化的特形。

独具这一慧眼和学术敏感的,是生于嵩山、长于嵩山的学者型青年干部——河南省委政策研究室副主任、河南大学兼职教授张国臣。

何谓少林文化学？一向对学术一丝不苟的张国臣这样诠释：

---

* 甘子茜,女,《郑州日报》高级记者。该文原载《河南商报》1999年7月13日。《跨世纪》杂志1999年第9期、《郑州晚报》2000年2月27日及《登封时报》等报刊转载。曾在河南电视台、河南人民广播电台、河南信息广播电台、郑州人民广播电台等新闻媒体播发。曾在中央电视台《人物专访》栏目中播发。

少林文化产生于嵩山少林地区,它以广义的文化领域作为研究对象,探讨附加在嵩山少林自然景观之上的人类活动状态、文化区域、文化传播主线和走向以及人类的行为系统,包括宗教、哲学、文学、历史、科技、教育、医药、人物、经济等等,揭示出其发展规律。它具有明显的地域特点和民族特色,具有时代性或阶段性,体现了不同历史阶段的社会结构。

于是,一部《中国少林文化学》,在张国臣繁忙的工作之余,历经7年寒来暑往的呕心沥血,终于问世了!

记者打开洋洋47万字的《中国少林文化学》,读着张国臣从21个方面全方位立体式的论证,看着那上百幅图片资料,深深为其独到的见解所叹服!眼前更迭着一卷卷宏伟的画面:

黄河流域是中华文化的主要发祥地之一,根植于这片沃土的文化,历史悠久,内容丰厚。位于黄河南岸的嵩山少林文化,则以其丰富的内涵呈现出独特的风韵,成为中华文化的重要组成部分。在这个以嵩山少林为表征的特定区域内,不仅自然地理环境特殊,而且拥有中华优秀文化的主要特征,有着中华优秀文化的特形。在这里,可以看到独特优越的人文环境和历史脚步留下的深深足迹:冰川的移动,朝代的变更,思想的争战,文化的交融。这里不仅有中国佛教禅宗祖庭少林寺,而且有中国道教文化的主要圣地之一中岳庙,还有中国现存最古老的天文台观星台,更有中国宋代儒学的中心活动场所嵩阳书院;这里不仅有建筑、绘画、雕刻、地质等直观资料,而且有讲究风骨、崇尚自然、修身治学、爱国自尊等文化传递,更有闻名中外的少林武功等文明奇观……

张国臣是独具学术敏感的:他把少林寺这座千年宝刹的大组群筑视作一幅中国的手卷画,在自外而内、逐渐展开的空间变化中,看出它的全貌和高潮,领略其高深奇妙的建筑文化精蕴,从"少林山门景平分",联系到儒家的中庸、道家的和谐以及政治家对矛盾的协调、平衡,进而道出生活的哲理;他把嵩山少林地区的近千件碑刻视作历史的"备忘录",在进行哲学思考之后,从汉三阙以至现当代碑刻中看出中国诸年代的时代风格,听到文字演变和书画、刻铸艺术不断前进的稳健脚步声;他把嵩山南麓的古阳城看做中原文化发展的地下历史博物馆,寻找出距今七八千年的新石器时代早中期遗存,发现了距今2000多年东周时期城市输水"三通"、"四通"陶水管,称其为人类文明史上的一项伟大奇迹;他把女皇武则天登嵩山所投"金简"视为中国历史上最早的"名片";他通过汉武帝错封三棵将军柏的传说,将其作为一种文化现象进行研究,对社会生活进行了"三点反思"……

《中国少林文化学》建立起自己的体系,构成了一门学问。国家新闻出版署原署长于友先说:"该书不仅具有独到的学术敏感,而且在区域文化研究史上是一个重大突破。"

首先,这本书震动了前一时期略嫌沉寂的文化研究领域,荡起了一轮轮涟漪,引起人们的广泛关注与好奇,甚至争论。国内、省内、海外许多权威报刊也都纷纷披露这一学术讯息。

中央政策研究室主任滕文生得知《中国少林文化学》即将出版,甚为高兴,欣然命笔,为该书题写了"不来峻极游,何以小天下!"以资鼓励支持。

国家新闻出版署原署长于友先看了书稿后,欣然作"序",称《中国少林文化学》比较全面、系统地考察研究了中岳嵩山少林寺一带古往今来的文化现象,建立起自己的体系,构成了一门学问。这是中国文化研究中一个可喜可贺的新成果!

他赞扬说,放在"中华文化"这台天平上衡量,本书起码有三点应当充分肯定:一是对少林文化学的独到发现;二是把文化与经济社会发展的关系作为研究的重点;三是用多种写作手法撰写理论文章的成功实例。该书"不仅具有独到的学术敏感,而且在区域文化研究史上是一个重大突破"。

河南省的有关领导十分重视、支持《中国少林文化学》的拓荒性研究工作。他们多次听汇报、问进展、出主意、想办法,解决向纵深处研究遇到的实际问题,创造出良好的干事氛围。要求一定要登高望远、务实创新,注意文化与经济之间的相互促进关系,探讨历史上中西文化经济的融合,迎接21世纪知识经济的挑战。他们认为该书内容丰富、涉猎知识广博,具有深邃的哲理,富有创新精神,对于提高民族素质大有益处。指示一定要树立精品意识,提高品位质量,加大对外宣传,弘扬少林优秀文化,让世界了解河南!

中国作家协会副主席、著名作家李準,看了《中国少林文化学》文稿,竖起大拇指,连说"好!好!好!"挥笔题赠该书:"嵩高惟岳,峻极于天。"

河南大学文学院教授杜运通、张天定通读该书,认为其具有宽阔的文化视野,独特的文化视角。少林文化不仅蕴含着中华传统文化的历史积淀,又有着外来文化的渗透和滋养,以它丰赡深邃的内涵和独具一格的表征,成为中国文化不可或缺的重要组成部分,具有古为今用、见微知著、学术性和可读性的统一三个特征,赞曰:"嵩山枫叶别样红!"

高级记者、著名评论家康群认为:"少林文化学的诞生是和国际文化交流的全球视野息息相通的,全方位的研究视野使少林文化学的研究在多层次上展开。这种创新,对传统的研究方法进行了历史性的冲击。"著名学者周鸿俊从经济学角度在省报讲述该书的启示:"旅游经济,大有可为。"

联合国许书云先生从大洋彼岸来电,说少林文化博大精深、享誉世界,认为此书为开山之作,将全力支持嵩山少林申报世界自然历史文化遗产,向世界宣传少林文化、宣传河南……

记者看着《人民日报》、《经济日报》、香港《大公报》、新华社

《参考消息》、《河南日报》等媒体对该书的评论,为之振奋、感动、自豪！蓦然回首发问,《中国少林文化学》是怎么创立的呢？

> 峻极峰,是嵩山最高峰,在崎岖的山道上艰难攀登上此峰,要洒下他多少辛勤的汗水！于友先评价说:"从中可见作者付出的艰苦劳动和刻苦学习、勤奋工作、勇于创造、自觉奉献、负重奋进的精神和勇气。"

记者在采访中了解到,不惑之年要写不惑之书,是张国臣多年的夙愿。天道酬勤。滴水穿石,集腋成裘。一向甘于寂寞,潜心于工作、读书和写作的张国臣,在他40岁那年,终于完成了《中国少林文化学》,这是他的第25本著作。

峻极峰,是嵩山最高峰,海拔1494米,登峰远眺,一览而小天下。在崎岖的山道上艰难攀登上此峰,要洒下他多少辛勤的汗水！1956年,张国臣出生于嵩山南麓登封县一个绿树叠翠、碧水荡漾的小山村。少年时代,他的小小脚板就量遍了家乡的山岭沟壑,辍学、饥饿、劳累在张国臣早年人生道路上烙下深深的印记,但也使他少年时代就立下了志向,刻苦学习,向着嵩山峻极峰攀登,长大要做个报效国家、对社会有用的人。

1977年,邓小平拨乱反正,恢复高考制度,张国臣以登封县头名状元的成绩考入河南大学。河南大学图书馆的百万册藏书,学富五车的教授讲师,使他踌躇满志,激动得夜不成眠。

张国臣爱嵩山,尤爱少林。1979年暑假,他徒步考察了嵩山少林地区37处古文化名胜,常常被嵩山深厚的文化精蕴吸引得乐不知返。中秋佳节,他孤身一人坐在法王寺月台,欣赏嵩门待月的美景；夜色苍茫,他徘徊于少林碑廊,秉烛追寻历代文人学士们留下的墨宝；迎着旭日,他站在峻极峰巅,体会着群峰叠嶂、一览众山小的深奥寓意。高等学府的4年学习生活中,张国臣写出了《嵩山,泉水丁冬》等嵩山少林文论,完成了《嵩山》等文化专著。1982年1月,张国臣获文学学士学位后留校工作。为了弄懂中国理学问题,26岁的张国臣自费前往北京大学,拜著名哲学教授冯友兰为师。80多岁的冯老在"三松堂"给张国臣讲嵩阳书院创始人、宋代大理学家程颐、程颢的思想,使他如沐春风,受益匪浅;为了弄懂道家思想史,张国臣曾叩开著名历史学家、作家姚雪垠的大门,姚老指点迷津,挥毫题赠"嵩山"诗;为了弄懂中国禅宗对诗歌创作的影响,张国臣曾啃着面包坐在著名诗人臧克家的门口,把臧老感动得拉着这位后生走进卧室谈诗。张国臣曾请教"擂鼓诗人"田间,田间赠诗《少林雄风》。精诚所至,金石为开,这些大家的教诲,为他写《中国少林文化学》打下了基础。他曾担任河南大学校报主编、少林武术学院副院长。在教课工作之余,全部身心都投入到了少林文化研究之中,几乎到了忘我的境地,曾累得吐血,抱病住进医院。求知报国,是张国臣青年时代的最高追求。他在7年中,完成了《中国文化之最》、《中国艺术之最》、《中国花鸟诗词鉴赏辞典》等23部专著,是年他才31岁。原全国政协副主席、著名教授苏步青,河南大学原中文系主任、全国著名教授任访秋,原河南大学校长、著名历史学家、教授靳德行,北京大学著名教授孙玉石,全国著名杂文家冯英子等文化名人、学术泰斗热情为这位年轻学者的著作作序,并给予热情洋溢的褒扬。多部"填补中国文化空白"的专著使张国臣名扬全国高校,当北京大学、南开大学等高校的教授们前往河南大学开会时,惊讶地发现在信中交友的"学者"竟是30多岁的"小孩子"。张国臣获得河南大学优秀共产党员称号,获优秀科研奖、管理奖。

记者曾考察了张国臣的办公室和家中的书房,看着那一架架藏书,抚摸着他撰写的60多篇论文和像砖头般沉重的部部巨著,信服这位昔日农村放牛娃的负重奋进精神,700多万字累累硕果中，浸润着他的多少血和汗！

　　1988年，张国臣走出河南大学校园。党组织是爱才、用才的。他33岁就被委任郑州晚报社社长，后任郑州市委办公厅主任、市委副秘书长、河南大学兼职教授等职。省、市领导提醒他：环境变了，在做行政工作的同时，一定要认真学习邓小平建设有中国特色社会主义理论，再忙，读书、写作的笔不能丢，对少林文化的研究要继续下去。多么中肯的话语啊！张国臣在勤奋地读书、写作。1994年春，他陪原国家主席杨尚昆、原全国政协副主席马万祺等中外贵宾考察少林，他们对博大精深的少林文化评价甚高，当得知张国臣在少林文化方面有较深的造诣和探讨时，鼓励他克服一切困难向纵深处研究，一定要写好此书。

　　坎坷是良药，勤奋出智慧。在众人的支持、帮助、鼓励下，张国臣战胜了病魔，一个大胆创立"中国少林文化学"的计划产生了。少林文化——中华文化的缩影！这个理论概念在他脑海中越来越明晰，渐渐孕育成形。

　　读书、做学问需要潜下心来，用心灵和悟性去感受、去体验。在当今红尘滚滚、物质享受至上的风气中，要远避世俗，淡泊名利，需要多大的毅力和人格力量去支撑！

　　连续7年的业余时间，几个春节假期，张国臣都是在家中书房和办公室度过的。搞研究，创立一门学问真苦啊！在他对深奥的问题感到"山重水复疑无路"时，也曾把笔"啪啪"折断一支又一支，也曾拍打自己的脑袋大骂"无用"，也曾懊恼得"号啕"大哭，也曾晕倒在书堆中……1994年春节，张国臣卧病住院，一只手扎着吊针，另一只手捧着书本。9岁的女儿抚摸着他疲劳多病的身体，曾把他的书夺走，把笔藏起来，哭道："爸爸，不要写了，你太累了！"是少林给了他灵感和力量。在苦苦思索和辛勤笔耕中，他一次又一次迎来了"柳暗花明又一村"。他的思绪在顺延少林文化发展的时空中交叉思索着，笔尖在厚厚稿纸上沙沙作响……

> 《中国少林文化学》把文化与经济社会发展的关系作为研究的重点。于友先说：该书勾画出登封市20年来快速发展的轨迹，是文化与经济相互推进的有力佐证。

1996年，河南省公开选拔副厅级干部。此时正值《中国少林文化学》杀青之际。在省市领导和同事们的支持帮助下，张国臣走进了考场，最终被选入省委政研室任副主任。

从市委机关大院走进省委机关大院，位置变换了，角色没有转换。张国臣一直保持着人民公务员廉洁奉公、勤奋谦虚、平易近人的本色。他努力学习邓小平理论、江泽民同志的重要讲话，把文化与经济社会发展的关系作为研究的重点。

关于文化促进经济社会快速发展的问题，张国臣在书中引证：1979年，一部《少林寺》电影揭开了嵩山少林文化旅游的序幕。旅游业的发展，打破了封闭落后的思维方式，增强了对外开放意识与开拓创新意识，改变了许多不良风气和习俗，促进了精神文明建设。以文化为动力迅速振兴起来的旅游产业，使以登封市为代表的少林文化区域的城市品位不断提高，综合实力不断增强，开创了经济社会全面进步的新局面。

张国臣在书中论述了《河南旅游经济适度超前发展战略》，指出世界旅游业重心东移，建议河南旅游经济适度超前发展。他详尽列举了包括登封市在内的河南已涌现出的成功范例，提出了在全省切实加强领导，提高认识，建立旅游业投入产出新机制等建议。此文得到省委、省政府领导的批示，进入决策。

旅游业是"朝阳产业"，是文化与经济共同发展的有效载体。张国臣曾先后深入郑州、开封、洛阳、鲁山、上街等地，对全省旅游业发展情况进行调查，撰写的《关于加快河南省旅游业发展的调查与建议》被省政府文件采纳，并多次受到省领导的表扬。

一定的文化是一定社会的政治和经济在意识形态上的反映，又反过来对一定的政治和经济起着巨大的推动作用。1997年3月，张国臣根据省委领导同志的指示，率人赴陕西、四川、重庆等地就国有企业改革、对外开放以及培育新的经济增长点等进行了考察，提出加快河南经济发展的四条建议：一是要下工夫搞好企业组织结构调查，积极实施集团化战略，推动扩张型企业发展；二是要尽快选择论证河南新的经济增长点；三是要提高对外开放水平；四是要积极引导非国有经济的发展。省委领导认为"写得很好"，发文供各市、地参阅。

张国臣是值得自豪的，刚逾不惑之年，就写出60多篇论文，已有25部著作问世，多次获得国家、省政府奖项；张国臣也是幸运的，在他的周围，有那么多中央、省、市领导同志和同仁、朋友们在关心和支持着他。

张国臣说，一切成绩都归功于党的培养、人民的哺育、同志们的支持帮助。回报社会，他将上万元的稿费购成书刊捐赠给山村学校，并救助多名贫困学生继续上学。

八届全国政协副主席、原中国社会科学院院长胡绳欣赏这位学者型青年干部，把他的著作亲笔签名赠给张国臣同志，愿结忘年之交。

巍巍嵩山，孕育了中国少林文化，也养育了一方水土的一方人。张国臣，这位嵩山的儿子，家乡的山山水水把他养大，在少林文化这个典型的东方文化的氛围中，陶冶了他勤于思索、奋发向上、自强不息的性格。峻极峰的山路是崎岖而艰险的，也是充满胜利的诱惑和无限风光的。学术研究没有终点。张国臣没有停歇他艰难爬坡的脚步，在通往峻极峰的路途中，正在努力地攀登、攀登……

第三编

学习嵩山　感恩嵩山

"嵩阳高中国臣图书馆"揭牌仪式在登封举行[*]

李晓光

人民网登封5月16日专电 今天,登封市中小学捐赠图书暨"嵩阳高中国臣图书馆"揭牌仪式在登封举行,河南省委常委、郑州市委书记连维良,河南省政府副省长徐济超分别发来贺信。河南省人大常委会副主任、省委高校工委书记蒋笃运,登封市委书记王福松等人,现场见证了著名嵩山文化学者、河南省人民检察院党组副书记、常务副检察长张国臣向家乡登封市中小学捐书的善举。

据了解,张国臣在读大学期间就研究嵩山文化,出版了中国改革开放后第一部介绍嵩山文化的专著《嵩山》。日影定"地中",文化聚中岳。他认为嵩山文化是中原文化、中华文化的重要组成部分。多年来,他坚持把理论创新、人文关怀、法治精神与文化传统结合起来,先后出版《少林诗词选注》、《少林武术》丛书,《中国少林文化学》、《神奥嵩山》、《嵩山的流泉》丛书等30余部文化专著,创作了10集文化风光电视片《嵩山》的文学脚本,该剧已在中央电视台播出。其中,《中国少林文化学》获首届"中国山花奖优秀著作奖",被国家学术媒体评为"中国少林文化学第一人",郑州市委、市政府授予张国臣"发展旅游文化特别贡献奖"。

蒋笃运在会上发表讲话,充分肯定了张国臣的学术研究成果。

---

[*] 李晓光,《人民日报》记者。

张国臣30年如一日,在繁忙的工作之余,坚持不懈地探索嵩山文化的奥秘,完成了一部又一部的著述,长期致力于嵩山文化的研究和传播,积累了跨学科、多领域的学术成果,丰富和发展了嵩山文化的精神内涵,推动了嵩山文化研究不断深入拓展。他曾先后为河南大学等省内多家大中专院校捐赠图书,并将积累多年的具有很高收藏价值的各类图书,一次性向嵩阳高中捐出数千册。他希望接受捐赠的学校能保护好这些书,管理好这些书,引导学生读好这些书,让这些图书在莘莘学子中撒播下美好的希望,产生无穷的力量。

捐赠图书暨"嵩阳高中国臣图书馆"揭牌仪式现场　张宝/摄

张国臣在会上发表致辞,表达了对故乡的强烈热爱和感恩之情。他深情地回顾了自己的成长之路:"我感恩,是党组织精心培养了我;我感恩,是人民群众多年养育了我;我感恩,是社会各界的领导老师朋友支持了我。"他说:"从登封读小学、初中、高中,到获大学学士、硕士、博士学位;从学写作文到发表作品,出版400多万字的文集,成为中国作家协会会员,自己每前进一步都是党的培养

第三编　学习嵩山　感恩嵩山　　　　249

河南省人民检察院党组副书记、常务副检察长张国臣致辞　张宝/摄

和众多领导老师同学朋友关心支持的结果,是博大精深的嵩山文化滋润的结果。"他表示,作为嵩山之子,要继续为家乡服务,为人民服务,继续弘扬嵩山文化,为加快中原经济区建设、实现中原崛起和河南振兴多作贡献!

人民网2011年5月16日报道

张国臣教授向中小学捐书暨图书馆揭牌仪式在登封举行

登封市委宣传部

2011年5月16日,著名嵩山文化学者、河南省人民检察院常务副检察长张国臣向家乡登封中小学捐赠图书暨嵩阳高中国臣图书馆揭牌仪式隆重举行。省人大常委会副主任、省委高校工委书记、省教育厅党组书记蒋笃运,省政协副主席、省人口与计划生育委员会主任高体健,郑州市市长级领导乔新国、登封市委书记王福松等领导出席,并为国学大师文怀沙教授题写馆名的"嵩阳高中国臣图书馆"揭牌。张国臣向登封市264所学校和嵩阳高中图书馆捐书共计1万多册。

省委常委、郑州市委书记连维良,副省长徐济超分别发来贺信,高度评价张国臣对嵩山文化的贡献和造福桑梓的善举。

蒋笃运教授发表了热情洋溢的讲话,充分肯定了张国臣教授的学术研究成果。

中共登封市委书记王福松在讲话中表示,张国臣同志是一位求真务实、笔耕不辍的学者型领导干部,在每一个岗位上都能干得有声有色,在张国臣同志身上既体现了高超的领导艺术,更体现了对嵩山文化研究情有独钟,孜孜以求的精神。多年来,他回报乡里,造福父老的心一直没有变。今天,张国臣教授把自己的著作和藏书无偿地捐献给家乡,本身就是教书育人,就是把一种希望献给了家乡。在他身上充分体现了登封人民奋进向上的拼搏精神。

蒋笃运、高体健、乔新国揭牌

捐赠仪式主席台

张国臣教授在会上即席致辞,表达了对故乡的强烈热爱和感恩之情。他深情回顾了自己的成长之路,并感谢党的培养和众多领导、老师、同学、朋友的关心支持。多年来,他先后出版《少林诗词选注》、《少林武术》丛书、《中国少林文化学》、《神奥嵩山》、《嵩山的流泉》丛书等30余部文化专著,创作了10集文化风光电视片《嵩山》文学脚本并在中央电视台播出。其中,《中国少林文化学》获首届"中国山花奖优秀著作奖",被国家学术媒体评论为"中国少林文化学第一人",郑州市委、市政府授予张国臣"发展旅游文

捐书大会现场

化特别贡献奖"。他最后表示,作为嵩山之子,要继续为家乡服务,为人民服务,继续弘扬嵩山文化,为加快中原经济区建设、实现中原崛起和河南振兴多作贡献!

登封市中小学校教师、学生代表100多人参加了会议。

传承嵩山文化 提高文明素质*

连维良

登封市委、市政府：

欣闻张国臣同志为登封市中小学捐赠图书暨"嵩阳高中国臣图书馆"揭牌，谨致以热烈的祝贺！

天道酬勤。多年来，国臣同志情系郑州，潜心研究中原文化，发扬理论与实际相结合的马克思主义学风，在繁忙从政工作之余，笔耕不辍，著述颇丰，尤以创立"中国少林文化学"新学科为社会各界称道，以《嵩山的流泉》九卷文集为学术界赞扬，对登封"天地之中"历史建筑群成功申报世界文化遗产作出了理论宣传积极贡献。国臣同志勤政、治学相得益彰，堪为人师。此次为家乡捐赠图书，实是授人以渔、造福桑梓的一大善举，令人感动、敬佩！

教育是民族振兴、社会进步的基石。河南省和郑州市"十二五"规划纲要都明确提出，实施科教兴国战略和人才强国战略，优先发展教育，加强人文关怀，弘扬民族文化，繁荣发展文化事业。我相信，国臣同志的捐书赠学，对于传承嵩山文化，提高文明素质，必将产生积极的推动作用。我们要大力弘扬中华美德，发展教育事业，推进文化创新，为加快中原崛起和河南振兴作出积极贡献！

祝此次活动取得圆满成功！

2011年5月16日

---

* 连维良，中共河南省委常委、郑州市委书记。本文是连维良书记在张国臣教授向登封市中小学捐书暨"嵩阳高中国臣图书馆"揭牌仪式上的贺信。

推进文化创新　提升教育水平[*]

徐济超

登封市委、市政府：

欣闻张国臣同志向登封市中小学捐赠图书暨"嵩阳高中国臣图书馆"揭牌仪式在登封举行，向中国共产党90华诞献礼，谨表示热烈祝贺！

日影定"地中"，文化聚中岳。嵩山文化是中原文化、中华文化的重要组成部分。多年来，国臣同志坚持把理论创新、人文关怀、法治精神与文化传统结合起来，致力于嵩山文化的研究和传播，积累了跨学科、多领域的学术成果，丰富和发展了嵩山文化的精神内涵，推动了嵩山文化研究不断深入拓展。国臣同志此次为家乡学校捐赠图书，建立图书馆，传递的是爱心，营造的是希望，对弘扬嵩山文化、中原文化、中华文化具有重要意义。

省委、省政府高度重视科技、教育、文化发展工作。河南省"十二五"规划纲要明确提出，坚持科教兴豫和人才强省，构建自主创新体系；推进文化大发展大繁荣，建设文化强省。国臣同志以自己的实际行动，弘扬科学精神，传承民族文化，发展文化事业，对于推动我省教育事业繁荣发展具有积极意义。我们要深入挖掘、

---

[*] 徐济超，河南省人民政府副省长。本文是徐济超副省长在张国臣教授向登封市中小学捐书暨"嵩阳高中国臣图书馆"揭牌仪式上的贺信。

开发和利用我省的文化教育优势,加强教育基础设施建设,推进文化创新,加强人文关怀,全面提升教育现代化水平,为建设中原经济区、加快中原崛起和河南振兴作出积极贡献。

祝此次盛会圆满成功!

2011 年 5 月 16 日

奉献爱心　收获希望*

蒋笃运

各位来宾、同志们、老师们、同学们：

今天很高兴很荣幸受邀参加张国臣同志捐书暨"嵩阳高中国臣图书馆"揭牌仪式，目睹国臣同志向党的90华诞献礼，非常感动。

"泉流不息，终汇成海。"这是2009年国臣同志出版的《嵩山的流泉》书中的句子，这也是国臣同志多年来砥砺奋进的一个形象总结。国臣同志是红旗下成长的共产党员，不仅是一名睿智勤政的领导干部，还是一名笔耕不辍的学者，同时更是一名心系教育、情系学子的爱心奉献者。他为人师表的教育阅历，有着深厚的教育情结。多年来，在繁忙工作和著书立说之余，仍念念不忘教育事业，正是这种不懈的努力，结出了一个又一个的教育硕果。早在1987年，国臣同志便向河南大学领导多次建议到登封考察，推荐嵩山文化，最终促成河南大学与登封市政府联合办学，成立少林武术学院，成为登封最早创办的高校之一。2008年，作为省人大代表的张国臣同志在人代会上提出《弘扬嵩山文化，建立郑州大学嵩阳国学院》的议案，得到了省人大常委会的认可，引起省委、省

---

* 蒋笃运，河南省人大副主任、省委高校工委书记。本文是蒋笃运副主任在张国臣同志向登封市中小学捐书暨"嵩阳高中国臣图书馆"揭牌仪式上的致辞。

政府的高度重视,并立项筹建郑州大学嵩阳国学院,现已招收两届学生,为嵩山文化的传播、中原文明的传承、河南教育事业的发展付出了辛勤努力。国臣同志曾先后在河南大学等省内多家大中专院校捐赠图书,传播知识,贡献教育,泽被后人。

河南省人大副主任、省委高校工委书记蒋笃运致辞

"腹有诗书气自华。"读书使人了解世界,使人增长见识,使人明了事理,使人增长才干。打开一本好书,是和智者的一次心灵对话,打开一座图书馆,就是开启了一扇通往真理和智慧的大门。嵩山文化博大精深,研究者灿若星河,国臣同志就是其中的佼佼者,30年如一日,孜孜以求,坚持不懈地探索嵩山文化的奥秘,成就了一本又一本的著述,读其书犹如与知识为友,以智慧为师。今天,国臣同志更是将积累多年的具有很高收藏价值的各类图书,一次性向嵩阳高中捐出数千册,捐赠了一座图书馆,确实令人钦佩!一份丰裕的物质财富可以使人获得暂时的物质享受,而一份充沛的知识财富则能使人获得持久进步的源源动力。在此,我希望今天受捐赠的学校能保护好这些书,管理好这些书,引导学生读好这些书,让这些图书在莘莘学子中撒播下美好的希望,产生无穷的力量。

授人玫瑰,手留余香;奉献爱心,收获希望。我相信,国臣同志的这一义举,必将给更多的热心助学者起到典范作用。我也真诚地希望,我们的每一名学生,都会珍惜这些书、用好这些书,德、智、体、美全面发展,成为国家的栋梁之才,为登封、为河南、为中华民族的振兴作出更大的贡献!我相信,登封的明天会更加美好!

2011 年 5 月 16 日

学习嵩山 感恩嵩山*

张国臣

尊敬的各位领导、各位来宾、同志们、同学们：

春暖花开，万木复苏。我们即将迎来中国共产党90华诞。此时，我不禁想起1972年冬天，在登封县王村高中一年级读书时，陈万有老师教导说："学会唐诗三百首，不会写时也会诌"。杨万林同学借来一本《唐诗三百首》，我连续几天抄了一遍。笔头磨秃了，眼界开阔了，作文提高了。当时就暗立心愿，嵩山的学校不能缺书，今后我要成为作家，把自己写的心血之书献给嵩山，捐给家乡的父老兄弟姐妹们！

世上无难事，只要肯登攀！今天，我把自己的10本专著赠给登封的260多所中小学，把我和妻子王素珍、女儿张小羽的数千册藏书捐给"嵩阳高中国臣图书馆"。

谁言寸草心，报得三春晖。

我感恩，是党组织精心培养了我。记得1962年冬天，妈妈拉着我的小手进了王村小学。一年级的启蒙老师是付桂叶，她对我慈爱中加了严厉。教我学习，"大小多少，上下来去"，我读得声音特大；教我奉献，我打扫卫生干得最多；教我勤奋，每天写字都比同学多写几页。我成为"三好生"，得了奖状，在班里第一个成为少

---

* 本文是张国臣教授在向登封市中小学捐书暨"嵩阳高中国臣图书馆"揭牌仪式上的演讲辞。

先队员。1966年文化被"革"了"命",10岁的我辍学回家劳动4年,什么农活都干过,饱尝了生活的艰辛。苦难磨练了意志,逆境激发了奋进的力量。1971年冬,党组织推荐我上了高中,我刻苦学习,六门功课考试平均99分,被评为"三好生",加入共青团。1974年初登封一中毕业后,王村大队党支书屈盈电即送我到学校教书,后又回到母校一中教高中。

1977年党中央恢复高考,我以登封县第一名成绩考入河南大学中文系,毕业后留校教大学,加入中国共产党,被评为优秀共产党员,任《河南大学报》编辑部主任。1988年走出校园,先后任郑州晚报社社长、郑州市委办公厅主任。1996年河南省委公开选拔副厅级干部,经过考试,我被任命为省委政研室副主任,后任省委政法委常务副书记……我感谢伟大的中国共产党!

我感恩,是人民群众多年养育了我。1961年的自然灾害给中国人造成磨难。一天,我哭着喊"饿、饿、饿",妈妈带我到生产队的饲养院,饲养员钱大爷指着牛槽石缝里牛啃不到的麦粒悄悄对我说:"孩子,用手掏着吃吧。"我用小手一粒一粒捡麦粒放进口中。晚上,妈妈又从外村借了块红薯在火上烤,当看着邻居姑娘眼巴巴盯着时,就毫不犹豫将红薯掰了一半给她。1970年5月,体育老师张根壮培养我打乒乓球,到县体委集训,代表登封参加开封地区比赛获奖。1979年冬,我在河南大学图书馆看到古代名人李白、杜甫、白居易、范仲淹、欧阳修等都游览嵩山留下诗篇,萌发了编写《历代名人嵩山诗选》的想法,老师们都支持我。假期我登临中岳嵩山,考察古寺名刹,时任县教育局长吕江水提供了大量资料,创造了良好条件;我采访少林寺方丈行正、德禅、素喜等大师,他们都谈禅论武,为我创立嵩山少林文化学科给予了理论上的支持。1997年,我的专著《中国少林文化学》出版并获首届"中国山花奖优秀著作奖",郑州市委、市政府授予我"发展旅游文化特别贡献奖"。1999年,我带领省委、省政府调研组考察嵩山文化,嵩

张国臣和夫人王素珍教授与蒋笃运副主任(中)在"国臣图书馆"

山的众多乡亲、大德拳师、专家学者谈了很多好的设想和感悟;2001年,中央电视台拍摄我撰写的10集文化风光片《嵩山》并在中央电视台4套《走遍中国》栏目中连续播放,展示了嵩山的古奇神奥文化和登封人民的团结奋进风采……我感谢勤劳的登封人民、河南人民!

  我感恩,是社会各界的领导、老师、朋友支持了我。从登封读小学、初中、高中,到获大学学士、硕士、博士学位;从学写作文到发表作品,出版400多万字的文集,成为中国作家协会会员、教授、一级高级检察官,我每前进一步都是党的培养和众多领导、老师、同学、朋友关心支持的结果。我热爱登封,呼吁在登封建立大学,1985年至1988年,时任登封县委书记白福治、宫寅全力支持登封与河南大学联办河南大学少林武术学院,今年,登封市委书记王福松、市长郑福林等同志全力支持在登封办郑州大学嵩阳国学院;我热爱嵩山,出版大型文化系列丛书《嵩山的流泉》,省领导李克、王文超、连维良、毛万春、赵建才、蒋笃运等全力支持,许多编委牺牲节假日审稿修改,河南大学出版社将其列为重点书目出版;我热爱嵩山,深入研究嵩山文化,原国家主席杨尚昆鼓励我要克服困难,著书立说,全国人大原副委员长费孝通为我题词,"求索嵩山神奥处,谱写中原文化魂",全国政协原副主席张思卿为我题词,"纸上得来终觉浅,绝知此事要躬行";我向登封中小学校捐赠图书,97岁的国学大师文怀沙教授题写图书馆名并赠言"正清和",中国著名书法家张海、李铎、侯德昌等书写我的嵩山诗致贺,河南省、郑州市、登封市领导或发贺信支持或亲临会场……我感谢众多善良的领导、老师和朋友们!

嵩泉流大海,报恩常思追!

嵩山是我的家乡,我是喝嵩山的泉水长大的。近年来,在登封市委、市政府的正确领导下,经过登封人民的辛勤努力,登封经济社会又好又快发展,社会安定祥和,人民安居乐业。2010年8月1日,在巴西召开的联合国教科文组织世界遗产委员会第34届大会上,登封"天地之中"历史建筑群被列入世界文化遗产名录,揭开了登封文化发展的新篇章,古老的登封走向了世界!作为嵩山之子,今后,我要以共产党员的标准严格要求自己,更加刻苦学习,勤奋工作,开拓创新,乐于奉献,继续为家乡服务,为人民服务,弘扬嵩山文化,以扎实的工作实绩,报答家乡父老的培养和厚爱,为登封人民的幸福生活增砖添瓦!

2011 年 5 月 16 日

在张国臣教授向登封市中小学捐书暨"嵩阳高中国臣图书馆"揭牌仪式上的致辞*

王福松

尊敬的各位领导、各位来宾,同志们、同学们:

在中国共产党90华诞到来之际,我们在这里隆重举行仪式,接受中共河南省委委员、河南省人民检察院党组副书记、常务副检察长张国臣教授捐赠图书,并为"嵩阳高中国臣图书馆"揭牌。在此,我谨代表登封市委、市人大、市政府、市政协以及家乡人民,向张国臣同志表示衷心的感谢和崇高的敬意!

张国臣同志是一位求真务实、笔耕不辍的学者型领导干部。作为土生土长的登封人,国臣同志深爱着嵩山的山山水水、一草一木。1977年恢复高考,国臣同志以登封县第一名成绩考入河南大学,并在大学期间就开始学习研究嵩山文化。1979年他对历代名人游嵩山的诗词歌赋收集整理、翻译注释,并于1982年出版了我国改革开放后第一部介绍嵩山文化的著作——《嵩山》。大学毕业后,国臣同志在从政之余仍在书籍的海洋里畅游,在写作的田野上耕耘,先后出版了《历代名人嵩山诗选》、《少林诗词选注》、《少林武术》(9种)、《中国少林文化学》、《神奥嵩山》等文化著作30余部。尤其可贵的是,国臣同志在中国开创了一个新的学科——中国少林文化学,并为中央电视台撰写10集文化风光片《嵩山》

---

* 王福松,中共登封市委书记。

文学脚本，在中央电视台4套向全球播出，为弘扬和传承嵩山文化，为登封"天地之中"历史建筑群申报世界文化遗产作出了重要贡献。

参加仪式的领导和贵宾在国臣图书馆

从莘莘学子到著名学者，到勤政领导，纵观国臣同志成长的道路、人生的阅历、角色的转变，可谓跨度大、难度也大，但他干一行、爱一行，刻苦钻研，不断探索，把每一个角色都演绎得多姿多彩，在每一个岗位上都干得有声有色，在他的身上既体现了高超的领导艺术，又体现了对嵩山文化研究情有独钟、孜孜以求的精神，更体现了治学严谨、开拓创新、精益求精、不懈追求的科学态度。

张国臣同志是一位热爱登封、心系家乡的嵩山赤子。1982年，国臣同志以优异成绩留河南大学宣传部工作。多少年来，他远离家乡，但感恩党的培养、人民的哺育，回报乡里、造福桑梓的心一直没有改变。他利用工作上的便利和优势，积极为家乡的建设和发展奔走呼吁。国臣同志关心支持登封经济社会又好又快发展。1987年他任《河南大学报》编辑部主任，多次建议河南大学领导到登封考察，宣传嵩山文化，最终促成河南大学与登封市联合创办少林武术学院，成为最早在登封创办的高校。1996年他担任省委政研室副主任，多次考察调研嵩山文化，向省委省政府提出以嵩山文化为中心，建立郑、汴、洛三点一线旅游黄金路线的建议，进入省委决策。1999年,他积极向省委省政府主要领导建言献策,促成了利用国债资金修筑嵩山步道的重大工程。2002年至2004年,国臣同志担任河南省社会治安综合治理办公室主任,关注登封的治安建设,多次到登封指导调研,使登封社会大局稳定,中央社会治安综合治理委员会考核登封为优秀,并命名为"全国社会治安综合治理先进市",胡锦涛总书记在人民大会堂为登封颁奖表彰。2006年,他作为省委政法委常务副书记,在登封君召扶贫期间,当得知登封西部没有高速出口的情况后,便四处奔走,多方协调督办,为开设郑少洛高速登封西下线出口铺平了道路。2008年元月,国臣同志作为省人大代表,在省人代会上发言,提出《弘扬嵩山文化,建立郑州大学嵩阳国学院》的议案,引起省委省政府的高度重视,并立项筹建嵩阳国学院,现已在郑州大学招生,新校址正在筹建之中。国臣同志心为家乡父老乡亲福祉所系,2010年,亲自和我们一起谋划,向省政府主要领导和有关厅局汇报争取,得到理解和支持,使登封成功列入第二批全国新农保试点县市。

张国臣同志是一位关注民生、乐于奉献的共产党人。1990年,他任郑州晚报社社长,积极协调民政部门支持王村乡挖井,解决群众吃水难问题,并向王村中学捐赠图书。他曾把自己的工资、稿费捐赠贫困大学生读书,资助多个贫困家庭度过难关。今天,他又把自己及家人的珍贵藏书无偿地捐给家乡,事实上是把一种境界献给了家乡。作为学者,国臣同志爱书如命,他一直把著书立说作为生命中不可或缺的重要部分,在辛勤笔耕的同时,收藏了大量的图书,很多都具有很高的收藏价值,仅此次就为我市中小学校捐出各类图书数千册,嵩阳高中建立了以他名字命名的"嵩阳高中国臣图书馆"。他能把生命中的一个重要部分捐献出来,充分体现了一位在红旗下成长的共产党员无私奉献的精神境界,向中国共产党成立90周年献了一份厚礼。

张国臣同志是一位勤奋善良、教书育人的教授。天道酬勤,有

张国臣、蒋笃运、高体健、王福松在国臣图书馆

德无敌。他上中学时,就饱尝山区学校学生缺书阅读之苦,发出誓愿成为作家,写书捐赠给家乡的学子们。他读大学、研究生,成为管理学博士、教授、作家,已出版400多万字作品,其身上就体现了嵩山文化的博大胸怀,就体现了登封人民拼搏向上奋进的精神。他在登封教过小学、初中、高中,每干一件事都干得出色优秀,教的学生有的已成为博士、科学家。今天,他把自己的著作和藏书无偿地捐献给家乡,本身就是教书育人,就是把一种希望献给了家乡。作为一个被颍水滋养长大的登封人,他特别希望家乡的孩子都学富五车、才高八斗,成为建设家乡的栋梁之才;他真切希望家乡的父老兄弟姐妹能够好好学习,苦战攻关,掌握更多的科学文化知识,科学致富,科学发展,日子越来越红火。他多次恳请不宣传他自己,但这种报恩善举必将激励登封人民团结奋进,建设好自己美好的幸福家园。为此,我提议,让我们再次以热烈的掌声,向国臣同志表示由衷的感谢和崇高的敬意!

2011 年 5 月 16 日

情系教育　催人奋进*

刘秋珍

尊敬的各位领导、各位来宾，各位老师、同学们：

大家好！今天我们怀着无比喜悦和万分激动的心情迎来了张国臣先生向登封市中小学捐书暨"嵩阳高中国臣图书馆"揭牌仪式。在此，请允许我代表全市14万师生向莅临我校的各级领导、各位嘉宾表示热烈的欢迎和诚挚的谢意！向"情系登封、情系教育、情系学子"的河南省人民检察院党组副书记、常务副检察长张国臣先生给予我们的无私捐助表示衷心的感谢！

张先生是登封人，这个身份不只写在他的履历上，也流淌在他的作品中。《中国少林文化学》、《神奥嵩山》、《嵩山的流泉》等30余部专著和10集文化风光片《嵩山》无一不表露出他的赤子情怀。他的作品，映照着他光风霁月般的人品。

张先生将其力作《嵩山的流泉》捐赠全市各中小学并把个人多年珍藏数千册图书赠与"嵩阳高中国臣图书馆"的善举，鼓舞着我们每一个登封人。他的每一本书，都将是一泓清新流动的山泉，不仅滋养着我们的生活，而且洗涤着我们的心灵。张先生更是一本大书，他的文化底蕴、宽广胸襟，他的信念追求、善良本心，值得我们用一生去品读，用生命去感悟。我承诺我们将管理好、使用好

---

* 刘秋珍，嵩阳高中教师。该文是刘秋珍在张国臣教授向登封市中小学捐书暨"嵩阳高中国臣图书馆"揭牌仪式上的发言。

这些图书,充分发挥这些图书的作用,把孩子们教好,把登封的教育做好!我们将以此为契机,更加努力地工作,志存高远,奋斗不止。

嵩阳高中杨万林夫妇与张国臣夫妇在国臣图书馆

每一个登封学子也将以张先生的美德激励自己,以他的拼搏人生为学习榜样,发奋图强,勤奋进取,热爱家乡,报效国家!

受人滴水之恩,当以涌泉相报。张先生的这种道德精神,我们将用心传承给我们的后人!

各位领导、各位来宾,请相信,我们一定会用百倍的努力,去创造登封教育美好的明天!

谢谢大家!

2011年5月16日

嵩山文化学者向登封中小学捐书*

徐建勋

河南日报讯 5月16日,著名嵩山文化学者、河南省检察文联主席张国臣向登封市中小学捐献了数千册自己收藏的图书。当天,由国学大师文怀沙教授题写馆名的"嵩阳高中国臣图书馆"揭牌。省委常委、郑州市委书记连维良,副省长徐济超分别发来贺

张国臣与高级记者徐建勋、王庆礼、吴元成在嵩阳高中国臣图书馆

* 徐建勋,《河南日报》高级记者。该文原载《河南日报》2011年5月17日。

信。省人大常委会副主任蒋笃运,省政协副主席高体健出席仪式。

张国臣在工作之余,笔耕不辍,著述颇丰,先后出版《少林诗词选注》、《少林武术》丛书、《中国少林文化学》等30余部文化专著,创作了10集文化风光电视片《嵩山》文学脚本并在央视播出,被国家学术媒体评论为"中国少林文化学第一人"。

蒋笃运在仪式上讲话,充分肯定了张国臣的学术研究成果,对捐书善举进行了赞扬。希望接受捐赠的学校能保护好这些书,引导学生读好这些书,让这些图书在莘莘学子中撒播下美好的希望,产生无穷的力量。同时,他也捐出了自己的4箱藏书。

2011年5月16日

嵩山之子　情系家乡*

李　岚

大河报讯　嵩山之子,情系家乡。昨日,省人大常委会副主任、省委高校工委书记蒋笃运教授,登封市委书记王福松等领导,共同见证了嵩山文化学者、河南省检察文联主席张国臣教授向家乡登封市中小学捐书的善举,并为由国学大师文怀沙教授题写馆名的"嵩阳高中国臣图书馆"揭牌。

昨天上午9时,捐赠仪式在登封嵩阳高中举行。省委常委、郑州市委书记连维良,副省长徐济超分别发来贺信,高度评价张国臣对嵩山文化的贡献和造福教育的善举。

张国臣是喝嵩山的泉水长大的。他读大学期间就研究嵩山文化,出版了中国改革开放后第一部介绍嵩山文化的专著《嵩山》。多年来,他坚持把理论创新、人文关怀、法治精神与文化传统结合起来,先后出版了《少林诗词选注》、《少林武术》丛书、《中国少林文化学》、《神奥嵩山》、《嵩山的流泉》丛书等30余部文化专著,创作了10集文化风光电视片《嵩山》文学脚本并在中央电视台播出。其中,《中国少林文化学》获首届"中国山花奖优秀著作奖",被国家学术媒体评论为"中国少林文化学第一人",郑州市委、市政府授予张国臣"发展旅游文化特别贡献奖"。

---

* 李岚,《大河报》记者。该文原载《大河报》2011年5月17日,凤凰网、新浪网、中国网络电视台等媒体转载。

蒋笃运教授在捐赠仪式上说，嵩山文化博大精深，研究者灿若星河，而张国臣就是其中的佼佼者。他在繁忙的工作之余坚持不懈地探索嵩山文化的奥秘，完成了一部又一部著述，并先后为河南大学等省内多家大中专院校捐赠图书，这次更是将积累多年、具有很高收藏价值的各类图书数千册一次性捐给嵩阳高中，建起了一座图书馆，确实令人钦佩！

张国臣、蒋笃运、高体健、乔新国在嵩阳高中国臣图书馆

张国臣教授说："小的时候，家里很穷，根本买不起书读。如今，自己有能力买书和出书了，就想为家乡的孩子们多捐些书，使那些贫困的孩子不再为买书发愁。我从登封读小学、初中、高中，到获

大学学士、硕士、博士学位;从学写作文到发表作品,出版400多万字的文集,成为中国作家协会会员、教授,自己每前进一步都是党的培养和众多领导老师同学朋友关心支持的结果,是博大精深的嵩山文化滋润的结果。"张国臣表示,作为嵩山之子,他还要继续为家乡服务,为更多的中小学校捐赠图书。

研究嵩山 感恩嵩山 回报嵩山[*]

吴元成 王富晓

河南法制报讯 "谁言寸草心,报得三春晖。"一批珍贵的图书昨日回到了山花烂漫、人文厚重的嵩山怀抱。省人大常委会副主任、省委高校工委书记蒋笃运教授,省政协副主席高体健,郑州市市长干部乔新国等,共同见证了著名嵩山文化学者、河南省检察文联主席张国臣教授向家乡登封市中小学捐书的善举,并为国学大师文怀沙教授题写馆名的"嵩阳高中国臣图书馆"揭牌。

省委常委、郑州市委书记连维良,省政府副省长徐济超分别发来贺信,高度评价张国臣同志多年来发扬理论与实际相结合的马克思主义学风,在繁忙从政工作之余,笔耕不辍,著述颇丰,尤以创立"中国少林文化学"新学科为社会各界称道,以《嵩山的流泉》九卷文集为学术界赞扬,对登封"天地之中"历史建筑群成功申报世界文化遗产理论宣传作出了积极贡献。国臣同志勤政、治学相得益彰,堪为人师。此次为家乡捐赠图书,实是授人以渔、造福桑梓的一大善举,令人感动、敬佩! 这一举动传递的是爱心,营造的是希望,对弘扬嵩山文化、中原文化、中华文化具有重要意义,对于推动我省教育事业繁荣发展具有积极意义,是向即将到来的中国共产党90华诞献上的一份厚礼。

---

[*] 吴元成、王富晓,《河南法制报》记者。该文原载《河南法制报》2011年5月17日,大河网、搜狐网等转载。

张国臣是喝嵩山的泉水长大的。1977年党中央恢复高考后,他以登封县第一名的成绩考入河南大学中文系,毕业后留校任教,并加入中国共产党,被评为优秀共产党员。他读大学期间就研究嵩山文化,出版了中国改革开放后第一部介绍嵩山文化的专著《嵩山》。日影定"地中",文化聚中岳。他认为嵩山文化是中原文化、中华文化的重要组成部分。多年来,他坚持把理论创新、人文关怀、法治精神与文化传统结合起来,先后出版了《少林诗词选注》、《少林武术》丛书,以及《中国少林文化学》、《神奥嵩山》、《嵩山的流泉》丛书等30余部文化专著,创作了10集文化风光电视片《嵩山》文学脚本并在中央电视台播出。其中,《中国少林文化学》"系统总结出嵩山少林文化的发展轨迹,建立起嵩山少林文化新的学科","以深邃的哲理让人回味,具有独到的学术创新,在区域文化研究史上是一个重大突破",获首届"中国山花奖优秀著作奖",被国家学术媒体评论为"中国少林文化学第一人",郑州市委、市政府授予张国臣"发展旅游文化特别贡献奖"。

蒋笃运教授在会上发表了热情洋溢的讲话,充分肯定了张国臣的学术研究成果。他说,嵩山文化博大精深,研究者灿若星河,而张国臣就是其中的佼佼者。张国臣30年如一日,在繁忙的工作之余,孜孜以求,坚持不懈地探索嵩山文化的奥秘,成就了一本又一本的著述,读其书犹如与知识为友,以智慧为师。张国臣长期致力于嵩山文化的研究和传播,积累了跨学科、多领域的学术成果,丰富和发展了嵩山文化的精神内涵,推动了嵩山文化研究不断深入拓展。张国臣曾先后为河南大学等省内多家大中专院校捐赠图书,传播知识,贡献教育,泽被后人。今天,国臣同志更是将积累多年的具有很高收藏价值的各类图书,一次性向嵩阳高中捐出数千册,捐赠了一座图书馆,确实令人钦佩!希望接受捐赠的学校能保护好这些书,管理好这些书,引导学生读好这些书,让这些图书在莘莘学子中撒播下美好的希望,产生无穷的力量。

张国臣教授在会上即席致辞,表达了对故乡的强烈热爱和感恩之情。他深情地回忆了自己的成长之路,说:"我感恩,是党组织精心培养了我;我感恩,是人民群众多年养育了我;我感恩,是社会各界的领导、老师、朋友支持了我。"他说,从登封读小学、初中、高中,到获大学学士、硕士、博士学位;从学写作文到发表作品,出版400多万字的文集,成为中国作家协会会员、教授,自己每前进一步都是党的培养和众多领导、老师、同学、朋友关心支持的结果。他表示,作为嵩山之子,要继续为家乡服务,为人民服务,继续弘扬嵩山文化,为加快中原经济区建设、实现中原崛起和河南振兴多作贡献!

张国臣与宫寅(中)、乔新国在嵩阳高中国臣图书馆

登封市委书记王福松、教师代表刘秋珍也先后致辞。登封市中小学校教师、学生代表100多人参加了会议。

做人的楷模　做事的典范*

阎振国

5月16日上午,张国臣同志为登封市中小学捐书暨"嵩阳高中国臣图书馆"揭牌仪式在我市嵩阳高中隆重举行。与会同志无不为张国臣同志的奋斗人生和辉煌成就所钦佩。我不仅想起了省委书记卢展工所倡导的"三平精神",这正是张国臣同志的人生真实写照。

他"平凡"之中,有理想,有追求。他从小就喜爱读书,立志著书,让家乡的孩子有书读,有文化。认识张国臣先生,是在20世纪70年代末。因为1977年恢复高考制度后,他以优异的成绩考上了河南大学。当时,他就很有知名度,我作为在校的高中生,就非常羡慕他的才识。1979年,我也到了开封读师范,在河南大学见到他,他总是在教室或者图书馆忙于读书,忙于学业,忙于写作。由于他的勤奋,在读大学期间,他就出版了《人生珍言录》和《历代名人嵩山诗选》,他的写作天赋已初现曙光。后来,他走上领导工作岗位后,非常勤政,仍然坚持学习,是一位名副其实的学习型干部。所以,他无论走到哪个岗位上,都能够很快进入角色,成为业务内行。他在省政法委写了《我国中等城市社会治安综合治理的现状与对策》一书、在省检察院写了《中国控告申诉检察管理模式研究》一书,他的公文包里经常装着书,从不浪费一点时间。他所

---

* 阎振国,登封市教育局宣教科科长。

取得的辉煌成就都与他平时的勤学、勤思、勤写息息相关。

他"平静"之中,有着满腔热血的干事情怀。他心境平静、作风平实、情系平民。他心静如水,他以自己和行动阐释了"宁静致远"的真谛,他干工作,他读书,他写作,都能够静下心来,认真去做,他从不急躁,从不急功近利,从不潦草应付,从不好高骛远。他的工作生活都是很有规律的,早上晨练长跑,风雨无阻。什么时间完成什么工作,他都精确规划,所以他忙中有静,忙中有序,忙而不乱。他的几十部专著都是在他宁静的心态中完成的。他热爱嵩山,研究嵩山,几十年如一日不改初衷,最终成长为著名嵩山文化学者,创立"中国少林文化学"新学科。并为中央电视台撰写10集文化风光片《中岳嵩山》文学脚本,在中央电视台4套向全球播出,为弘扬和传承嵩山文化,为登封"天地之中"历史建筑群申报世界文化遗产作出了重要贡献。

张国臣同志对工作充满着激情,办什么事都讲究效率。他安排过的事情不拖、不靠、不推,以最快的速度去办理、去完成,所以他在会议多、业务多、下乡多的情况下仍然能够坚持写作。终于写出了近四百万字的《嵩山的流泉》九卷大作。加上之前所著的《中国少林文化学》《神奥嵩山》,共计30余部作品,并撰写政治、经济、文化、社会学术论文100余篇。别说是业余作者,就是专业作家一生也不一定写出这么多的文章。

他"平常"之中,有着极其强烈的责任感。他干一行、爱一行,刻苦钻研,不断探索,把每一个角色都演绎得多姿多彩,在每一个岗位上都干得有声有色。上一世纪90年代初期,他已任郑州晚报社社长、主任编辑。此时,我在登封县教育局工作,和当时的杨万林股长不断地写一些新闻稿件送给张社长,他总是很认真地审改。他这么忙,还能够为一个基层通讯员改稿,这种对工作极其负责的态度难能可贵。他的话给我以很大鼓励,使我有勇气敢写稿,敢于送稿。

当时，在他办公室，我总是看到，他认真听取每一位同志的工作汇报，并给予明确指示。有时深夜给他打电话，他还在办公室审稿，他的这种对工作高度负责的责任感，对周围的人是一种感染和示范，同事们对他都十分敬仰。

在"平常"之中，时常保持着"平和"的作风。他能够在政治上有较大较快的进步，在写作上成为高产作家和专家型领导干部，与他能够和周围的同志和谐相处密不可分。他一贯性情豁达，一贯乐观向上，个人修养是十分到家的。我在与他的交往中，从未见他抱怨过别人，从未见他议论别人的是非，也从未见过他愁眉不展，从未见他慌慌张张、顾此失彼。他总是乐呵呵的，满面慈祥，充满了亲和力，他从不拉官腔、从不摆官架、从不要官威。记得有一次，在郑州晚报社办公室有一位农村的老同学找他说孩子上学的事情，他耐心地听着，答应回登封后问个清楚后给予帮助。

张国臣同志这种"三平精神"，孕育了他深厚的文化底蕴。他在青少年时期就阅读了大量的中外名著，背诵了数百篇、上千首唐诗宋词，上大学后他的阅读涉猎更加广泛，包括政治、经济、地理、历史、艺术、军事等领域的知识，他视野开阔，思维更加活跃，为他后来的工作、写作打下了牢固的政治基础、思想基础、理论基础和写作基础。张国臣同志正是有了"胸藏万卷"的知识水准和知识储备，才有了他今天"博采百花酿出蜜"的收获，才有了他"文思泉涌"的高产作品，才有了他"水到渠成"的自然写作情趣，才有了他"信手拈来皆成文章"的大家风范。

平凡之中的伟大追求*
——嵩山之子张国臣的智慧人生

辛晓青

五月的嵩山,山花烂漫,峰岭叠翠。

"谁言寸草心,报得三春晖。"2011年5月16日,在嵩山南麓的嵩阳高中,张国臣将自己的10本著作和家人珍藏的数千册珍贵图书捐赠给登封的中小学生。他以自己的实际行动感恩嵩山,回报家乡,向中国共产党90华诞献礼!

河南省委常委、郑州市委书记连维良,河南省政府副省长徐济超分别发来贺信。河南省人大常委会副主任蒋笃运,省政协副主席高体健,登封市委书记王福松等人,现场见证了著名嵩山文化学者、河南省检察文联主席张国臣回报家乡的善举,并为国学大师文怀沙教授题写馆名的"嵩阳高中国臣图书馆"揭牌。

一本书可以启迪一个人的一生,对于嵩山脚下的孩子们来说,这便是无尽的财富。

而对于张国臣来说,捐赠数千册图书和一座图书馆,则是一件完成心愿的报恩善举。

重要的是,他没有发出声音却在内心呼喊:嵩山啊母亲,您的孩子来看您,来回报您了。虽然这不是第一次更不是最后一次,但为嵩山著书立说、为登封奔走呼号、为少林文化摇旗呐喊……一次

---

* 辛晓青,《郑州晚报》记者。该文原载《郑州日报》2011年7月12日。

次的努力和不计得失的付出,只是印证了他的名字——嵩山之子。

苦难中孕育伟大的追求

在捐书仪式上,张国臣的演讲是从1972年那个冬天开始的。

"那时,我在登封县王村高中读一年级。"他从同学那里借来一本《唐诗三百首》,连续几天抄了一遍,他将人生的理想立下,"嵩山的学校不能缺书,今后我要成为作家,把自己用心血写的书献给嵩山,捐给家乡的父老兄弟姐妹们。"40年前的事情依然清晰地记在他的心中,包括借给他抄书的同学杨万林的名字。

张国臣是个懂得感恩的人。

"1961年自然灾害,生产队饲养员钱大伯指着牛槽石缝里的麦粒对饿得直哭的我,悄悄地说,用手掏着吃吧。"

"1962年冬天,是王村小学付桂叶老师一个字一个字启蒙了我。"

"1970年春天,体育老师张根壮教我打乒乓球,我被选入县代表队集训。"

"1974年登封一中毕业后,是王村大队党支书屈盈电送我到学校教书。"

每一步走来,收到的爱和鼓励,他都铭刻于心并成了他前进的动力。

1977年,张国臣在劳动时,从广播里听到了恢复高考的消息,他高兴得跳了起来。而那时离高考只剩下21天,"我记得中学语文老师陈万有,给我送来了从来没学过的历史、地理课本,鼓励我考大学。后来的18天复习功课,我没脱过衣服睡觉,我怕躺到床上睡不醒,就趴在桌子上睡觉,瞌睡太狠了就拿针扎指头,用实际行动体验了一把'头悬梁锥刺股'的古训"。最终,张国臣以全县第一名的成绩考上了河南大学。

新华社记者曾经对张国臣做过一个采访,问他"上大学的动力是什么",张国臣当时的回答很是"质朴":"考上大学就能吃上白馍,考不上只有吃红薯馍。"

喝着嵩山泉水长大的张国臣,从内心深处热爱着故乡。大学时在图书馆看到《说嵩》,"李白、杜甫、白居易等这么多文人骚客都留下诗篇,这和我心中的嵩山是一样的。"从那时开始,张国臣利用各种时间,登临中岳嵩山,考察古寺名刹,搜集整理在嵩山留下的各种诗篇,并开始了艰苦卓绝的注释之路。"我的老师任访秋教授说,一首诗有背景、有经历、有阅历、有作者当时的心情,还有用典,只有高出作者水平才可以注释,你一个大三的学生在做北大教授朱东润、王力所干的事啊!"

为了一个"花开五叶"的解释,张国臣以大学生的身份给时任中国佛教协会会长的赵朴初写信请教,并收到了回信。"就是这样一步一步蚂蚁啃骨头般啃下来了。"登封县教育局的阎振国告诉记者:"1979年我认识了他,他每天都在教室或者图书馆忙着读书、忙着写作,他大学期间就出版了《人生珍言录》和《历代名人嵩山诗选》。"1982年,张国臣到北京王府井新华书店买书时,发誓明年书店里要摆上自己的书。功夫不负有心人,次年,他就出版了《嵩山》,这成为我国改革开放后第一部介绍嵩山文化的著作。

从那时候开始,张国臣就立下研究嵩山文化的愿望,循着内心的渴望和热爱,对嵩山文化展开了孜孜不倦的发掘和发扬。他沿着这条路一直走了30多年,写下400多万字的著作。

"泉流不息,终汇成海。"这是2009年张国臣出版的《嵩山的流泉》书中的句子,也是张国臣多年来砥砺奋进的一个形象总结。

繁忙工作难掩胸中的满腔热忱

"嵩山是我的家乡,我是喝嵩山的泉水长大的。"张国臣不仅这样说,更将回报家乡付诸行动,并且成为"口的巨人,行的高标"。

1987年,张国臣就开始向河南大学领导多次建议到登封考察,推荐嵩山文化,最终促成河南大学与登封市政府联合办学,成立河南大学少林武术学院,成为登封最早创办的高校之一。

2008年,作为省人大代表的张国臣又在省人代会上提出《弘扬嵩山文化,建立郑州大学嵩阳国学院》的议案,得到了省人大的认可,引起省委、省政府的高度重视,并立项筹建"郑州大学嵩阳国学院",现已招生。

不管是在哪个工作岗位,他始终没有忘记自己的身份:"嵩山之子"。

1997年,张国臣担任省委政研室副主任,向省委、省政府提出以嵩山文化为中心,建立郑、汴、洛三点一线旅游黄金路线的建议,进入省委决策,推进了旅游事业发展。

1999年,他积极向省委、省政府主要领导建言献策,促成了利用国债资金修筑嵩山步道的重大工程,方便了成千上万游人登山健身。

2006年,他作为省委政法委常务副书记在登封市君召乡扶贫期间,四处奔走,多方协调,为开设郑少洛高速登封西下线出口铺平了道路,富了一方群众。

而在这些事情之外,他担任郑州晚报社社长时,还在给登封的通讯员逐字逐句改稿子,协调王村乡挖井解决当地人的吃水难题,拿出自己的工资资助困难学子。

登封市委书记王福松说,不管张国臣在哪儿,在哪个岗位上,"他回报乡里、造福桑梓的心从来没有离开过"。

平常之中的极强烈责任感

理论之树长青。

得知张国臣在工作之余著书立说,还捐赠了图书馆,著名国学大师文怀沙感慨地说:"别人都是往兜里捞的,你是往兜外面撒的。"受到这样的感染,从不轻易给别人题写匾额的文怀沙给图书馆题匾"嵩阳高中国臣图书馆"。

然而,在刻匾的时候张国臣却提出,"把'张'字去掉,让这个图书馆变成共姓,成为属于大家的图书馆,好好读书才能成为国家之臣,以此勉励学生们吧。"

虽然工作很忙,但是张国臣却没有把嵩山和创作丢下,经过艰苦的走访、调查和挖掘,他陆续写出了《中国少林文化学》、《神奥嵩山》等30余部作品,撰写了10集文化风光片《中岳嵩山》文学脚本,由中央电视台摄制并连播,撰写政治、经济、文化、社会学术论文100余篇。

文化的魅力来自文化的个性。嵩山文化以其鲜明的风格气派在中华文明中独树一帜。张国臣撰写的《中国少林文化学》建立起"中国少林文化"体系,开创了一门新的学科,被学术界瞩目,影响到了海外,并获首届"中国山花奖优秀著作奖"。原全国人大副委员长费孝通为《神奥嵩山》题词:"求索嵩山神奥处,谱写中原文化魂。"《光明日报》评价他为"少林文化学第一人",郑州市委、市政府授予他"发展旅游文化特别贡献奖"。

天道酬勤。张国臣是一位繁忙的公务人员,研究、创作只是业余工作。在工作之余,他抗拒住世俗的喧嚣,抵挡住寂寞和清苦,在学术的前沿长期笔耕不辍,奋力开拓。2005年,张国臣担任省委政法委常务副书记,撰写的博士论文专著《中国省会城市治安防范管理模式研究》获河南省社会科学界联合会二等奖;2008年,他呕心沥血,编撰整理出九卷本四百多万字的《嵩山的流泉》。到河南省检察院工作后,他认真研究检察工作规律,短短一年多的时间,就撰写了《中国控告申诉检察管理模式研究》一书,著名法学家张晋藩教授以《理论的升华,实践的超越》为题作序,河南省检察院蔡宁检察长称赞该书是"思路方法的创新、管理理念的创新、管理模式的创新"。国家检察官学院河南分院副院长田凯教授看到张国臣的著作时,用"震撼"来描述自己的心情,"身为河南省检察院常务副检察长,政务不可谓不繁忙、工作不可谓不紧张、责任不可谓不重大,可是他却仿佛练就了妙手空空的绝技,不知从何处偷得光阴,精心雕琢,完成了这些跨越文学、摄影、法律、武术、电视等多个领域的皇皇巨著。难道是时间老人对他特别厚爱,在他身边就特意放慢了脚步?读完这如巍巍嵩山的巨著后,我相信自己找到了答案"。

授人玫瑰,手留余香

善可感天,善为人爱。

得知张国臣为家乡捐书和捐赠图书馆后,河南省委常委、郑州市委书记连维良专门发来贺信,高度评价张国臣同志多年来发扬理论与实际相结合的马克思主义学风,在繁忙从政工作之余,笔耕不辍,著述颇丰,尤以创立"中国少林文化学"新学科为社会各界称道,以《嵩山的流泉》九卷文集为学术界赞扬,对登封"天地之中"历史建筑群成功申报世界文化遗产作出了积极的贡献。国臣同志勤政、治学相得益彰,堪为人师。此次为家乡捐赠图书,实是授人以渔、造福桑梓的一大善举,令人感动、敬佩!

省政府副省长徐济超在贺信中说,这一举动传递的是爱心,营造的是希望,对弘扬嵩山文化、中原文化、中华文化具有重要意义,对于推动我省教育事业繁荣发展具有积极意义,是向即将到来的中国共产党90华诞献上的一份厚礼。

张国臣的这一善举也感染了他的母校——嵩阳高中的莘莘学子,许多班级都自发地把这一活动作为"命题作文"来写。一位叫刘秋珍的教师深情地写道:"我不能想象一个人可以有这样的成就——做官做得好,写诗写得好,散文更是妙笔;能参禅,能习武,能摄影。天下好像没有他不会的……山高惟岳,峻极于天,说的就是他吧!"

高洁同学在《感恩家乡》中写道:"这是一颗感恩的心,这是学有所成之后,对家乡的感恩。……他汲取的汩汩嵩源,如今化成他报答家乡的滚滚恩情;他汲取的嵩山博大之气,如今化作他想撑起、壮大家乡的坚实的脊梁……当你叶落归根时,请带一滴雨露滋润它;当你学有所成时,请携一丝清香芬芳它。"

只有触及心灵,才有真情流露。在嵩阳高中的作文中,学子们动情地表达了感谢,学会了感恩,这与在揭牌仪式上发言的张国臣暗暗契合,国臣先生连用三个"我感恩",以深切表达自己内心深处的感动。"我感恩,是党组织精心培养了我;我感恩,是人民群众多年养育了我;我感恩,是社会各界的领导、老师、朋友支持了我。"而这感恩也化作一股清泉,流淌向嵩山,流淌向中原,让下辈年轻人学会感恩,用感恩将心灵填满。

张跃聪同学动情地写道:"追逐心愿的脚步,听风吹过自己心灵的声音,心中那一片属于春天的花田,定然开得卓然艳丽。"

走,到嵩山去

山里满是故事,满是历史,嵩山里满是风光,满是浪漫。张国臣以日复一日,年复一年的深读,读出嵩山的韵味和历史,读出嵩山的过去和今天,让越来越多的人,将目光投向嵩山。嵩山"天地之中"历史建筑群成功申报世界文化遗产,也将嵩山推向了世界的舞台。

张国臣说,一个人不能忘恩。我做的事是微不足道的,这只是尽了绵薄之力,做了自己应该做的事,"走,到嵩山去,到人民群众中去"!

一位认识他多年的人在参加了捐赠仪式之后感慨地说:"听到台上台下那充满敬意的阵阵掌声,我突然有了顿悟和思考,明白了什么是志气,什么是争气,什么是毅力,什么是坚忍不拔,什么是真正的爱国爱家,什么是真正的智慧人生。"

"平凡之中的伟大追求,平静之中的满腔热血,平常之中的极强烈责任感",河南省委书记卢展工在2010年全国"两会"期间提出的"三平"精神,是对中原人群体性格的精练概括,是河南精神内核的生动展现和总结,张国臣的所作所为正好验证了中原的优秀文化和品格。

生命之火因热情而点燃,生命之舟因拼搏而前行。张国臣用他的实际行动为我们上了一堂生动的人生课,即人该怎样做,事该怎样为,官该怎样当!

著名画家毕建勋为张国臣题画《慧可立雪》

国之臣 嵩之子 人之师*
——嵩山文化学者张国臣教授印象

李 韬

弁言

星期六,下午刚过七点,天还没黑。我们还想再聊一会儿,但张国臣教授关爱人,执意要带大家先去他们食堂吃晚饭。

穿过一条长长的走廊,经过一片狼藉的工地。"这里刚刚完成一项壮举——一幢楼'乾坤大挪移'了50多米!"张教授指着工地说。

砖头和石子满地,有点硌脚。习惯了嵩山的崎岖与坎坷的张教授走在最前面,帮我们挑着路。一个工头模样的年轻人给他打着招呼:"假日领导也加班?"

张教授笑眯眯的:"你们不也是么?"宛如工友间的玩笑。

一句话也暴露了自己的朴素出身。

但现在,张国臣却是个很有"身份"的人。

河南省人民检察院党组副书记、常务副检察长、河南省检察文联主席、一级高级检察官、嵩山文化研究学者、管理学博士、教授、作家、诗人等,集多种身份于一身,在身份与身份之间的转变中腾

---

* 李韬,《郑州晚报》记者。该文原载《郑州晚报》2011年7月12日。

挪跌宕,华丽自如,而且每一种身份都能做到不辱使命,异彩纷呈,彰显大智。

无疑,这么多的身份也让张教授尤为繁忙,以致我们的采访一推再推,最后只有约在星期六。

2011年6月18日下午,约好的四点,我们三点半就到了。我和同事说要不咱在大门口等一会儿吧,张教授那么忙不会这么早到。同事说还是打个电话问下吧。电话那端传来温情的问候:"你们到了? 我在办公室,你们上来吧。"

这让我和同事都有点意外。

走进张教授的办公室,首先映入眼帘的是一组顶天立地的大书柜,上面放着政治、经济、法律、社科、人文等各类图书,琳琅满目,一看便知张教授知识体系的庞博与臻备:文史兼治,古今不隔。

记者注意到一个书柜里满是分门别类的资料夹,张教授抽出其中一本,里面除了他部分的读书笔记和诗词草稿外,全是他出席各种会议、活动的发言稿手迹,各种颜色的笔迹、横七竖八的增删,这不禁让记者倍增几分敬意:很多像他这样级别的领导基本上都是"有人代劳,照本宣科",像他这样还亲力亲为、不假人手的,简直凤毛麟角。

起部

嵩山南麓,僻静村庄,
绿树叠翠,碧水荡漾;
张家有儿,名之国臣,
诲谕砥砺,殷殷厚望。
探访寺院,领略古寺仙风;
瞻拜雕像,承受圣贤熏陶。

我们的采访先从张国臣的名字开始。他1956年出生在登封一个小山村,父亲张颖水、母亲王秋娥从小都对他寄予重望,故给他取名"国臣",两个字蕴涵为人父母者多少的虔诚祈祷和美好祝愿!

张国臣教授也因父母赐这个大名而骄傲不已,并努力为这个名字增光添彩。

2011年5月16日,在"天地之中"历史建筑群成功申遗一周年即将到来之际,张国臣教授为家乡又出善举:他把自己的10本专著捐赠给登封的260多所中小学,并把他和妻子王素珍、女儿张小羽的收藏多年、价值不菲的数千册藏书捐给"嵩阳高中国臣图书馆"。

"嵩阳高中国臣图书馆"这块牌子是由当代人瑞文怀沙老先生题写的。刚开始他并不愿意写,因为他基本不写这样的牌子,但当他听了张国臣用自己的行动吟唱了"爱的奉献"、"感恩的心"这两首歌之后,老先生深受感染,服膺于张教授"不为自己捞,只会往外捐"光风霁月般的人品,欣然命笔,写下"嵩阳高中国臣图书馆",并额外赠送给张国臣三个字"正清和"。

当要去刻牌子的时候,张国臣"突发奇想",给工作人员特别交代,一定要把"张"这个姓去掉。工作人员不解,高人指点说这是张教授不想宣传个人,想把自己的"个性(姓)"变成为全社会的"共性(姓)"——因为每个人都是这个国家的臣民,同时也演绎出"嵩阳高——中国臣——图书馆"的妙段。

其做人之低调谨严,管中亦可窥一斑。

在采访的过程中,张国臣教授作为检察机关的高级官员一再提到"不贪财,一贪财就枉法;不张狂,高调做事,低调做人;不忘本,多报恩"。并以之为座右铭,时刻铭记于心,经常告诫他人。

尽管张国臣教授干一行,爱一行,且都能得心应手,如烹小鲜,但他在某些方面也与时代"为忤",大迥于某些官员,被人讥诮为"短板"。比如他"唱歌跳舞不会,打牌搓麻太累,洗澡桑拿破费",

他骨子里还是传统知识分子的襟度,把工作之余有限的时间投入到无限的阅读与学习研究当中去了。

他在馈赠给记者的一本书的扉页中写道:"赠李韬同志,张国臣辛卯夏于嵩山。"典型的古典主义文人落款!

承部

> 天下武功,少林为宗;
> 嵩高惟岳,峻极于天。
> 《中国少林文化学》振木铎以上路,
> 咨诹善道,追大象之无形;
> 《历代名人嵩山诗选》甘黄纸与青灯,
> 察纳雅言,臻大音之希声。
> 探风光于险峰,苦心孤诣;
> 展飞袂之惊鸿,焚膏继晷。
> 一卷之成,秃笔成冢,
> 文苑撷英,立派成功。

准确地说,张国臣教授真正的写作生涯是从大学开始的。

作为土生土长的登封人,他深爱着嵩山的山山水水、一草一木。他在大学期间就开始学习和研究嵩山文化,并深深地迷恋上嵩山文化。

精神愈用愈明。愈是研究得深入,他愈加发现:嵩山文化是个浩瀚的大海,涉浅者仅见虾蟹,涉深者方见鱼鳖,愈深者才见蛟龙。他用"蚂蚁啃骨头"、"老牛拓荒者"的精神终于把嵩山文化这口井挖向纵深,流出甘甜。

大学三年级的时候,他在图书馆看到一本线装书《说嵩》,了解到古代名人李白、杜甫、白居易、范仲淹、欧阳修等硕儒圣贤都游览过嵩山并留下诗篇,"少年心事当拿云"的张国臣就萌发了编写

《历代名人嵩山诗选》的想法。他就去征求老教授任访秋先生的意见,任老师只说了一句"天道酬勤,有德无敌。不敢当元帅的士兵不是好士兵,不敢做大学问的学生难成好学生。可以试试看"!在试的过程中,他才真正意识到"注释"古人,力之不逮。

行胜于言。他就利用暑假拿着古人的诗词"深入一线",考查了嵩山少林寺、中岳庙、嵩阳书院、观星台等30多处文物遗存,从感性到理性,从认识到实践,以蚂蚁啃骨头的精神,翻烂了《辞海》《辞源》,搬走了一个又一个"绊脚石",撵走了一个又一个"拦路虎"。

古诗《谒少林寺》中有一句"花开五叶地生金",张国臣怎么译也弄不明白,就又去请教任先生。先生说:"注释古诗词,涉及典故和背景,须有高出古人的知识才能为,你现在干的是北大教授王力、朱东润的工作啊。'花开五叶'可能是佛学禅语,赵朴初先生是中国佛教协会会长,他应该会知道。"张国臣借着年轻气盛,就壮着胆子向赵朴初会长写信求教。一个月后,赵老委托秘书回信:"达摩从印度到中国,发出'花开五叶'弘扬佛法的誓愿,在少林寺创立禅宗,分为五派,广为流传。"

与名人打交道没有想象当中的难。张国臣似乎是尝到了甜头,1984年他又去北京拜访了年近90岁的哲学大师冯友兰,之后又拜访了河南籍在京老作家李準、姚雪垠等。当他去拜访著名诗人臧克家时,因为提前没有预约,吃了回"闭门羹"——家里没人。他就诚心以待,饿了就去外面买块面包继续等。终于等到了心目中的偶像。他先向臧克家表达了自己的仰慕之情,又甩出几顶"高帽",老先生很是受用,就领着他先到书房看了看。臧克家的书房让张国臣颇为吃惊,那哪里是书房,分明是座小型的图书馆。坐拥书城,与古今贤哲对话,夫复何求?

"吾虽不能至,吾心向往之。"张国臣的聚书藏书的乐趣就是从那时开始的。

张国臣博士(2004年)

"胸藏文墨虚若谷,腹有诗书气自华。"张国臣事业上那么春风得意,与他深厚的文化底蕴密不可分。他在年少时期就抄《唐诗三百首》,阅读了大量的中外名著,背诵了数百篇、数百首唐诗宋词。上大学后他的阅读涉猎更加广泛,包括政治、经济、法律、地理、历史、艺术、军事、医药、武术等领域的知识,他视野开阔,思维活跃,为他后来的工作、写作打下了牢固的理论基础和写作基础。

尤其可贵的是,他在中国开创了一个新的学科——少林文化学,成为区域文化研究的一个重大突破!

刚开始写《中国少林文化学》时,张国臣想效仿余秋雨的散文笔法来写,但有朋友建议:不要步人后尘,不妨创新写法,写成论文形式。1994年春节,张国臣利用七天的年假,掐断电话,闭门谢客,全身心开始撰写《中国少林文化学》。当写到"禅宗论"一章时,实在写不下去了,烦躁不安,甚至把笔都给折了。大过年的,女儿看到爸爸如此"折磨自己",于心不忍,就说:"爸爸,我陪你出去走走吧?"

他当时真有打退堂鼓的念头,但转念一想,毕竟知易行难,同时他也意识到,写不下去证明自己知识上有盲点。他就又重读了《中国佛教史》《中国禅宗史》,恍若神助,豁然开朗,再下笔如嵩山流泉,四溢喷涌,一发而不可收拾。

就这样,他一鼓作气写下了"少林文化18论",拿给了时任省文化厅副厅长的周鸿俊教授指点。周教授看过之后,欣喜之余,也给张国臣提了一个更高要求:你要在少林文化研究方面有所成就的话,你就要创立一门新学科;你要想创立一门新学科,就要找到其内在规律性的东西。周教授同时建议应该增加嵩山经济、旅游等方面的内容,使其更完备、更成体系。

张国臣在《中国少林文化学》跋中写道:"他人走一步路用一分劲,我走一步路则要用十分劲,每一项成果都是用血和汗凝成的。其间,有多少刚正不阿的人在我最困难时给予强有力的无私支持、帮助和爱护啊!"

转部

　　文之道,时为大;
　　德不孤,必有邻。
　　挫万物于笔端,探颐索隐,继往开来,永垂模轨;
　　立万象于胸中,大集已成,妙入时中,满纸化境。
　　笔墨诉诸时代,澄怀以观道;
　　文字摹法心印,寄意而闲静。

张国臣之忙,非常人所能知。平时的事务性工作已经排得满满当当,每天还要参加各种会议、签批各种文件、听取工作汇报等等,时间被切割得七零八落。

张国臣之勤,亦非常人所能想。日常工作那么忙,他如何与时间赛跑,变身"时光大盗"构思诗词、运筹宏论?

于此,可见张国臣亦非常人也。

就像河南省委常委、郑州市委书记连维良在贺信中所说的一样"勤政治学,相得益彰,堪为人师",用句时髦点的话说,张国臣教授"是一位名副其实的学习型干部"。他无论走到哪个岗位上,都能够很快进入角色,成为业务内行。他在省政法委写了《中国省会城市治安防范管理模式研究》一书、在省检察院又写了《中国控告申诉检察管理模式研究》一书。

熟悉他的人都知道,他的公文包里经常装着书,行车路上、飞机途中,从不浪费一点时间。他在会议多、业务多、下乡多的情况下仍然能够坚持笔耕。在行走途中,他脑海中浮现的是嵩山的古奇神奥,联想的是嵩山文化的深厚巍峨,吟哦的是哲理名言……他的许多诗词都是这样写成的。

张国臣也是用挤出来的时间写出了九卷本、四百多万字的《嵩山的流泉》。三十年如一日啊,别说是业余作者,就是专业作家也有些汗颜。

张国臣的作品不只闻名遐迩,而且已经"冲出了亚洲,走向了世界"。

2008年的一天,在美国读法学研究生的女儿张小羽突然打来越洋电话:"爸爸,告诉你个好消息!"

他知道女儿在卖关子:"什么好消息,说来听听?"

"我现在在哥伦比亚大学图书馆,我看到了你的《中国少林文化学》这本书!"张小羽难掩激动之情。

张国臣开创的"少林文化学"不仅漂洋过海来到了大洋彼岸,他的《嵩山的流泉·箴言卷》也在这里找到了知音。

到美国读研究生的小羽临行前专门带了一本爸爸的《嵩山的

流泉·箴言卷》,以之为指南,时时指引着自己人生的航向。有一天,小羽的美籍华人老师到她的寝室走访,看到了床头上的这本书,就随便翻了几页。这一翻不当紧,书中的"鸟贵有翼,人贵有志";"真正的高傲,永远在内心";"忠于信仰,暖不争花红,寒不改叶绿,始终立定脚跟,挺直脊梁";"对于一只盲目航行的船来说,所有的方向和风都是逆向的";"要永远不犯错,只有一事不做,为了追求活泼的真理而犯的过失,比那陈腐的真理有用得多"。字字珠玑,句句迤逦,其哲理的思辨、诗性的语言、深度的见地、高度的概括更如磁铁般深深地吸引了这位老师,当即就征询可否借回去看上一晚。张小羽骄傲还来不及呢,当然慨允。

第二天,这位老师果然把书还了回来,但她执意要给作者通个电话。

张国臣接到这位美籍女教授的电话还是有点错愕,并非受宠若惊,而是这位女教授开口就问:"你有情人吗?"

张小羽早就告诉了这位老师,爸爸根本不是"那样"的人,但中西方的文化差异还是如一条不可逾越的鸿沟横亘其间。张国臣有点摸不着头脑,只好如实招来:"没有。"

"那我就做你大洋彼岸的——精神情人吧!"张国臣这才松了一口气,并被这位老师的率真所感染,爽快地答应了。

2009年12月,河南省社会科学界联合会、河南省社会科学院和河南大学在河南大学举行张国臣《嵩山的流泉》捐赠仪式暨文化丛书出版研讨会,很多省市领导、专家学者都拨冗出席,著名作家二月河、孟宪明等做了主题发言,河南主流媒体也做了大篇幅的专题报道,多家网站纷纷跟进。

网络连天下,地球变成村。张国臣《嵩山的流泉》学术研讨会的消息见诸报端、网络转载之后,引起了澳大利亚华文报纸《大洋时报》的高度关注,用了四个整版的超大篇幅报道研讨会的内容和各位专家学者的发言。

张国臣教授的影响力也从美洲遄往澳洲……

合部

> 嵩泉流大海,报恩常思追。
> 寸心昭日月,春晖满乾坤。
> 鸦有反哺之义,羊知跪乳之恩。
> 千里送鹅毛,礼非重也,而情益深;
> 关公奔明主,非图富贵,而义弥长。
> 前人栽树后人凉,挖井之人怎能忘?
> 落红化泥更护花,赠人玫瑰手留香。

从登封读小学、初中、高中,到获大学学士、硕士、博士学位;从学写作文到发表作品,出版400多万字的文集,成为中国作家协会会员、教授、一级高级检察官,张国臣每前进一步都感恩在心。

正因为这颗感恩的心,他不放过任何一次为家乡作贡献的机会。早在1987年,他便向河南大学领导多次"游说"到登封考察,推荐嵩山文化,最终促成河南大学与登封市政府联办河南大学少林武术学院,成为登封最早创办的高校之一。2008年作为省人大代表的他又提出《弘扬嵩山文化,建立郑州大学嵩阳国学院》的议案,得到了省人大常委会的认可,并引起省委、省政府的高度重视。2009年9月2日,郑州大学嵩阳书院(最后定名)举行揭牌仪式,他赓续文脉、弘扬国学、报恩乡里的心香一瓣又一次开花结果。

"悲黎庶其未悔,乃善念之初萌。"张国臣不仅与人为善,而且慈悲为怀。

早在1990年,时任郑州晚报社社长的张国臣,就通过一己之力积极协调民政部门支持家乡王村挖井,解决邻里乡亲吃水难的问题。他还曾把自己的工资、稿费捐赠给家乡的贫困大学生读书,并资助多个贫困家庭度过难关。这不禁让笔者想到于右任先生题写的一副对联:圣人心日月,仁者寿山河。

2000年春,张国臣在无数次驻足过的嵩山少林寺发出感慨:五乳峰下溪水碧,少室山里佛经传。达摩面壁创禅宗,群雄劈峰化神拳。立雪断臂鉴诚信,倡德护国有遗篇。花开五叶绽新蕾,与时俱进更无前。

与昔人唱和,成古今之对。

就在少林寺院东北角的观音殿有一幅"十三棍僧救唐王"的壁画,上面画着在古雒城东门外,十三棍僧一边抵御着从城内追来的郑将王仁则,一边保护着刚从城内救出骑在马上惊恐万状的唐王李世民。这一幕在电影版的《少林寺》和电视剧版的《少林寺传奇》中都有较重笔墨的描述。

诗以言志。唐王李世民在《经破薛举战地》中写下这样的诗句:"昔年怀壮气,提戈初仗节。心随朗月高,志与秋霜洁……"一代帝王的"心随朗月高,志与秋霜洁",我想不只是对自我人生境界的期许,更为后人立下了做人的标杆和品行的刻度。

张国臣教授就与之不谋而合。

李世民在诗的最后写下:"世途亟流易,人事殊今昔。长想眺前踪,抚躬聊自适。"年届天命的张国臣依然像一个上了发条的钟表,"抚躬聊自适"似乎离他依然遥远。他一系列的嵩山文化研究出书和写作计划还有待于他去落实:把自己的几百首讴歌嵩山的诗词精选出来100首出一本诗词集,把专家学者对《嵩山的流泉》的评论搜集一下出一本评论集,还有诸多新的写作规划。他在嵩山文化研究的征途中上下求索着、匍匐耕耘着……

尾声

王国维在《人间词话》中说:"古今之成大事业、大学问者,必经过三种之境界:'昨夜西风凋碧树。独上高楼,望尽天涯路。'此

著名书法家侯德昌书张国臣诗《少室春雪》

第一境也。'衣带渐宽终不悔,为伊消得人憔悴。'此第二境也。'众里寻他千百度,蓦然回首,那人却在灯火阑珊处。'此第三境也。"张国臣教授并不囿于前人理论,他秉持陈寅恪先生的"独立之精神、自由之思想",善于思考、勤于思考。他运用辩证唯物主义和历史唯物主义基本原理对少林文化中的禅宗、理学、道学、文学、艺术、天文、地理、经济等现象进行思考探索、综合剖析,总结出人生必然经历的"顺境、平境、逆境"三个阶段,省悟到任何事物只有顺应历史潮流才能发展前进的道理。他说:"一个人前进的轨迹是波浪形的,常遇到三种境地:一是逆境,此时不能自暴自弃,应愈挫愈奋,坚信'冬天到了,春天还会远吗';二是平境,此时不能颓废消沉,应刻苦学习,加强修养,坚信'是金子总会发光';三是顺境,此时不能忘乎所以,应戒骄戒躁,多为人民办好事、干实事,要'夹着尾巴做人'。"

"顺境"之说,恰与前文"座右铭"暗合印证。

张教授亲和,友善,平易,丝毫不介意我们对他的简称"张检"。很多像他这样的领导说话要么是"祈使句"命令口气,要么是"感叹句"结论语气,根本不给你辩驳的余地。而张教授对下属和年轻人永远都是笑眯眯的,宛如一位和蔼的长者、慈爱的人师、交心的诤友。采访当中,他给一位报社老总打电话,首先问对方忙否,当得知对方正参加一位老领导的活动时,很理解人家的处境,不仅没有强求,而且一再叮咛要"陪好老领导,做好服务员"。

就在写这篇文字时,张教授还一再征求笔者的意见,和笔者共同研究写作角度和切入点。这在笔者数十年的采访生涯中颇为鲜见。

张国臣教授的办公室里挂着著名书法家老铁赠予他的一幅"旷朗无尘"。这既是对张国臣空澄无滓人格魅力的高度概括,也是对他迥出尘表工作身份的无上赞誉。

采访结束,张国臣教授叫着大家一起去他们单位食堂吃饭,他向大家隆重推荐了他们食堂的拉面,其特色就是"一清二白":清汤+白萝卜。作为一位长期从事政法工作的领导,作为一名高级检察官,作为一名著名文化学者,"一清二白"哪里只有拉面那么简单?分明有深意存焉!

我的笔还想写下去……

身体力行践行嵩山文化传统美德
张国臣资助 11 名贫困学生上大学*

袁建龙

本报讯 昨日,有嵩山之子之称的著名嵩山文化学者张国臣教授,捐款 60000 元现金,资助 11 名即将上大学的贫困学生,这是张教授继 5 月份为嵩阳高中捐建图书馆之后的又一善举。

为贫困女生重新点燃希望

"接到河南科技大学的录取通知书后,我哭了,我知道,这就是我的学业结束的最好证明,谁知,我竟然有幸受到张伯伯的资助,这回我又能实现我的理想了。"

说起受到资助的情况,郝梦迪激动地哭了。这个坚强的女孩,遭受了常人无法想象的困难。6 岁时,父亲因交通事故去世,母亲改嫁南阳,平时和哥哥相依为命,靠着亲戚朋友的帮助和自己拼搏的精神,勉强读完高中。今年高考,她以 592 分的成绩考上了河南科技大学。

---

* 袁建龙,《郑州晚报》记者。该文原载《郑州晚报》2011 年 8 月 24 日。

资助贫困学子完成学业,是割舍不下的心愿

在嵩阳高中,张国臣亲手将资助金送到学生们的手上。看着学生们脸上的笑容,张教授勉励他们说,贫困并不可怕,可怕的是丧失拼搏精神,只有让贫困激起你们的斗志,顽强地拼搏,才能迎来美好灿烂的明天。

这次资助活动的资金,张国臣教授是从自己多年来从事文化研究的奖金和工资中筹措的,共60000元。

善举印在嵩山人民的心中

张国臣说,从登封读小学、初中、高中,到获大学学士、硕士、博士学位;从学写作文到发表作品,出版400多万字的文集,成为中国作家协会会员、教授,自己每前进一步都是党的培养和众多领导、老师、同学、朋友关心支持的结果,也是自己坚持努力奋斗的结果。

据了解,上世纪90年代初,张国臣任郑州晚报社社长时,就积极协调民政部门支持王村乡挖井,解决群众吃水难问题,多次把自己的工资、稿费捐赠贫困大学生读书,资助多个贫困家庭渡过难关。他表示,作为嵩山之子,理应全力为嵩山服务,为家乡服务,弘扬嵩山文化,为加快中原经济区建设、实现中原崛起和河南振兴多作贡献。

播下感恩的种子*

徐建勋

登封嵩阳高中,弋鹏玮考上了华中科技大学,欧航航考上了郑州大学,崔金秀被中国石油大学录取……然而,他们的家庭:有的家长患病,有的债台高筑,有的父母高龄,失去劳动能力……这一切,让他们愁眉紧锁。

事情,被从登封走出的著名嵩山文化学者张国臣知道了,他辗转反侧,流下了同情的泪水。他想起33年前自己经历的情景。那是恢复高考制度第一年,他以全县第一名的优异成绩考入河南大学。然而怎么去上学?口袋空无分文,连去开封的汽车票都买不起啊!妈妈给了十元,姐姐送了五元,同学送条裤子,同事送几本稿纸……在大学,因家境贫寒,衣服破旧,曾被人看不起;有钱的同学吃肉,自己吃咸菜。但穷则思学,穷则思进。到毕业时,他已出版两本书,发表了30多篇文章,以优异成绩留校任教。后又深入研究嵩山文化,创立《中国少林文化学》,获首届"中国山花奖优秀著作奖",被郑州市委、市政府授予"发展旅游文化特别贡献奖"!

张国臣决定,资助他们上学,帮助这些贫寒的优秀学子在人生路上健康前行。知情人都知道,就在不久前,张国臣还向嵩阳中学捐赠了拥有上千册书籍的图书馆,那些书不光有他自己的,还有他

---

* 徐建勋,《河南日报》高级记者。该文原载《河南日报》2011年8月24日。中国日报网、搜狐网等网站转载。

在大学任教的妻子和从国外学成归来的女儿的。

在昨天由登封市举行、郑州市代市长吴天君等领导参加的仪式上,张国臣亲手将一个个装了5000元的红包送到十名学子手中。他动情地勉励学子,切记知识改变命运。要想成才,必须弘扬嵩山文化"面壁十年图破壁"的精神,比常人更加吃苦,比常人更加努力!学问勤中得,萤窗万卷书。一个学生的命运决定于晚上8点到11点之间持之以恒的学习。要有天道酬勤的笃定,要有铁棒磨针的勤恒,要向书本学习,向实践学习,在创造中学习!

他还给学子们传授学习方法:树立科学的目标,并分解目标,一个一个实现之。他谈道,上大学时,任访秋教授鼓励他编著《嵩山诗选注》,曾教导说:"人贵有志,学有专攻。现在你若研究唐宋文学,可能一辈子也超不过全国名家。你若长此以往深入研究嵩山文化,那些名家可能永远也超不过你。天道酬勤,有德无敌。努力吧!"

他特别寄望学子将来学以致用,报效家乡和祖国。学习的目的在于运用,创新是人类文明进步的独有品格,报效国家是人生品德的最高境界。嵩山少林武术文化的精神就是爱国主义,嵩山之子定能干出更加辉煌的事业,写出更加壮丽的篇章!

播下感恩的种子,收获丰硕的明天。获资助的学子纷纷表示要以优异的成绩来"感恩",感恩张国臣教授,感恩嵩山,感恩党和祖国!

在张国臣捐助嵩阳高中贫困学生仪式上的致辞*

张学军

尊敬的张国臣教授,各位领导、各位同学、家长朋友们:

大家好!

今天,我们在这里举行张国臣教授捐助嵩阳高中贫困学生仪式。在此,我谨代表中共郑州市委、郑州市人民政府对张国臣教授表示衷心的感谢和崇高的敬意!

张国臣教授作为登封人,在博大厚重的嵩山文化熏陶下成长,早在大学期间就开始嵩山文化研究。多年来,他坚持把理论创新、人文关怀、法治精神与文化传统结合起来,先后出版了《少林诗词选注》、《少林武术》、《中国少林文化学》等30余部文化专著,创作了在中央电视台4套向全球播放的10集文化风光电视片《嵩山》文学脚本。《中国少林文化学》获首届"中国山花奖优秀著作奖",被国家学术媒体评论为"中国少林文化学第一人"。

张国臣教授是一位求真务实、笔耕不辍的学者型领导干部。多年来,他始终不忘党的培养、人民的哺育,主动回报乡里、造福桑梓。他任郑州晚报社社长时,就积极协调解决群众吃水问题,多次把工资、稿费捐赠贫困大学生。他是一位勤奋的教授,出版了400多万字的文集,成为中国作家协会会员,他的成功体现了嵩山文化的博大胸怀和登封人民拼搏向上的精神。

---

* 张学军,郑州市政府秘书长。

今天,张教授继5月16日捐赠嵩阳高中图书馆之后,又一次将自己的奖金拿出来资助嵩阳高中的优秀学生,这是一个奉献家乡的义举,树立了一个捐资助学的典范。衷心希望每位接受捐助的学生,都要珍惜学习机会,将求学生涯作为自己人生的重要阶段,树立远大理想,成就非凡人生,早日把自己培养成为祖国的栋梁之才!

最后,再次向张教授表示由衷的感谢和崇高的敬意!向各位受到捐助的学子表示最美好的祝愿,望你们学业早有所成、报效祖国,不辜负张教授的美好心愿!

2011年8月23日

在捐助贫困大学生座谈会上的演讲辞

张国臣

亲爱的吴琬、弋鹏玮等十一名留学生、大学生,同学们:

今天,嵩山的阳光分外明媚,风景格外亮丽。你们即将出国留学,进入大学校园学习深造,雄鹰即将张开翅膀,飞向无垠的蓝天!我们感到由衷的高兴!

此时,我不禁想起33年前,自己即将到河南大学入学报到的情景。那是1977年,刚刚结束十年"文化大革命"动乱,党中央恢复高考制度,我发奋复习功课,18天没有脱衣服睡觉,背书啊背书啊,写稿啊写稿啊,终于以全县第一名成绩入选。但是,怎么去上学?口袋空无分文,连去开封的汽车票都买不起啊!妈妈给我十元钱,姐姐送我五元钱,同学送条裤子,同事送几本稿纸,掂着一条被子,背起简单的行囊,我走进了大学。我家境贫寒,衣服破旧,曾被人看不起;有钱的同学吃肉菜,我只能吃咸菜。但穷则思学,穷则思进。学习步步登高,学业蒸蒸日上。毕业时,我即出版两本书,发表了30多篇文章,以优异成绩留校教大学。我深入研究嵩山文化,创立《中国少林文化学》,获首届"中国山花奖优秀著作奖",郑州市委市政府授予我"发展旅游文化特别贡献奖"!登封市委市政府授予我"弘扬嵩山文化特别贡献奖"。

谁言寸草心,报得三春晖。我们处在改革开放的新时代,是伟大的中国共产党培养我们成长,是勤劳的人民群众哺育我们进步,是古奇深奥的嵩山文化给力我们奋进!

历史波浪式发展,人生在不平衡中前进。经学校介绍,我看到了你们即将到国外留学,到城市上大学的困难,有的家庭的艰难使我几次落泪。你们是登封今年考上大学的品学兼优的高中生,家庭贫困,但志向高远。我热爱你们的品质,我资助你们上学,我希望你们在未来的人生道路上健康前进。

一要刻苦学习。生而有涯,知也无涯。社会不断发展,学习永无止境。你们正值长身体长知识的好时期,要想成才,必须弘扬嵩山文化"面壁十年图破壁"的精神,比常人更加吃苦,比常人更加努力!学问勤中得,萤窗万卷书。一个学生的命运决定于晚上8点到11点之间持之以恒的学习。要有天道酬勤的笃定,要有铁棒磨针的勤恒,要向书本学习,向实践学习,在创造中学习!切记,唯有知识才能改变命运,才能走向成功!

二要勇争一流。天行健,君子以自强不息。人若无志,与禽兽同类。青年是早晨八九点钟的太阳,是祖国的未来和希望。青年要树立科学的目标,并要分解目标,一个一个实现之。我上大学三年级的时候,中文系主任任访秋教授为我编著的《嵩山诗选注》作序,教导我说:"人贵有志,学有专攻。现在你若研究唐宋文学,可能一辈子也超不过全国名家。你若长此以往深入研究嵩山文化,那些名家可能永远也超不过你。天道酬勤,有德无敌。努力吧!"这些话让我受益终生,鼓舞我创立了中国少林文化学!你们也应树立目标,矢志拼搏,争当新时期的邹韬奋、陈景润、华罗庚!

三要报效祖国。地势坤,君子以厚德载物。学习的目的在于运用,创新是人类文明进步的独有品格,报效国家是人生品德的最高境界。我的女儿张小羽获美国纽约大学法学硕士后,没有留恋国外的生活,回到祖国在国有大企业服务,眼前是广阔的天地,大有作为。嵩山少林武术文化的精神就是爱国主义,明朝出了许多抗倭英雄,万世流芳。我们相信嵩山之子勤奋拼搏,学业有成,在全国各条战线上,定能干出更加辉煌的事业,以拳拳之心,报答嵩山父老乡亲的养育之恩,写出更加壮丽的篇章!

世上无难事,只要肯登攀。衷心祝愿你们身体健康,实干创业,再上一层高楼!

谢谢大家!

2011年8月23日

拳拳爱心*

王富晓

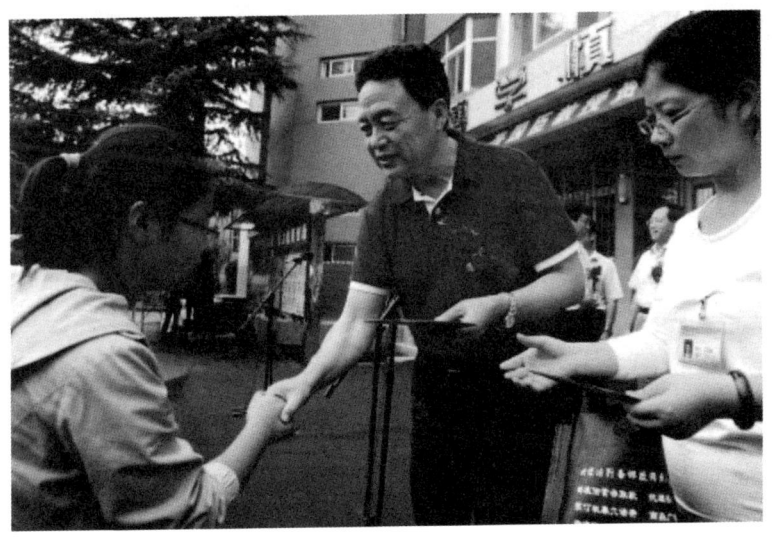

张国臣捐助贫困学生

8月23日上午,登封市嵩阳高中中心广场爱心涌动。由张国臣教授(现任河南省人民检察院党组副书记、常务副检察长)捐助贫困留学生、大学生的金秋助学活动在此举行。

---

* 王富晓,《河南法制报》记者。该图文原载《河南法制报》2011年8月24日。搜狐网等网站转载。

张国臣教授对嵩山申报世界文化遗产作出了理论宣传方面的积极贡献。他把登封市政府授予他"弘扬嵩山文化特别贡献奖"奖金全部拿出,又拿出部分工资共计6万元,资助吴琬、弋鹏玮等11名品学兼优的贫困留学生和大学生。

学生代表弋鹏玮从张国臣手中接到资助款时,热泪盈眶。他说:"我要用知识改变我的命运,我要用知识回报我的家乡。"捐助仪式上,张国臣勉励学子们在未来的人生道路上健康前进,刻苦学习,勇争一流,报效祖国。

郑州市委副书记、市长吴天君等参加了捐助仪式,对张国臣教授热爱家乡、奖掖学子、捐资助学的行为表示由衷的敬佩和感谢。

捐资助学　感动学子[*]

高传伟

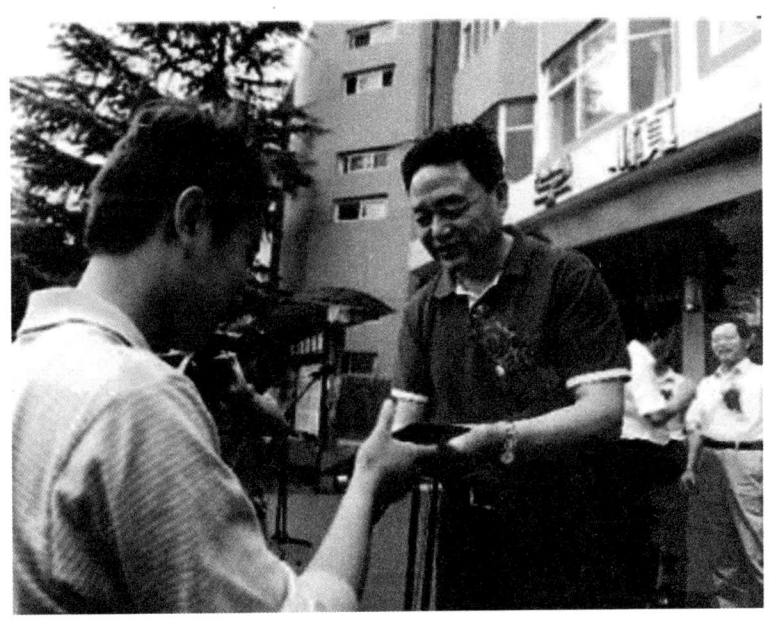

张国臣向贫困学生捐助现场

因对嵩山申报世界文化遗产作出积极贡献,河南省检察院常

---

[*] 高传伟,《检察日报》记者。该图文原载《检察日报》2011 年 8 月 28 日,人民网、凤凰网、中国日报网、搜狐网、中国网络电视台等媒体转载。

务副检察长张国臣获得登封市政府授予的"弘扬嵩山文化特别贡献奖"。图为8月23日的捐助现场,他拿出全部奖金和部分工资共计6万元,资助11名品学兼优的贫困大学生,接受捐助的学生深受感动。

爱心接力*

王富晓

张国臣出席爱心企业家冯亮捐助登封市贫困学生学习座谈会

河南法制报讯 昨日上午,在郑州登封市一中,爱心企业家冯亮捐助登封市贫困学生学习座谈会在此举行,张国臣教授(现任河南省检察院党组副书记、常务副检察长)出席座谈会,并向20名贫困大学生赠书,冯亮共捐助10万元给登封市今年高考中成绩

---

* 王富晓,《河南法制报》记者。该图文原载《河南法制报》2011年8月29日。

优异的20名贫困优秀大学生。

据了解,新华国际招标公司河南分公司总经理冯亮看到本报8月24日01版刊发的资助贫困大学生的文章《拳拳爱心》后,被张国臣教授的善举深深感动,主动联系张国臣教授,希望尽自己的一点微薄之力资助贫困大学生。张国臣教授联系登封市教育部门,从登封市一中、嵩阳高中和登封市实验高中抽选20名高考成绩优秀、家庭贫困的学生接受了捐助。

嵩山赤子:"天地之中"写大爱[*]

吴元成

代题记

河洛之南,伟岳凌空,峻极竖天。阅世间寒暑,亿年难计。岩层起落,五辈同欢。两室葱茏,周柏繁茂,座座峰峦相倚连。儒佛道,结亲朋代代,千古良缘。青山挥笔如椽,写华夏文明锦绣篇。赞轩辕创业,夏启筑殿,周公铸鼎,出租参禅,武曌钦封,谦之炼道,司马范程教众贤。歌新曲,更与时俱进,再造河山。

(张国臣《沁园春·嵩山》)

引言

神奥嵩山听回声

这是记者日前收到的一条短信。实际上,多年来,许多文朋诗友都能经常收到张国臣博士的诗词短信,主题只有一个,都是以真挚的情感、严谨的态度讴歌神奥嵩山,讴歌嵩山怀抱中绝美的胜景和丰厚的人文历史。

---

[*] 吴元成,《河南法制报》高级记者。该文原载《河南法制报》2011年8月1日,澳大利亚《大洋时报》2011年8月25日转载。

嵩山神奥，雄险奇秀。亿万年前的造山运动，崛起了伟岸凌空、峻极于天的中岳嵩山，峰峦连卧，松柏苍翠，无可比拟的美妙、丰富、神奇。千百年来的兴废与文变，成就了贤帝的拓植、初祖的参禅、诗人的鸿篇、雅士的新学。对于中原，对于嵩山，人们说："到了河南，到了登封，到了嵩山，只要跺三脚，就能听到历史的回声！"

成功有道，辛勤探索。作为华中科技大学管理学博士和中国政法大学法学博士、河南大学和郑州大学兼职教授、中国作家协会会员、河南省检察文联主席、河南省诗歌学会顾问，张国臣长期流连壮美天地之中，钻研神奥嵩山之奥，探求厚重中原之魂，有等身著作，又挚爱诗词，颇多佳作。也就在他不断探索嵩山文化，并有所发现、有所建树的同时，其人生历练和事业发展也获得了不断的成功。

张国臣生于斯、长于斯，其人其诗其学，深受嵩山山川之润泽，深得嵩山烟雨之熏陶。7月16日，张国臣邀约诗词大家林从龙等，回到他的故乡登封嵩山，就其为"天地之中"历史建筑群成功申遗一周年献礼的《嵩山诗词一百首》召开出版学术研讨会。

也就在两月前的5月16日，张国臣回到登封，向全市264所学校捐献个人著作和藏书近万册，并和省市有关领导一起为"嵩阳高中国臣图书馆"揭牌。

嵩山，已经不仅仅是一个文化符号和世界文化遗产代名词，它已经作为情结牢牢镶嵌在张国臣的内心深处。

三曜日月星，三才天地人。

作为嵩山赤子，他已经完全把自己融合在"天地之中"，演绎出独特的探索、发现和感恩之旅。

第三编　学习嵩山　感恩嵩山

探索篇

求学河大索真源

"嵩岳苍苍,河水泱泱,中原文化悠且长。"

1978年3月,春绿嵩山。张国臣以登封高考第一名的成绩,走进百年名校河南大学。如此浑厚激扬的河南大学校歌开启了张国臣的探索之旅。

嵩山南麓,颍水之阳,登封王村,这是张国臣的家乡。务农,教书,打工,伴随着改革开放的春风,一个农家少年走出嵩山,进入了另一座文化名山:图书之山。

百年河大,传统优良。

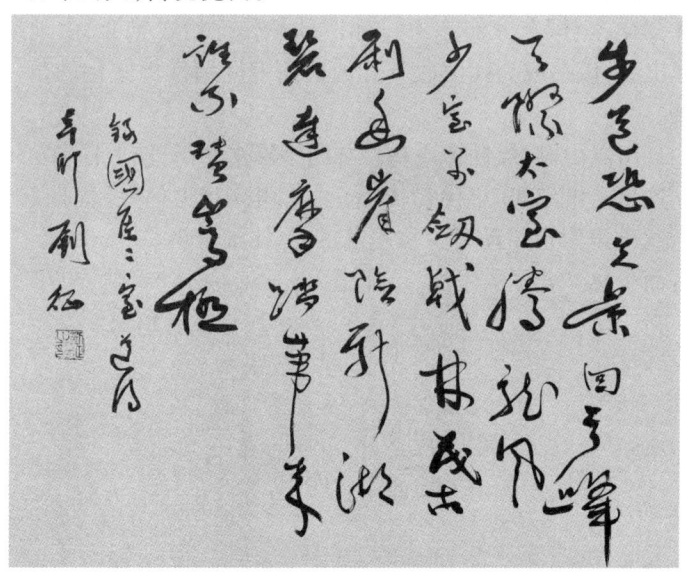

著名教育家、书法家刘征书张国臣诗《二室道》

藏书丰富、卷帙浩繁的河南大学图书馆成为张国臣的最爱。1979年的一天,他照例在周末早早来到图书馆,竟然看到了一本清代学者景日昣所著的嵩山文史专著《说嵩》,书中写道:汉武帝、武则天、李白、白居易等都到过嵩山,或封禅,或题诗。他一边看,一边琢磨,古代帝王、名人为什么钟爱嵩山?嵩山文化到底是一种怎样的生态?怎么弘扬嵩山文化呢?自己能否编著一本嵩山诗文集呢?他的这一想法,得到了中文系党总支书记杨瑾、副书记苏文魁的肯定和鼓励,他立即开始搜罗、整理嵩山诗词。

转眼到了1980年的暑假,张国臣徒步考察了嵩山30多个景点,并积累资料,又利用一个寒假,反复斟酌,探微析著,终于写出了《嵩山诗选注》一书。著名近现代文学和鲁迅研究专家、河南大学中文系任访秋教授看后高兴地对他说:"人贵有志,学有专攻。现在你若研究唐宋文学,很难超过全国名家。但若深入研究嵩山少林文化,全国名家定超不过你!"欣然作序给以推介,由地质出版社出版,该书成为我国改革开放后研究介绍嵩山文化的第一本专著。

日出嵩山坳,晨钟惊飞鸟。林间小溪水潺潺,坡上青青草……这是上世纪80年代初传唱全国的电影《少林寺》插曲《牧羊曲》,这部电影也带动了少林武术热、少林旅游热。

而少林文化亟需发掘,不能湮灭。

少林千载寺,禅宗发灵源。
风催佛香起,树动拳声酣。
雨涤碑更新,山迎嘉宾还。
游人四海来,佳诗古今传。

这是张国臣1983年7月27日考察少林文化时写的诗歌日记。

从此,张国臣对中岳嵩山一往情深,选准方向,不断探索少林文化。大学期间,他曾因患肺结核病住院。他前往嵩山少林寺,向德禅大师请教健身方法,德禅大师将秘传"禅定气功"、少林拳等倾囊相授,配合药物治疗,使他的肺病半年后即痊愈。他还把学练少林功夫的体会写成文章发表,引起反响。1983年,中国旅游出版社范云兴教授邀他主编《少林武术》丛书9本,发行数百万册,开了系统研究少林武术的先河。

访名山,访典籍,访大家。这是张国臣长期坚持的做学问"三访"秘诀。访名山,得历练;访典籍,博学问;访大家,长见识。大学毕业留校后,他仍然一如既往揭秘嵩山。仅1983年,他就先后拜访著名作家、诗人姚雪垠、臧克家、田间,请教作文入世秘诀;与霍松林、陈迩冬、李瑛、林从龙等大师说嵩山、谈少林,信札往来,答诗论文。在他们的鼓励和指导下,应中国旅游出版社副总编范云兴先生之约,他主编的《少林诗词选注》一书也得以出版发行,中国佛教协会会长赵朴初欣然题写书名。

　　　　窗外柳丝送晚霞,室间笔墨趁朝华。
　　　　九年面壁夺魁首,诗林词苑发春芽。

这是张国臣主编《少林诗词选》时写的诗歌日记,很能反映他当时勤奋著述的心境。

1984年,他来到北京大学"三松堂"书屋,拜著名哲学家冯友兰教授为师。冯友兰先生悉心指点北宋二程在登封嵩阳书院创建新理学、光大儒学新脉的发展思路,使他用科学发展的眼光考察嵩山的道路更为宽广,更为勤奋地著书立说。

1985年,张国臣出版了《中国艺术之最》一书。1986年~1989年,又先后主编出版《中国当代大学生优秀文学作品赏析》丛书4卷8册(120万字),全国政协副主席苏步青教授称其"填补了中国当代文学史上校园文学的空白";主编出版《中国文化之最》(160万字)、《花鸟诗歌鉴赏辞典》(150万字)等20多部专著,魏巍、冯英子、孙玉石等名家给予评论首肯。

这一阶段,张国臣累并快乐着,内心十分充实,也养成了每日早起练少林武功、天天读书思考写作的习惯。直到今天,他的星期天、节假日也大都是在办公室、书房度过的。读书写作,不断求索嵩山文化,使他拥有了非凡的快乐!

佛家云:祛除贪嗔痴,修持戒定慧。

信然!

发现篇

矢志少林创新学

"嵩高惟岳,峻极于天。"(《诗经》)
"不来峻极游,何以小天下?"(范仲淹)

正是因为前辈的指引,嵩山神奥的吸引,少林禅境的洗礼,张国臣踏上了发现之旅。多年后,张国臣在回忆起这段经历时说:"大师们的教诲,为我日后深入系统地研究中国少林文化起了非常重要的作用。"

1994年8月,赤日炎炎,而攀登嵩山峻极峰却给他带来了特殊的清凉。山路崎岖,汗流浃背,登山不易;而一旦登顶,则可"小天下"。一刹那,他心境澄明,顿悟出只有顺应历史潮流才能发展,只有跳出书本做有用学问才为成熟人生的道理。坎坷是良药,知识出智慧。他暗暗发誓"在不惑之年要出不惑之书,要完成一部全国第一的著作"。他开始在工作之余系统研究嵩山少林文化,开始动笔著书。他以辩证法和发展的眼光研究历史,用散文的笔法表现理性的思考,力求深刻有哲理,起书名为《少林文化览胜》。著名作家、他的大学同学孟宪明看后,建议他应写成其他人都写不出的嵩山少林文化论文,在理论上来个飞跃。1995年,张国臣完成了第二稿,分18篇论文陆续发表,结集为《中国少林文化论》。在河南人民出版社将要出版时,著名教授、省文化厅副厅长周鸿俊看后认为很有价值,是对少林文化的新发现,但他建议再增加旅游经济,来一个新突破。

怎么办？继续拼！张国臣回忆说,当时最苦恼的是,"零碎的时间常常使刚打开的思路就得停止"。他把所有的8小时之外都用到了研究和写作上,曾一连3个春节闭门谢客,曾累得晕倒在书房。疲劳、疾病,甚至爱人、女儿的流泪劝说,都没有让他放下手中的笔。终于,在张国臣40岁时,一部拓荒性的研究巨著《中国少林文化学》面世了,少林文化的神秘面纱也随之掀开一角。

天道酬勤。《中国少林文化学》一面世,便引起了学术界、旅游界和海外的极大关注。专家认为,《少林文化学》以闻名国内外的少林地区所保存的历史文献、文物和神话传说等作为研究基础,系统、真实、全面地阐述了少林地区从古到今的历史及文化风貌,对研究中国宗教史、艺术史、文化史具有促进、充实和启迪作用。作者从文化生态学角度,对少林文化做了总体认识。比如以宗教论,儒释道三教都在少林地区经历过一次非常深刻的变革。佛教从繁琐的传统佛教,经过达摩到慧能等高僧革新简易化,形成"以心传心"、"不立文字"、"顿悟成佛"的中国禅宗;儒教从"四书"、"五经"神圣不可侵犯的状态,由程颐、程颢改革为重心性的新儒学即"理学";道教从处于低层次的张道陵的五斗米道经过北魏寇谦之隐居嵩山30年吸取儒佛二教营养,革除陈规,使道教规范化、制度化,提高到一个新水平。该书首次让世人看到了少林地区在宗教史上的重要地位。又比如对少林武术的系统而科学的研究梳理,阐明了禅武一体的少林武术观。该书更为少林文化的现代研究做了一些可贵的探索。

中央政策研究室原主任滕文生、国家新闻出版署原署长于友先、著名作家李凖、知名学者余秋雨等也都给予高度评价。于友先称该书"比较全面系统地考察研究了中岳嵩山少林寺一带古往今来的文化现象,建立起自己的体系,构成了一门学问。"时任中共河南省委常委、省委宣传部长的林炎志也说《中国少林文化学》的出版是"实现了区域文化研究的一个新突破"。该书先后获中南12省优秀图书奖、河南省优秀社会科学成果一等奖。

少林寺建于北魏太和十九年(公元495年),是孝文帝为安顿印度高僧跋陀而建。因位于嵩山,嵩山东为太室山,西为少室山,该寺坐落在少室山丛林茂密之处,故名少林寺。该寺面对少室山,背依以"旗、鼓、剑、印、钟"等五种形态命名的五乳峰,寺前小溪流水潺潺,奇峰巨石嶙峋多姿,寺中竹林吐翠、银杏飘香,晨钟暮鼓,禅武流传,蕴藏不尽禅机,令人流连忘返。

笔者曾有幸和张国臣一起同游少林寺,这里是他从1980年以来参谒了无数次的圣地。长期的少林文化研究,更使他对少林的一切掌故和禅宗文化了如指掌。在三教混元碑前,他驻足讲解其中包含的儒释道文化融合之功,引得游客放弃带队的导游,围在他身边,一个个听得入迷。他们不知道,正是眼前这个对少林文化如数家珍的人,曾经为原国家主席杨尚昆等游览少林寺做过讲解员呢。来到寺中千佛殿,游人对一排排砖碎石裂的练武坑啧啧称奇,张国臣脱口吟诵出自己当年考察少林武术时所写的诗句:

千佛殿里练武僧,汗水填满脚踩坑。
少林真谛精气神,拳不离手是正宗。

岂止武术,做人、做学问,又怎能离开"精气神"呢!

感恩篇

痴迷嵩山报中原

"嵩山峻极寄深情,九卷流泉出国臣。"

这是中国诗词研究会常务理事、著名诗人林从龙读《嵩山的流泉》丛书有感而作的诗句。也就是从《神奥嵩山》、《嵩山的流泉》开始,张国臣走上了感恩之旅。

2003年的春节,张国臣是在嵩山度过的。大年初一那天,记者和他一起再次攀登嵩山峻极峰。也就在这个春节,他正在埋头创作后来在中央电视台播出的10集电视文化风光片《中岳嵩山》。

嵩山太室山万岁峰下,有一块天然巨石——启母石。2003年秋天,嵩山红叶烂漫。在采访时任登封市公安局局长的任长霞后(那也是我等在任长霞于次年殉职前的最后一次接触),张国臣带我们去参拜和揭秘大禹治水的传说,追寻华夏开启的历史。也就在2004年,一部58万字的文化专著《神奥嵩山》得以出版发行,为张国臣的嵩山文化研究增加了一个颇具分量的砝码。全国人大常委会原副委员长费孝通教授评价说,"求索嵩山神奥处,谱写中原文化魂";中央文史馆馆员侯德昌教授评价说,"用先进文化弘扬精神,借秀美山水再创辉煌";人民日报社社长王晨教授作序称,《神奥嵩山》"内容丰富,生动中见神奥,平实中见深情",是"有益之卷"。

但他并没有放慢前行的步伐。

嵩山文化中同样包含着法治精神。近年来,张国臣还结合自己的工作实践,以系统论和博弈论研究政法工作和法治文化,先后出版两部法治专著,发表了一系列研究文章。2003年10月18日,张国臣在华中科技大学顺利通过了博士论文答辩。答辩委员会一致认为:"《中国省会城市治安防范管理模式研究》综合应用管理学、治安防范管理学、决策科学、博弈论等理论和方法,对社会转型时期中国省会城市的治安防范管理模式进行了深入的研究,具有十分重要的理论意义和实践意义。"

  世存万物惟书好,三载攻博夺分秒。
  奋步攀登峻极峰,回眸一览众山小。

张国臣赋诗答谢自己的导师黎志成教授。2004年,以这篇博士论文为蓝本,张国臣将其扩展丰富为同名专著,公开出版。

2008年3月,张国臣由省委政法委常务副书记调任河南省人民检察院党组副书记、常务副检察长。他迅速转换角色,深入基层调研,在系统总结控告申诉检察工作实践经验的基础上,运用现代管理学理论,对新时期推进控告申诉检察体制和机制改革,实现控告申诉检察工作科学发展进行了许多探索和思考。也为他攻读中国政法大学法学博士,撰写博士论文《中国控告申诉检察管理模式研究》打下了坚实的基础。2010年,这篇博士论文也成书出版,成为他的第二部法学专著。省人民检察院检察长蔡宁、中国政法大学博导张晋藩教授分别作序,高度评价该书在思路方法、管理理念、管理模式研究方面都有所创新,具有系统性、开拓性、前瞻性、理论性和实践性,是一部法学专业性很强的学术专著。

张国臣有着浓厚的嵩山情结。嵩山七十二峰,除了雄险神秀的自然风光外,寺庙、道观、书院星罗棋布,演绎了中国近5000年来的思想、宗教、武术、科技、建筑艺术史。张国臣对嵩山的研究,30余年如一日,从未停歇。在完成两部法学专著的同时,河南大学出版社于2008年11月出版发行了他的皇皇巨著《嵩山的流

第三编 学习嵩山 感恩嵩山

著名画家郑玉昆题赠张国臣《芦雁图》

泉》。该丛书共计400万字,集哲学、文学、艺术、宗教、法学、天文、地理、医药、武术、摄影等学科于一体,包含散文卷、诗词卷、武术卷、文学脚本卷、评论卷、理论卷、演讲卷、箴言卷、摄影卷九卷。专家认为,该书是张国臣继近年创立"中国少林文化学"、在中央电视台推出《中岳嵩山》、用新学科新方法探索研究政法文化之后的又一新成果。

2010年春节刚过,河南省社会科学院、河南省社会科学界联合会和河南大学联合主办了《嵩山的流泉》文化丛书出版学术研讨会,二月河等知名专家学者纷纷给予高度评价。二月河说:"我觉得应该学习国臣同志这种对于人类善良本心的追求,以及对于人类构建和谐美丽文化的追求热爱和信念。"当天,张国臣向河南大学图书馆及文学院等院系捐赠了《嵩山的流泉》系列文化丛书。娄源功校长代表河南大学向张国臣颁发了捐赠证书。张国臣表示,自己会一如既往地进行创作,为弘扬民族文化而努力;会把丛书捐赠给贫困山区的学校,让更多的孩子感受到文化的力量。

他是这样说的,更是这样做的。少年时代,他的父母就教育他,要以"滴水之恩,涌泉相报"育德修身。多年来,张国臣最大的心愿就是回馈社会,报答乡梓,积善成德。2011年5月16日,包括《嵩山的流泉》在内的一批珍贵图书回到了山花烂漫、人文厚重的嵩山怀抱。河南省人大常委会副主任蒋笃运教授、省政协副主席高体健、登封市委书记王福松等,共同见证了张国臣向家乡登封市中小学捐书的善举,并为国学大师文怀沙教授题写馆名的"嵩阳高中国臣图书馆"揭牌。省委常委、郑州市委书记连维良,省政府副省长徐济超分别在贺信中高度评价张国臣同志多年来发扬理论与实际相结合的马克思主义学风,在繁忙从政工作之余,笔耕不辍,著述颇丰,尤以创立"中国少林文化学"新学科、出版《嵩山的流泉》九卷文集为学术界赞扬,对登封"天地之中"历史建筑群成功申报世界文化遗产作出了理论宣传积极贡献。

张国臣在捐赠仪式上接连说了三个"我感恩",表达了对故乡的强烈热爱和感恩之情:"我感恩,是党组织精心培养了我;我感恩,是人民群众多年养育了我;我感恩,是社会各界的领导、老师、朋友支持了我。"

北魏嵩塔观星景,汉武石阙记夏功。
朝日巴西红世界,天地之中定登封。

2010年8月1日早上7时许,从巴西首都巴西利亚联合国教科文组织第34届世界遗产大会传来消息,中国河南的登封"天地之中"历史建筑群(包括太室阙和中岳庙、少室阙、启母阙、嵩岳寺塔、少林寺建筑群、会善寺、嵩阳书院、观星台等8处11项历史建筑)正式成为世界文化遗产,张国臣当即赋诗致贺。

奋斗无止境,感恩无极限。如今,张国臣要出版一部个人诗集《嵩山诗词一百首》,献给即将举办的"天地之中"申遗一周年庆典,献给"天地之中"。

2011年7月18日,经过连续三天的认真研讨,张国臣近30年来陆续创作的以嵩山为主题的100余首古体诗词被一一把脉问诊。研讨修改中,从84岁的诗词大家林从龙,到知名诗人,到嵩山文史学者、出版社老总和中学语文教师,都被作者严谨而谦逊的治学态度所感动。

君子乐山,因以诗焉。中原文化是华夏文明的主源头,而嵩山文化是中原文化的精髓。嵩山之大之神之奥秘,不仅仅是儒释道三教融汇,不仅仅是世界文化遗产,更重要的是其豪放、奔放、厚重的人文精神。与会专家认为,张国臣的嵩山诗歌能发他人不能发之语,抒他人不能抒之情,读来豁达、达观,英雄气十足。自《诗经》到嵩山北麓的杜甫,到今天,中国优秀诗人总能不断拓宽现实主义创作道路,有所发现,有所创造。专家认为,张国臣的作品,字里行间往往见形神兼备之嵩山,见不断变化、发展之嵩山,特别是对近30年改革开放所产生的巨变和个人人生历练之思考,也有较好的呈现,是历史和现实融为一体的产物,堪称新史诗。

"人世纷纭,得雄奇者有几？嵩岳万木竞葱茏,新词妙制绕毫端!"中国社会科学院文学研究所博士生导师、著名诗歌评论家杨匡汉如是说,张国臣先生自幼就深爱唐诗宋词,多年来又坚持对诗歌艺术进行研究和实践,既有深厚的诗词功底,又能注重手段和手法的创新,是与嵩山共呼吸的诗人。他的《梦游嵩山吟留别》、《留余》、《少林竹》、《清平乐·嵩泉》等诗词,无论是在思想的真纯上,珠玉的吐纳上,意境的营造上,还是在语言的运用上,均可看到诗人踞案沉思的匠心与泼墨。他循环古意,回旋于心,写的是当下生活,切近时代,切近民生,丹心滴血如霞;他遵守格律平仄,又敢于突破模形仿势的束缚,许多辞章如天马行空,挥洒自如,唱叹弥日;他还移用当代口语入诗,新声独灿,启人心智。无论是在意境的开拓上,还是在语言运用上,敢于善于创新,值得称道。

"嵩山吐翠,翰墨流香。读了他的诗词,更让我对伟大神奥的嵩山充满了神往与敬仰。"著名作家、文史学者二月河如是说,张国臣的确是嵩山赤子。读国臣同志这部诗稿,恍若跟随一位仙人,神游于少室太室之中,感受到中岳的雄奇与神奥;又仿佛跟随一位诗友,悠游于山林与清泉之间,体验着这片土地的古老与神秘。国臣同志咏诵的《沁园春·嵩山》、《嵩阳将军柏》、《少室山赋》等诗词,就让我感受到了一种大奔放、大欢畅。究其原因,我想,大概与他生活的这片热土有关,与他所写的嵩山有关。

我们有理由相信,《嵩山诗词一百首》将成为嵩山"天地之中"世界文化遗产最好的名片。

天地之中有真谛,天地之中存大爱。

这是一次新的感恩之旅,张国臣又一次出发了。

第四编

嵩山流泉的回响

做劲翔太空的嵩岳雄鹰
——张国臣与女儿张小羽的通信

张国臣　张小羽

一、爸爸的三点希望——致女儿的信

我亲爱的女儿张小羽：

新年好！

去年、今年，爸爸连连收到你的贺年卡，高兴、激动、幸福等多种情感涌向心头。女儿上高中了，长大了，懂事了，进步了！夜晚，处理完公务，抬头望着静空里眨眼的星星，不由地提起笔来。

我希望你战胜自我。人的生命自诞生的那一天起，就面临各方面的挑战。记得你两岁时，在河南大学校医院打针，你就咬住牙说："我不哭！"最终战胜了疾病。勤奋与懒惰、坚毅与懦弱、前进与后退、幸福与痛苦、胜利与失败是天然对立、永远存在的。在人生的长途跋涉中将遇到数不清的困难，坎坷是良药，磨难造英才。只要选择充满活力的前者，做到自尊、自重、自强、自爱，就一定能够战胜一切艰难险阻，胜利地到达理想的彼岸！

我希望你身心健康。健康是人生的第一财富。健康的体魄，配以健康的心态，才能称为真正健康的人。健康是"1"，名利等全是"0"。你17岁了，学习任务很重，还担任班长。看到女儿自加

压力,经常熬夜读书,视力愈加下降,爸爸心在流泪、担忧。此刻,我再次劝诫,今后无论事情再多,任务再重,天气怎么变化,你一定要坚持锻炼,早跑1600米,晚数30个星星,做到坚忍乐观,豁达幽默,动静结合,高兴永远!

我希望你勇攀高峰。志不强者智不达。人若无志,与禽兽同类。你要做一个有理想、有抱负的孩子,不断树立自己不同时期的目标,并奋力拼搏,勇摘桂冠。记得你上幼儿园、小学时,学习成绩在全班总是第一,期期都是三好生。你还记得小时候考试时吃早餐,要求吃1根油条、2个鸡蛋的事吗?人是应该有一点精神的!人生的光荣,不在于永不失败,而在于能够愈挫愈奋。学习如逆水行舟,不进则退;工作像登嵩山峻极,不上则返。干任何事,都要不干则已,干则一流,干则创新,干则成功,干则辉煌!

天道酬勤,有德无敌。我的女儿定是一只张开羽翼,向着太阳,劲翔嵩岳太空的雄鹰……

我坚信你贺卡上的话:决不会让大家失望的。

祝羽儿成功!

永远爱你的爸爸
2004年元旦

女儿张小羽致爸爸的回信

我最亲爱的爸爸:

您好!今天,我意外地收到了您的来信,激动不已!虽然信上的许多话语,您已教导我多次了,但当我再次读起,便又不禁泪如泉涌。我只能说,我以有您这样伟大的爸爸而感到无比骄傲、自豪!

高中,让我感受了学习奋斗的酸涩与快乐;当班长,让我提高了组织协调能力并明白了与人交往的谨慎与宽容;住校,让我体会了自立自警的可贵与重要……我知道,我正从幼稚逐步走向成熟。在这过程中,您的殷殷期望,您的时时鼓励,您的谆谆教诲,您的厚厚慈爱……都对女儿产生了重大的影响。

您的期望让我目标明确。您一直教导我:人贵有志,要立大志,要不断树立新的目标。不怕做不到,就怕想不到。世上无难事,只要肯登攀。所以,我才能在每一阶段的学习生活开始之前,作出可行的计划,定出明确的目标。目标是灯塔,有了灯塔的指引,船才能行得快、行得稳,我连年取得好成绩,年年被选为优秀学生干部、三好生。

您的鼓励教会我乐观坚韧。记得上小学三年级时的一次期末考试,我数学考98分没有进入班里前3名,回家躲在门后不敢见您。您下班一问,我就"呜呜"哭了。是您笑着把我拉到沙发上说:"小班长,这次没考第一不要紧,要紧的是找找丢分的原因。想想,什么原因?"我眨了眨眼,总结说:"主要是太粗心,写完卷子急着交,没检查,一道题的数写错了。"您"哈哈"大笑:"细节决定成败。今后认真就是进步了!"这是多么难忘的鼓励啊!当我遇到困难时,您告诉我"瀑布不因顽石的阻挡而停止歌唱"。当我悲观失望时,您告诉我"背对太阳,黑影就在你的前方;迎着太阳,黑影就被你甩到脚下"。当我受人妒忌以致气馁时,您告诉我"鹰尽管有时飞得比鸡低,但鸡却永远也飞不到鹰那么高"。您的鼓励,总能让我在黑暗中看到光明,在困苦中找到快乐,在失意中找到自信,在劣势中找到优势。

您的教诲使我理智。您要求我珍惜时间,要我"不要把飞逝的现在当做友人,不要把静止的过去当做仇人",我才会在偶尔的疯玩之后,迅速收心,投入学习;您要求我调整好自己的心态,告诉我做事"岂能尽如人意,但愿无愧我心",我才会在遇到不公时,坦然接受；您要求我学会宽容，告诉我"虚怀若谷，大智若愚"，我才能用一颗包容的心，化解一些琐碎的小事……您的教诲，让我能适时地认识自己，鞭策自己，懂得慎独与自省，逐渐走向成熟。

有这样一首歌："无论你是贫是富是卑是尊，切莫忘记谁将你养大谁将你生……几番坎坷几度辉煌人生万里路，谁为你流泪谁为你牺牲谁送你上征程……"

爸爸，我知道您十分疼我、宠我、爱我，您天天都在关心、关注女儿。当我上小学患过敏性鼻炎时，您和妈妈四处寻医，我身上被试扎了20多针。您流泪说："宁愿爸爸受苦也不愿女儿受罪。"记得考初中选重点学校时，您为女儿冒雨四处奔波求人……衷心地感谢您对我付出的一切。我知道，现在的我，无法为您买下豪宅，无法为您烹出山珍，但我的一句问候，天天平安，点点进步，同样能让您欣慰许久，甜蜜许久。因为在"孝"的天平上，它们等值。

爸爸，我十分敬您、想您、忧您。您前年率河南政法团赴西欧考察，上火车前，女儿在外语学校不能送您，给您打电话送行时，我都哭了，女儿实在担心您患病或有什么闪失！时光荏苒，又是一年。把快乐与您分享，它就变成两份；把痛苦与您分享，它就变成一半。您既拼命工作勇争一流，又挤时间读博士思考笔耕，女儿真想为您做点什么，为您分忧解难。女儿再次劝您，您已47岁了，夜里不要工作太久，每天一定要睡够8个小时。我也许曾让您生气，也许再说显得重复，但女儿还是要说。我一定把您坚毅勤奋、乐观向上的精神继承光大，勇攀高峰！相信我，决不会让您失望！

爸爸，看了您的信，我班里的几个好朋友都羡慕我，怨她们的父亲没有写这样的信。可我提起笔来给您复信，真不知该写些什么了，也许是感谢，也许是感激，但我觉得千言万语都难以表达我对您的深厚感情。转眼间，女儿已经通过层层筛选、笔试面试，即将以"优秀生"名义保送迈入北京外国语大学校门。您天天起早贪黑忙工作，我知道，女儿上大学也意味着和您在一起的本来就不多的时间会更少了,但请您放心,我一定会加倍努力学习,也一定会成为一个懂事孝顺、永远向上的好女儿的!相信我会成功,一定能够成功!

谨向我亲爱的爸爸献上我最衷心的祝愿:永远身体健康,工作顺利,天天开心!

您的女儿:小羽
2004年1月16日

二、乐于吃亏　科学发展——再致女儿的信

亲爱的羽儿:

爸爸收到你寄的贺年卡,即向你妈妈读了,好感动!

当你接到此信时,你期中法律、英语等十几门考试,已全部成功了。

2006年你的学业大进。你暑假不回家而读"新东方进修班",开阔了视野。你学习攻关,有时一天仅睡4个小时,有时连吃饭都让送盒饭到寝室,只为节省一分一秒啊。如此,怎能不连年获得一等奖学金呢?

2006年你的生存能力大长。社会是复杂的,如登嵩山途中的荆棘丛生,只有适应才能生存,只有战胜才能前进。八月份,你利用假期到省司法厅律师事务所实践,连夜用学到的知识翻译法律合同书40多页,乐于吃亏,不给报酬就不要。这就是学会生存!吃亏是福啊!下半年,你又连续参加"国"字号的英语辩论赛、演讲比赛获奖,锻炼应变、应对社会挑战的能力,学会抓主要矛盾,选最佳方案提高自己……我们的好女儿,你比爸妈上大学时的成绩

还棒！

2006年你的体质大增。面对繁重的学习任务和众多的社会实践活动，你都争先，仍然合理安排时间，有规律地锻炼身体，日跑三千米，体育考试，被同学羡称"非人类"也。你很要强，曾为累得无法挤出时间而苦恼。当听到"爸爸，我实在做不完作业，真想跳楼"时，爸曾拍着你的肩膀说："不行，就舍弃一项吧"，而你却宁肯啃面包也要赶写出，没有舍弃。这是心理素质的考验！当爸爸在电话中要你"沉着有序，加强营养"时，你可知道，爸爸在流泪；当发短信"苦中有甜，再苦，也还有一周，欧美圣景在向你微笑招手"时，你可知道，爸在心疼。我们的好女儿最终战胜了困难，那一个个奖牌，那优秀学生干部奖状，不就是胜利果实吗？

羽儿，爸妈为你自豪！你的"功"，确实是对我们，对关心、支持和培养你的人们的安慰！

新的一年开始了，你就要进入大四，就要考研了，任务重，也要有生活的选择，要科学发展，学会轻松快乐地学习生活。大一时，爸妈教育你专心学习，不谈恋爱，你是班里唯一没谈的一个。班长，就应做表率！大四，在搞好学习考研的同时，如遇到年龄比你大的，性格和你互补的，所学专业与你相学相长的，条件相当的，可以多接触了解。

"有困难，找爸爸"，请记住，我们的宝贝！

祝你健康、平安，开心每一天！

永远爱你的：爸爸 妈妈
2007年1月17日于郑州

女儿张小羽致爸爸妈妈的回信

最亲爱的爸爸妈妈：

今年太忙，就不分开给你们寄了，合二为一吧！

2006年，我应该是充满感恩的：得了一等奖学金，学完了托福Lsat，获得北外、全国大学生国际英语辩论邀请赛及西安全国辩论邀请赛的最佳辩手，并还为北外赢得了两年来的第一个辩论一等奖，得了21世纪杯英文演讲比赛的优秀奖。马上，又要去参加Jessup国际模拟法庭的比赛。总之，是丰收的。

写下这些，不是为了表功，我知道，向爸爸妈妈不需要表功。但这些"功"，是给你们最好的新年礼物，也是最大的安慰，是对你们的关爱、付出最好的报答。

2007年，是女儿关键的一年。我要参加托福考试，打开考取美国纽约大学等名校法学研究生的大门，要辅导学弟学妹参加国际英语辩论大赛，要开始准备英语、法学两个专业的大学毕业论文，争取论文优秀，获双学士学位，要争当北京市优秀大学毕业生……

感谢的话写得太多了，这么多年，都在写、在列，但语言仍显得空洞。所以，今年，我就将这半年的所得与我最最亲爱的爸爸妈妈分享，把新一年的学习计划向爸妈汇报。换个方式，但真心不变！

还是要祝我最最亲爱的爸爸妈妈：

2007年，身体健康、开开心心，我们全家幸福！

女儿：小羽
2006年12月29日

做劲翔太空的嵩岳雄鹰
——张国臣博士与妻子王素珍、女儿张小羽考察嵩山文化(2009年)

越是漂泊，归属感越是强烈*
——致张国臣伯伯的一封信

吴 琬

敬爱的张伯伯：

您好！许久未见，您一切都好吗？

此刻的我，在欧亚大陆的另一端，隔着7小时的时差，给您书写这封信，向您讲述我这些日子的留学生活。

去年8月，您将留学助学金交到我手上的场景还历历在目。而一转眼，我在法兰西的首都巴黎，已经度过半载光阴。从初来乍到的新鲜与不适应，到试着融入这里的生活，时光荏苒，而此刻的我也比之前的自己成熟了许多。

巴黎真美啊！

——这是我刚来时止不住惊叹的一句话。华美的凡尔赛、幽静的枫丹白露、盛名的埃菲尔铁塔、浪漫的塞纳河、震撼人心的巴黎圣母院、馆藏丰富的卢浮宫、富有风情的蒙马特、现代化的蓬皮杜艺术中心……这些地方都留下了我充满好奇心与求知欲的身影，留下了我对巴黎的赞美与喜爱。的确，巴黎是一座美丽而充满浪漫气息与文化氛围的国际大都市。

但正如人们所说，"巴黎适合旅游，不适合居住"——这里的

---

* 吴琬，法国巴黎第三大学学生，受张国臣教授资助。该文是吴琬的学习汇报信。

物价实在高,加上欧元与人民币的汇率比,刚来时看价目表总觉得触目惊心。生活所迫,只能学着去适应与国内不同的消费标准,同时注意节俭不乱花钱。但同时,我是幸运的,因为我有国家的基金补助,有父母的物质支持,还有张伯伯您给我的留学奖金——多亏了你们,我才能在巴黎不至于生活拮据而艰难,我才能不为生计所迫,才能没有顾虑地探索吸收巴黎的文化精髓、游历四方开阔眼界。谢谢你们!谢谢您,张伯伯!

在学校,我利用这宝贵的机会,争取多听一些有用的课程,我选择了法国文学史、综述写作法、经济基本理论、英法互译、中法互译、哲学文章分析、文学评论、当代法国等课程。虽然来法国前,我已经在学校扎实地学了两年的法语,但是刚来到这里还是适应不了法国人飞快的语速,无论在生活上还是学习上都遇到了不小的障碍。比如说上法国文学史的课,该课程涉及的词汇不是专有名词就是专业性词汇,加上这门课的老师讲课风格就是语速飞快,我每次记笔记只能记下只言片语,用了录音器回家后再反复地听,仍有许多地方听不明白,只能借助法国同学的笔记进行查漏补缺。还好,随着时间的推移,我慢慢适应了,能够更好地吸收老师所讲的内容了。法国老师和同学大体上比较友善,但是要想交到好朋友并不容易。我的课程都是一周一次,大部分都是和留学生一起上的,所以和法国学生认识、交往的机会很少,加上法国人缺少西班牙人意大利人的热情好客,一般不会主动和人搭讪。幸运的是,我之前在国内一次工作机会中认识了一个住在里昂的女孩,并保持着联系,她的帮助,让我感到很温暖。

留学的生活很磨砺人。可以说,这是我第一次走出象牙塔,去独自面对这个世界。一个人在巴黎,不管遇到什么困难,都要学会自己解决,不能依靠,不能推脱。要办各种繁杂的手续:找房子、签约买手机、办银行卡开账户、申请房屋补助、办公交卡,要去超市比较物价,购买特价商品,要对自己每月的开支进行详细的记录以保证不至于花费过多而导致寅吃卯粮,同时,要学会保证自己的人身财产安全。

生活的琐碎是令人困扰的,但一个人必须学会独立生活。除了处理生活的琐事,学着面对孤独也是一个重大的课题。在这边,我能很强烈地感受到民族的差异感,能强烈地感受到"中国人"这三个字的含义。看似精彩的资本主义世界,无法阻挡我时刻牵挂着故乡的心:那里有我热爱的祖国,那里有我成长的记忆,那里有爱着我、支持我的亲人、朋友、师长。越是漂泊,归属感越是强烈;距离越是遥远,思念越是浓厚。什么是祖国,那是飘扬的五星红旗,是振奋人心给人以力量的中国红;什么是父母,那是最深沉的爱与最无怨无悔的付出,那是永远的港湾;什么是朋友,那是相识相知共同成长,那是默契,那是牵绊;什么是老师,那是我成长历程中最重要、最值得信任的呵护者……关于这些,都是我出国后,才深深地领会出的道理。我很感激这次经历,否则,我就不会如此深刻地认识到,祖国、父母、朋友、老师对我意味着什么。正是这深刻的认识,让我学会了珍惜身边的人和物,珍惜和他们共度的时光,和他们在一起时应让他们感受到你对他们的爱,让他们开心快乐,远离他们时,要时时牵挂联系,报个平安,送去祝福。

此外,不得不说,此次留学经历也让我对世界、对人生、对自身有了更深的认识和思考。走在不同的土地上,和不同肤色、讲着不同语言的人打交道,了解体验不一样的生活,这些都促使我思考自己所经历过的人生与自己即将走向的未来,开拓了视野,增长了见识,扩展了胸怀。世界很大,每个人不过是沧海一粟,再加上人生的短暂,更是须臾一刹那的事情。我明白了自己要做的,是要在有限的时间里去开拓无限的空间,去不断增加自己的游历和素养,让这一生精彩而无憾!

总之,怀着感恩之心,我将继续带着求知的渴望与对生活的热爱,以艰苦奋斗的精神好好度过余下的留学生时光。到离开之时,我就可以带着收获的知识与成长的感悟,微笑着和巴黎的云彩作别:"Au revoir, mon Paris! (再见了,我的巴黎!)"

我期待着早日回到祖国的怀抱,早日向张伯伯您汇报我的学习心得。

祝伯伯事业进步,工作顺利,身体健康!

吴　琬
2012 年 3 月 12 日

我的大学生活[*]
——致张国臣教授的一封信

弋鹏玮

敬爱的张教授：

您好！我是弋鹏玮，不知不觉已经半年了，仍记得毕业时的情景，记得和您握手的那一幕，记得您对我们的希望。做人不能忘本，我不会忘记是您给了我上大学的机会，是您将我父母眉头的忧愁抹平。感谢您的善意和资助！

现在，我正坐在逸夫馆里给您写信，我的面前是学校琳琅满目的图书，周围是孜孜不倦学习的同学。在这样安静的环境里，我感受到了两个字——幸福。

刚来到华中科技大学，我就被它的"大"所折服！不知道有校车的我和爸妈看着地图走遍了华科的好多角落。炎炎夏日，汗水淌下来，我们却不感到热。这来到大学的欣喜，让我忘记了累。我喜欢大学！

开学第一天，我们就开了班会，班主任有意让我当班长。我虽然当过很长时间班长，还是心有余悸：来到这里，已不是小登封了，我能"混"得开吗？不过，我不想放过这样的机会。当上班长，我发现自己性格好内向啊，很少主动和同学、班主任交流，而且单独和同学说话时老是不好意思；我还发现自己的见识如此之少，以至

---

[*] 弋鹏玮，华中科技大学学生，受张国臣教授资助。该文是弋鹏玮的学习汇报信。

于他们说的很多东西我闻所未闻,这使我有了紧迫感。我开始努力"补课",现在好多了,我工作比较自如了!

大学生活是不同于高中的。先说学习吧,不再有人不断督促你,一切都要靠自己。要学的很多,老师讲得也快,你要不断地预习复习才不会落下。上课要自己占位,如果你来得晚,你就不得不坐在后排。老师提出问题我们要主动回答,否则你永远没有发言的机会。课后有问题要及时找老师解决,一旦错过了就不会有下次。令人欣慰的是我们班的学风很好,一些好的学习习惯仍旧保持,比如早读等等,所以最终在年底测试时大家都底气十足。

再说生活上,是的,大学校园给了我们展现自我的机会。在学习之余我根据自己的兴趣报了学生会和社团,平时会有些活动,我会和同学一起去,这些使我的生活变得多姿多彩。当然,这儿也是有纪律的,例如学生会的卫生例检等等总是让我们手忙脚乱。大学里还会举行一些报告会,听了总会让我收获良多。

华中科技大学是一所比较人性化的学校,它很注重学生的个性发展,只要你有意向,你就会得到各种渠道的信息和帮助。这里有我特别喜欢的各种讲座和公选课,我喜欢姚国华老师大大咧咧的性格,崇拜刘克明老师渊博的学识。我感觉课本上的知识似乎只有考试时能用,而其他方面,就要看你的知识面和人品了。目前,我觉得讲座和公选课,是提高人文修养和扩大知识面的最好方式了。我很感谢我们学校有这个平台,更要感谢的是张教授给了我这样的机会,让我能坐在这里继续学习深造!

在这里,我还感觉到了一个很严重的问题:迷茫!也许这是所有上过大学的学生都会体会到的。当时我很好笑,嘴里爱嘟囔一句话:"大学之大。"大学的路实在太多了,习惯了"被"选择的我一时不适应了,考上了大学,自己没了"被"定的目标倒不知所措了。当时开了好多新老学生交流会,学长们一直在说当年的"风范",我也听得热血澎湃!我领悟到:大学里每个人都有自己的路,每个人都要找到它,并坚持走下去。找到适合自己的路好难!我想了很多办法,也了解各方面的信息,慢慢地摸索着。现在我已经有了大致的方向,我会不断前进,并适时做些调整!

我会继续在大学里摸索、寻找,直至走上适合自己的路,同时,我也会心怀感恩,真心对待身边的人和事,经常想起您,想起您的教诲!

很多人都这么说过:童年的我们承诺着总有一天要回报社会,但是最终被忙碌的生活所湮没,等想起的时候早已物是人非,再也舍不得去回报了。可是,总有一些人不曾忘记,不曾让心落上世俗的灰尘,分出自己的幸福给那些不幸的人,张教授亦是如此。而我,自当也会是这样的人。有人说过,渺小的自己虽然做不了光芒四射的太阳,但是至少能做一颗星星,照亮自己身边的人。

付出比给予更重要。我要像张教授您一样向社会输送爱的种子,总有一天它会像我们期望的那样开满大地。

祝您身体健康,一切顺利!

戈鹏玮
2012 年 3 月 16 日

著名书法家高军法书张国臣诗《春读》

圆梦大学[*]
——致张国臣教授的一封信

吴俊青

尊敬的张教授：

您好！转眼之间，我已经进入大学半年多了。这里的一切那么美好，深深地吸引着我。同时，这里也让我对很多事物有了新的认识。我知道，这个宝贵的机会是您给我的，是您让我对明天的生活更有信心，是您帮我走进了大学，实现了我的大学梦，谢谢您！

记得开学的第一天，当我走近校门口时，毛爷爷的塑像伫立在三道拱门之前。能来到毛爷爷的故乡读书，近距离地领略毛爷爷的风姿让我感到无比骄傲！之前我曾了解过湘潭，知道这是一个人才辈出的地方，除了毛爷爷外，还有彭德怀、齐白石等人物。我希望在这个人杰地灵的地方成长为一个于国家于人民有益的人。

渐渐开始适应新的生活环境，首先感到不同的便是学习了。没有了老师的管束，一切都是自己安排，这让崇尚自由的我感到快活，但也有许多难以适应的地方，比如，老师每节课讲得多而且快，这让我措手不及，很多时候会因为不能完全吸收老师所讲的东西感到难受，总觉得自己没用，但我知道，千万不能放弃，万事开头难！如今，虽然仍有些吃力，但比刚开始那会儿已经好多了。我坚

---

[*] 吴俊青，湘潭大学学生，受张国臣教授资助。该文是吴俊青的学习汇报信。

信"有志者，事竟成"，我决不会辜负父母和您对我的期望，不会浪费你们给予我的机会。

生活上，我是第一次离开父母，独立生活。这让我有一些兴奋又有一些胆怯，生怕自己不能处理好每一件事情，同时也深感以前在家父母对我无微不至地照顾。独立生活，让我发现一切都来之不易，各种支出使我惊异于自己的花费之多，我只能尽力节俭。清楚地记得去年暑假，我去超市打工，我第一次尝到了赚钱的艰辛，当我拿到工钱的那一刻，我是那么得开心，认为自己可以为父母分担一些忧愁了，尽管不多。可是，现在发现，我所做的对于有两个大学生、一个初中生的家庭而言，真的太少了。所幸当时有您，张教授，我和我的家人一直念叨着您、感激着您！我知道，我只有努力学习，才不会让父母失望，才不会让您失望。

大学与中学的不同之处还在于这儿的同学来自五湖四海，而不再是只用一种方言的同乡了。记得刚来时不习惯用普通话，几乎很少开口，幸好同宿舍同学的友好与活泼感染了我，让我慢慢开始接受并改变。现在依然记得刚来时，十几个不同省份的人讲各自家乡的风俗与方言让大家笑作一团的情景。大学里有好多社团及班级活动，我第一次尝试与同学全力去做一件事，也感受到了许多以前不曾感受到的温暖。大学生活使我改变了许多，比以前更开朗了，也发现许多以前没有发现的快乐，感谢我的同学们，感谢您。

除了这些，我报了青年志愿者支队，成为一名志愿者，因为我明白我能有今天是张教授您的慷慨帮助，所以，我愿尽我之力去帮助那些需要帮助的人，虽然我能做的不多，但是我会努力做好，而能帮助别人，我感到十分快乐。从这学期开始，我每周六去一个家境不好、成绩也不那么好的孩子家，为他们免费补课。还记得第一次见他们时的情景，两兄弟围着一张小桌子在写作业，一个节能灯吊在桌子上方，令我感叹良多。两兄弟看到我们，赶紧去搬凳子，倒茶,这让我惊异于他们的懂事,他们才上六年级和初一啊!看着他们,我突然明白许多,原来,环境的好与不好真的不可怕,关键是拥有一颗顽强的心。

另外,我们全班同学也一起去敬老院看望老人。敬老院好隐蔽,好安静,我想,那些爷爷奶奶一定也有些寂寞,希望孙子孙女绕膝而坐,与他们说笑吧。看着男同学与爷爷们下象棋,女同学与老奶奶们聊天,觉得好温馨,好幸福,多么希望时间凝结在这一刻,好让这些老人更快乐地生活!

大学的生活多姿多彩,我由衷地感谢您,张教授,是您帮我圆了大学梦!我期待早日毕业,用自己的行动去做像您一样的事业!

祝张教授身体健康,事业进步!

吴俊青
2012 年 3 月 28 日

因为爱,我才在这里[*]
——致张国臣教授的一封信

王亚萍

敬爱的张教授:

您好!又是全新的一年,您身体还好吗?

我来大学已经半年了,回想这半年的生活,心里有许多感慨。在这里,我不仅收获了书本上的知识,那些如从春风中走来的朋友们也让我受益无穷。从最初的青涩羞怯到如今的淡定自若,我在大一有了人生的第一次华丽转身。

给了我机会的,是您,张教授!我知道,因为爱,我才在这里。一个人在前行的路上有人帮助是件多么幸运的事情啊!因为您,我对这个社会充满了感激;因为您,我才使自己时刻保持着一颗透明的心,不至于迷茫,不至于忘记世界的美好。

能在这里,是因为您的帮助,所以我想您一定想听听我在大学里故事。

先说说我们的学校吧。我的大学位于一个静谧的小镇,小镇上有纯朴的农民和能干的商人,有朝气蓬勃的中学生,这些总让我时时想起家乡,想起家乡的人们。这是一个美丽的学校,那些树,那些花草,总会激起你那孩童的天性。最幸运的是我们还有一个实习基地——博览园,它已经是国家四A级旅游风景区了!今年

---

[*] 王亚萍,西北农林科技大学学生,受张国臣教授资助。该文是王亚萍的学习汇报信。

我们班承包了其中的一小片土地,到了周日,我们就会去照顾地里正在发芽的"小家伙们"!浇水,施肥……这里没有大城市的喧哗和浮躁,有的只是乡村的纯朴和可爱,一如我习惯的味道,淡淡的,静静的,沉淀在我的心里,永远无法忘却。

再说说我的班级。张教授,我所在的班级可是很厉害的,上次期末测评,我们班是专业第一呢!这不是最重要的,最重要的是,班里的同学们太可爱了,想起去年在农家乐吃火锅时的情景,就禁不住想笑。虽然大家来自全国各地,经历不同,偶尔也会有些摩擦,可是正是这些摩擦,不断地升华着我们的感情。在这样的班级里,我很快乐的。

还有我。我在这里是平凡的,偶尔会忧伤一下,为自己的过于平凡。有时候会想:为什么自己没有别人的幽默?为什么很多事情自己都做不好?那么多的"为什么"让我意识到了差距。后来一个学长的话让我悟出了一个道理:抱怨只是因为自己无力改变。我是渺小的,我能改变什么呢?可是我不甘心,即使做不了太阳,我也能成为一颗星星,一颗能为别人在黑夜中带来一丝光明的星星。

有人说大学是安逸的,没有高中升学的压力,可以放开做自己的事。可我说上大学是对我们人生的一次考验,面对种种诱惑,如何抉择,不会再有人告诉你。错了,恶果就只能自己承担,我想这就是长大的代价,所以在这里我做什么都要认真尽力。

大学里充满了活力。每天都不断地行走于宿舍、教室、餐厅之间,这不同于高中的教学模式,一开始很难让人适应,一堂课有100多个同学,有时候去晚了就只能坐在后面了。老师像是最熟悉的陌生人,一旦下课就成陌路。可是后来发现其实是自己不够主动,老师们留了自己的号码和邮箱,自己平常就可以和他们联系的。老师们的见识和视野比我们的要广得多、宽得多,多交流可以加深自己对社会的一些了解。

大学生活是幸福的。每学期都有选修课,你可以按照自己的意愿去选那些喜欢的课程,这是一件幸福的事。我就选了英语语音和生活中的法律问题。可惜的是一学期只能选两门,要是能多选些就好了。另外,我也参加了两个社团,一个是向日葵爱心社,一个是笛箫口琴社团。最喜欢的当是"向日葵"了,这是一个特别温暖的地方,记得刚来时,自己都不敢说话,可是即使如此,社团里的伙伴们还是很在乎我的感受。我们一起玩耍,一起分享快乐。在社团里认识了好多人,偶尔遇到什么困难,他们就是我的第一批救助者。而在笛箫口琴社团呢,我学的可是民族乐底子,想想自己将来能有一门特长,我就会很开心。所以在这两个社团里,我出勤率都是很高的。

　　记得中学时,我常抱怨没有机会锻炼自己,现在不一样了,它给了我锻炼的平台,而我则必须鼓起勇气,不怕失败,不怕吃苦,才能走近成功。生活总是充满着意外,我多么幸运能来到这美丽的大学校园,任何困难都不会让我退却,我要在这里找到自己的未来!

　　"张伯伯",让我这样称呼您一句吧,谢谢您!我在远方写来这封信,信里带着我对您的感激和祝福。

王亚萍
2012 年 3 月 18 日

报恩思人杰　奋进莫闭关[*]
——致张国臣教授的信

范泽坤

尊敬的张伯伯：

您好！

有多少次走过金水河畔，有多少次掠过二七塔，有多少次遭人冷眼相待，又有多少次在都市的霓虹灯下迷茫……在我身无长物时，仍能在您的资助下继续接受教育，对您，我始终心存感激。

然而此刻的一封信，却显得是那么没有诚意，同在一个城市，竟然不能抽出时间去看您，做晚辈的，深感愧疚。我还清楚地记得，您说自己刚去学校时，只有家里给的10块钱，是对知识的狂热喜爱，才让您义无反顾的选择，义无反顾地前行。反观我半年的大学生活，却显得不尽如人意。一次次听着职场上的竞争者说自己大学的生活费和学费全都是靠自己兼职赚来的，我就有无限的愧疚感。要不是您的资助，就不会有今天的我，感谢您在我无助的情况下让我有幸继续完成我的学业。感谢您，张伯伯，有了您的教诲和影响，我一定会鼓足勇气，直面生活中的困难和挑战，让自己的大学生活更加充实。您就是我的榜样，是我上进的力量。

到了大学，我感觉不到自己是最优秀的，反倒感觉自己有很多

---

[*] 范泽坤，郑州大学学生，受张国臣教授资助。该文是范泽坤的学习汇报信。

的不足,甚至有很强的自卑感。身为一个登封人,当好多同学问我会不会少林武术时,我有的只是瞠目,因为我只有笨拙的身躯;当他们问我会不会河南豫剧时,我结舌了,因为我只有一张同样笨拙的嘴。至于璀璨的嵩山地质文化和高深的少林禅宗文化,我更是望而却步。然而我却不得不相信有这样一名公务繁忙的政府工作人员,在百忙之中,醉心于故土文化研究,更开创了少林文化学派。这样说来自己确实是百无是处了。在您的影响下,我现在不再那么自卑了,我要用自己的实际行动告诉您,我也要做一个名副其实的登封人,学习河南文化、登封文化,弘扬嵩山文化精神。现在我加入了学校的文学社,有空我就钻进图书馆,阅读经典文学,对嵩山文化也有了更深的了解。感谢您,是您把我带进了文学的殿堂,相信在我努力下,不久的将来,我一定会有所成就。您在经济上资助我,在精神上激励着我、影响着我。感谢您,您是我精神的领路人,是您给我指明了前进的方向。

向您汇报一下,我现在学校内部的嵩阳餐厅做一名兼职送餐员。每天放学,要做的第一件事情就是飞快地跑到松园的快餐部,准备、装餐,骑着车穿梭于柳、荷、菊、松四个住宿园区。有时候我也突发奇想,这些学生有什么资格让我们送餐员给他们上楼送餐,就因为他们忙于网络游戏吗?送过餐,上课时间就到了,我也要慢慢改掉午觉的习惯,不能耽误自己的课程。课余的时候,我依然会去图书馆,慢慢的觉察到,其实就是坐在那里,静静地,看着忙忙碌碌的同学,小憩片刻。有时候到书库里翻出工艺图集看,一看就是半天。感谢您,张伯伯,是您让我对学习有了无穷的动力,更是您的资助,让我的学业得以继续,我一定努力学习,好好做人,不辜负您的期望。

最后,祝您身体健康,万事如意!

范泽坤

2012年3月11日

感恩嵩山　感恩母校*

孙国豪

日影定地中，文化聚中岳。天地之中，嵩山以其博大的胸怀哺育着每一个登封子民。溪水潺潺，泉水丁冬，登封人民的心和嵩山脉络连在一起。

俗话说："滴水之恩，当涌泉相报。"怀抱着一颗感恩之心，犹如生命的旅途中点燃了一盏明灯；怀抱一颗感恩之心，犹如掌握了人生宫殿的一把金钥匙；怀抱一颗感恩之心，犹如在人生的海洋中拥有一艘坚固的船。所以，最忘不了的是母校，那个给我人生启蒙的地方。

母校，是我们孕育花样青春和理想的摇篮，是我们铸就骨气和善德的熔炉，是我们滋长知识和智慧的沃土；母校，以她的渊博助我们成才，助我们飞翔；母校，以她的胸襟教会我们"赠人玫瑰，手留余香"、"赠人微笑，心留愉悦"。

我们歌颂母校，因为它孕育着我们的生命，我们同样也感恩母校，因为她塑造了我们的人生。

嵩山，那里有养育了我们的一草一木。嵩山，让我们在刚刚睁开眼睛的时候就看到巍峨的高山、美丽的大地、葱郁的生命之树。嵩山，让我们在刚刚记事的时候就感觉到这里的每一个人都对我们充满爱。

---

* 孙国豪，登封实验高中104班学生。

没有嵩山，就没有我的成长，就感受不到世界的美好。嵩山孕育了我，让我学会了热爱生命，热爱他人。

　　忘不了小学时登封市政府、教育局为改善教育环境，拨款建设教学楼。也忘不了教育局局长李成林同志冒着寒风与酷暑视察工作的情景。前不久，张国臣同志将其与家人的藏书全部捐给登封人民，成立了"嵩阳高中国臣图书馆"，用他的大爱来表达对家乡登封的感恩之情。

　　忘不了太多太多的人，因为他们给了我们无微不至的爱；忘不了太多太多的爱，因为它们陪伴我们成长的整个过程，让我们时刻不忘自己肩上的责任，让我们时刻不忘感恩他人，回报社会。

　　感恩嵩山，感恩母校，让我们登封沐浴在缕缕感恩的春风中，变得更文明、更和谐。

（辅导教师　袁丽丽）

滴水恩　涌泉报[*]

杨璟璐

小时候,妈妈告诉我:"孩子,你要热爱家乡,是家乡的土地养育了我们啊。"

上学后,老师对我说:"你要热爱家乡,是家乡的山山水水洗涤我们的心灵。"

后来,我拿起了书本,它告诉我:滴水之恩,当以涌泉相报。

但是,我只知道家乡真的很美,巍峨的嵩山围绕着我们,像巨人将我们保护起来,绿树给它披上铠甲,磐石成了它的装饰,丰富的矿藏是它丰厚的底蕴;驰名中外的少林寺将佛学、禅学发扬光大,让来自海外的信徒得到彻底的洗礼;古老的塔林将历史记下,留给我们一份沉甸甸的礼物;神奇的观星台,弥漫着古色古香的嵩阳书院,还有,还有很多很多,我要怎样报答它的养育之恩呢?

终于有一天,我找到了答案。

初夏的阳光照在翠绿的叶片上,闪着耀眼的白斑,燥热的空气让我的心烦闷不安。但我仍伫立着,倾听着来自长辈的教诲。这是我校"国臣图书馆"的揭牌仪式。

我看到了一位朴实的长者,并非威严怒目,却令人肃然起敬。他铿锵有力的话语,不卑不亢的腔调,让我凝神聚息,听着他的每一个音准。著书《流泉》,他的心随嵩泉流淌在登封的土地上;编

---

[*] 杨璟璐,嵩阳高中一一班学生。

纂《少林》,他的魂牵挂着少林的一砖一瓦;编写《嵩山》,他的品格光风霁月,赤子情怀尽在字里行间。他懂得感恩,感恩家乡的人教育了他,感恩家乡成就了他,感恩家乡的一切。然而他并非空有一腔热血,虽担任要务,但对家乡,他仍不忘授之以渔,造福桑梓。

我仿佛也找到了自己努力的方向。虽然我还不能拿出大笔的钞票去铺设道路、兴修水利,我还不能站在更高的舞台上去宣扬博大的嵩山文化,我甚至不能为家乡说上一句掷地有声的话,但我会努力学习,提高自己,为报答家乡时刻准备着。

(辅导教师　霍　峰)

感恩与回报[*]

王高雅

是家乡,哺育张国臣成长;是教育,引导张国臣圆梦。他在功成名就之时,没有坐享其成,而是心存感恩,用实际行动来回报家乡、回报教育。他积极宣传嵩山文化,弘扬嵩山精神,并为登封的中小学捐赠图书,传播知识,恩泽后世。他来到了嵩阳高中,为我校捐赠图书,让我真切感受到了张国臣先生对家乡的热爱,以及对我们中学生的关怀和希冀。我敬佩张国臣先生,他让我懂得了感恩:感恩不仅要存于心,更要付诸行动。

张国臣向世人积极推介嵩山文化,并不懈探索嵩山文化,希望家乡又好又快地发展。从他的行动中,我感受到了他热爱家乡的情怀。家乡是一个人的根源所在,我们的衣食住行都离不开家乡的给予,因此我们对家乡要有一颗感恩之心。我们与家乡的命运密切相关,家乡是避风的港湾,是温暖的怀抱,无论现在我们身居何处,家乡都是我们情感最终停留的地方。我们与家乡有剪不断的情缘,家乡给予着她的所有,我们也应该用一颗感恩的心去回报她。

感恩教育,感恩家乡。我们要回报于心,更重要的是回报于行。我们也许做不了张国臣先生那样轰轰烈烈的大事,但我们可以做一些力所能及的小事。感恩教育,其实,我们能做的有很多。首先我们要尊重老师,尊重老师的劳动,比如上课认真听讲,不做

---

[*] 王高雅,嵩阳高中一十四班学生。

张国臣陪同文怀沙教授考察嵩阳高中(2011年7月)

小动作,不窃窃私语,等等。

  感恩家乡,我们可以像张国臣先生一样宣传家乡的特色文化,促进家乡的发展,也可以从生活小事入手保护家乡的环境。不乱砍伐树木,不乱倒生活垃圾,少用塑料袋,节约资源,不浪费每一滴水,实现家乡的可持续发展,也可以呼吁家乡人民保护我们赖以生存的家园,制止破坏家乡建设的行为,这些是我们完全可以做到的。

  感恩于心,回报于行。无论大小,每一个人都可以尽一份力。

(辅导教师 郭 沛)

这个世界[*]

陈文婷

这个世界,有这样一些人:翻开报纸,有他们的消息;打开电视,有他们的镜头;街头巷尾,议论的还是他们的所作所为。他们就是话题的焦点。

当张国臣老师要为家乡的学校捐书时,他已然是公众的焦点了。

这个世界,总有人会与众不同,他们通过把幸福传播到身边的每一个人,把感动播种到身边的每一个人心中,他们的故事激励着一代又一代人,张国臣老师就是这样的人。没有优越的家庭条件,没有令人羡慕的出身,正如他所说:"苦难磨练了意志,逆境激发了奋进的力量。"在现实面前他没有退缩,没有畏惧,用自己的毅力打拼出一片天。

"天将降大任于斯人也,必先苦其心志,劳其筋骨,饿其体肤,空乏其身,行拂乱其所为,所以动心忍性,曾益其所不能。"在曲折的人生中,一切都没能将张国臣老师打倒,他不断进取,不断努力,"守得云开见月明","功夫不负有心人",他用自己的勤奋、恒心和毅力获得了一张张人生的"许可证"。

出书,写作,他一刻都不曾忘记学习、研究家乡的文化,让更多的人了解家乡。为家乡捐书,心系家乡的教育事业,用自己的实际

---

[*] 陈文婷,嵩阳高中二七班学生。

行动造福家乡人民。

　　这个世界,总有一些人值得我们学习,这个世界,总有一些东西吸引着我们为之奋斗。如果想证明自己,就要把握每一个机会,现在我们能做的就是学习,学习足够多的知识来充实自己,武装自己。

　　夏荷残了,却留下了溢清的芬芳,那芬芳便是荷的痕迹;秋菊谢了,却留下了"人比黄花瘦"的感伤,那感伤便是菊的痕迹;冬梅落了,却留下了"玉雪为骨冰为魂"的风骨,那风骨便是梅的痕迹。我们希望为这个世界留下什么呢?

(辅导教师　何　艳)

唱响心中的绝唱*

高丽鹏

曾几何时,地位是身份的象征。有了地位,相应的一切随之即来。但张国臣教授不同,他致力于学术研究,取得了颇为丰硕的成果,是一名笔耕不辍的学者。他始终没有放弃对学术的钻研,没有忘记家乡的哺育之恩,他曾多次登上嵩山进行实地考察,编写了有关嵩山文化的著作20余部和10集文化风光片,从学写作文到发表文章、出版400多万字的文集,他用实际行动诠释了对家乡的感恩之情。他用数十载的"天梯之爱"谱写了生命最华美的乐章——心系家乡,宠辱不惊! 让博大精深的嵩山文化发扬光大,闻名中外!

学问深,名气大,作为登封的成名人物,张国臣教授当然都具备,但他的那种"吃水不忘挖井人"的人格魅力才是最令人折服的! 我们阅读大师,阅读他高贵的灵魂,读懂这些灵魂,眼睛会多一分睿智,心床会多一分靠拢太阳的勇气。我一定会像张国臣教授那样,从现在开始努力学习,争取有朝一日能为发展登封、建设登封贡献自己的一份力量。因为爱只有靠传递才能显得更动人,更具有久远的魅力。

在一个懵懂的世界里,张国臣教授用他的实际行动树立起一座"爱"的丰碑,他将积累多年的具有很高收藏价值的各类图书捐

---

* 高丽鹏,嵩阳高中二十四班学生。

赠给了登封各所学校，用知识滋养登封的莘莘学子。授人玫瑰，手有余香；奉献爱心，收获希望。我想起这样一句话："当你得到过别人爱的温暖，而生活让你懂得把温暖变成火把，从而去照亮别人的时候，不要忘了，这就是生活对爱的最高奖赏。"我们需要把张国臣教授对家乡的爱与感恩传递下去，这样才能把登封建设得更加美好，让嵩山文化的内涵得到更淋漓尽致的彰显。

人们常说，许诺通常分为两种：一种如清茶，倒一杯是一杯；一种如啤酒，才倒半杯，便已泡沫翻腾。张国臣教授当然是当之无愧的前者。他坚守自己的承诺——学有所成，回报家乡。始终没有动摇。他用自己的实际行动履行了回报家乡的承诺，这杯清茶，值得我们每个人仔细品味，它不仅滋养着我们的生活，而且洗涤着我们的心灵。

张国臣教授抽象深邃的生命意识得到了通俗形象的阐释，获得了生命的坦荡和美丽。或许我们现在的成绩还不怎么理想，但我们不该气馁，不该放弃。因为不幸是一块石头，可以磨砺我们的坚强；不幸是一柄利刃，可以刺破我们的怯懦。生命的旅途中总有许多不幸，承受住了，将之战胜了，那时不幸就只是一块飘动的云朵，永远不会遮住我们心底的阳光。

感恩一盏灯，感恩温暖岁月的一份真情；感恩一片雪，怀念滋润生命的一份真诚；感恩一个背影，感恩挥之不去的一缕思绪；感恩是一面镜子，映照那些永远年轻的风景，也映照永远不老的心灵。天地亘古，我念着让生命生生不息的宣言。终日乾乾，夕惕若厉，我们终将学有所成，我们定要回报家乡！

（辅导教师　张利冰）

高尚无需证明*

王文静

高尚无需证明。如石子一粒,仰高山之巍峨,但不自惭形秽;若小草一棵,慕白杨之伟岸,却不妄自菲薄。

高尚的诞生不是为了赌气,不是为了求证,更不是为了索取。

仅仅是为了摘取某个桂冠,才植入一次艰辛,即使真的享有荣誉了,那它的光彩也定会在并非虔诚的欲望中淡泊黯然,桂冠的魅力也并不能照亮前行的路。

仅仅是为了某次台上的亮相,才装饰自己的修养,即使真的在掌声中撑起了高雅,那么走下台后的粗俗一定会把完美打得粉碎。

高尚不是精彩的一瞬,不是一次优美的定格,不是一次让人感动的付出。

让高尚站立,那是一生的雕琢。

正如被颍河之水哺育长大的张国臣同志,作为学者,他一直把著书立说作为生活中不可或缺的重要部分。仅此次就为登封市中小学校捐出各类图书数千册,他能把生命的一个重要部分捐献出来,不正体现了共产党员无私奉献的精神境界吗?不正是高尚素养的体现吗?

真正身居高位的人,不会以傲慢的姿态来夸耀自己。

真正的亿万富翁,不会借珠光宝气来显示自己的财富。

---

* 王文静,嵩阳高中二十一班学生。

同样,高尚的人无需证明自己的高尚,只有不断地付出。

"嵩泉流大海,报恩常思追。"张国臣同志是心存感激的。他说:"作为嵩山之子,今后,我要以共产党员的标准,严格要求自己,更加刻苦学习,勤奋工作。开拓创新,乐于奉献,继续为家乡父老的培养和厚爱、为登封人民的幸福生活增砖添瓦。"心怀感激是一种德行,是一种处世之道,也是高尚品格的体现。

人生的履历再坎坷,也是平凡的流水账,容不得半点加工和润色。是英雄,后人自会做出高尚的注解;是庸人,即使在碑文上刻满高尚,历史的风雨也会把它剥落得干干净净。

授人玫瑰,手留余香。让我们来做花的事业吧,把花香传给别人;让我们来做叶的事业吧,把花顶过自己的身躯;让我们来做根的事业吧,使叶与花吸收自己的养分;让我们来做土的事业吧,使千万棵花树在大地的怀抱中自由自在地成长,根深而叶茂。

闲坐清溪听水声,让我们静静地感受高尚的魅力。

(辅导教师　毕瑞红)

学有所成　感恩家乡*

高　洁

取嵩山一泉甜源,润登封一方人士。

小时候,我不明白,为什么我的身边总有个"嵩"字出现。小学校名"嵩山路",初中归属嵩阳办事处,高中校名"嵩阳高中",并且自己家属院的名字中也有个"嵩"字。直到有一天,打开窗户,映入眼帘的近在咫尺的嵩山,似乎给了我一个正确的回答:因为你生在嵩山脚下。

张国臣先生也生在嵩山脚下。他这次为登封的中小学捐赠书籍,给了我很深的启示:是家乡嵩山赋予他什么了吗?是,嵩山生了他、养了他,他尽自己所能,为家乡做各种各样的好事。这是他学有所成之后,对家乡的感恩。

是的,张国臣先生也知道,自己是登封人,是嵩山哺育下的子民。他汲取的汩汩嵩源,如今换成他报答家乡的滚滚恩情;他汲取的嵩山博大之气,如今化作他想撑起、壮大家乡的坚实的脊梁。

无论将来你在做什么、身处何方,你的心中总有属于"家乡"的一片空间,那是一个人的根。当你叶落归根时,请带一滴雨露滋润它;当你学有所成时,请携一丝清香芬芳它。

嵩山,历来都有一股泉水在流淌:它是许由的淡泊名利,它是二程的著书立说,它是景日昣的《嵩崖尊生》,它是张国臣的无私

---

*　高洁,嵩阳高中二一班学生。

捐赠……

　　我能为嵩山做些什么呢？回顾前贤,心潮澎湃;遍览今人,热血沸腾。我是登封人,我也要屹立于天地之中。

　　抬头望望嵩山,它用那高大的身躯告诉我们:我是登封的屏障,而你们是登封的脊梁。行动起来！当你浑浑噩噩的时候,看看嵩山的山脊,摸摸自己的心,再品品嵩山水,再壮壮这力量！

（辅导老师　刘秋珍）

感恩的心*

赵丽丽

因为甘甜的雨露的滋润,嫩芽回报给大地顽强不屈的生命;因为和煦的春风的吹拂,麦苗回报给麦田硕大的麦穗;因为温暖的阳光的照耀,果树回报给自然香甜的果实……它们乐于回报,它们懂得感恩。

感恩是一种美德。我国自古以来就有"滴水之恩,当以涌泉相报"的说法。毛泽东主席在解放战争时期为某村村民挖了口井,人们为感谢毛主席特意立了块碑,刻上"吃水不忘挖井人"几个字。这是告诉我们要饮水思源,懂得感恩。袁隆平几十年如一日,是那颗感恩的心鼓舞着他不断克服困难,迎接挑战,坚持不懈研究高产水稻,在辛勤汗水的浇灌下,他终于研究出造福全国乃至全世界人民的籼型杂交水稻,解决了粮食危机。

感恩是一种修养。一场意外使一个18岁的姑娘整日卧病在床,她每天都只能靠妈妈的照顾来维持生活。一位记者采访她,在采访即将结束的时候,记者问女孩"最大的心愿是什么",女孩说:"我有一个永远无法实现的愿望——做妈妈的妈妈。"记者不禁有些奇怪,忍不住问为什么。孩子说:"因为如果那样的话,我就可以像妈妈照顾我一样照顾她了。我觉得只有这样,才能报答母亲。"女孩这个愿望的确永远无法实现,但她让我们看到了那颗感

---

* 赵丽丽,嵩阳高中二十班学生。

恩的心,一颗感恩的心体现了她的修养。

　　感恩是一种精神。一批珍贵的图书回到山花烂漫、人文厚重的嵩山怀抱。这批图书就是从小喝嵩山泉水长大的著名嵩山文化学者张国臣教授捐赠的。他以优异的成绩考入河南大学中文系,为感恩家乡、回报嵩山,他从大学期间就开始潜心研究嵩山文化,多年来,他坚持把理论创新、人文关怀、法治精神与文化传统结合起来,出版了三十余部文化专著,创作了十集文化风光电视片《嵩山》文学脚本并在中央电视台播出。如今,更是将积累多年的具有很高收藏价值的各类图书捐赠出来。正是张教授懂得感恩家乡的心,才促使他多年来坚持自己的理想,无私奉献,回报登封。他的这种奉献精神,鼓舞着登封学子坚持不懈、努力学习,也鼓舞着无数学者、家乡人回报家乡。

　　一颗感恩的心,鼓舞着无数人,也将成就一大批人。

（辅导老师　李孟武）

向您致敬*

王启蒙

首先,我要向张国臣先生致敬,以表达我崇高的敬意。

他的作品照应着他光风霁月般的人品;他的善举激励着我们每一位嵩阳高中人;他取得如此成就,让我震撼。

他说:"嵩山是我的家乡,我是喝嵩山的泉水长大的。"所以,几十年来,他无私地为登封奉献着。只因他懂得"谁言寸草心,报得三春晖。"

他说:"我感恩,是党组织精心培养了我;我感恩,是人民群众多年养育了我;我感恩,是社会各界的领导、老师、朋友支持了我。"他把每一点成就,每一次进步,都归功于别人的关心支持,在他心里,无时无刻不存在感恩。

此时此刻我真正明白了"滴水之恩,当以涌泉相报"的真谛!

他曾经暗立心愿,嵩山的学校不能缺书,今后他要成为作家,把自己写的心血之书献给家乡,捐给家乡的父老乡亲、兄弟姐妹们。如今,他做到了——把自己十本专著捐给登封的260多所中小学,把和妻子、女儿共同收藏的数千册图书捐给了我们嵩阳高中。

曾经的曾经,我以为这是遥不可及的事情,以为小时候立下"好好学习,长大为家乡作贡献"的誓言,都是大话,都是空话,有

---

* 王启蒙,嵩阳高中二三班学生。

谁能做到呢？

而今，我切切实实地感受到了，他真的做到了，在他的面前我们显得多么卑微。是他激励了我，让我萌发了"好好学习，回报家乡"的想法。

要想像他一样为家乡作贡献，当然，我们要有为家乡做贡献的能力。张国臣先生无疑是我们最好的榜样。

小学时，他连续几天把借来的《唐诗三百首》抄了一遍，"大小多少，上下来去"读的声音特大，勤奋进取，最终以登封市第一名的成绩考入河南大学。

张国臣先生的经历教会我们学习要靠自己，不管环境有多苦，命运都掌握在我们自己手中，我们要刻苦、要努力，闯出自己的一片天来。

我们要懂得张国臣先生的心意，我们要明白他的一片苦心，我们要使用好这些书，充分发挥这些书的作用，我们要立志读书，发奋图强，勤奋进取，拼搏不息。

我们要学有所成，回报家乡。

我要再次向您致敬，为您的无私、您的感恩、您的伟大！

（辅导老师　王海民）

像张国臣同志一样感恩着*

王乐蒙

从小到大,我们都一味地向父母索取着,却从来都不知道要回报。父母给予了我们生命,让我们活在这个世界上。同样的,我们也要学会感恩,用自己的一片赤子之情去感恩,感谢哺育我们、包容我们的父母、家乡。

"谁言寸草心,报得三春晖。"张国臣同志是我们登封人的骄傲。他不辞辛劳、笔耕不辍,全心全意为他的家乡、我们共同的家乡——登封奉献着、感恩着。这个被称为登封的城市因为他的存在而变得多姿多彩。

像国臣同志一样感恩着。几十年来,他从未忘记生他养他的家乡,他学有所成,第一个想到的就是感恩家乡。不可否认他是一个执著的人,他是一个功臣,他爱家乡就像爱自己的儿女一样,无时无刻不在为之付出。今天的成就是他多年的勤奋换来的,他爱家乡,如痴如醉。身为登封人,更身为嵩阳高中人,就要像他那样用自己的努力、自己的获得来感恩家乡。

"滴水之恩,当以涌泉相报。"登封的养育之恩,他用了毕生来回报。在他任职期间,没有享受领导的舒适生活,而是为家乡四处奔波,发扬嵩山文化,传播人文精神。他将自己的所学充分发扬光大,为登封的发展做出了巨大的贡献。我们钦佩这样一位赤诚之

---

* 王乐蒙,嵩阳高中二六班学生。

人,我们骄傲地说:"他是登封人,他的故乡是登封。"是的!他用了百倍的感恩之心去爱,去奉献。他报答了家乡,家乡因他而美丽。

像国臣同志一样感恩着。虽然,我们现在没有他那样的成就,可我们却拥有着将来取得那样成就的筹码,那就是——勤奋、拼搏、自强、感恩。拥有这些,努力学习,用知识去感恩一切值得感恩的人和事。

像国臣同志一样感恩着,感恩着我们可爱的家乡。为了家乡的建设,为了家乡的美丽,做好奉献一生的准备,用自己的努力,向张国臣教授看齐,去取得成功、感恩家乡。

"天行健,君子以自强不息!"自强、拼搏,用行动感恩家乡。让我们的家乡因为感恩而更加美丽!

(辅导老师 赵高歌)

学会感恩[*]

韩燕荣

学会感恩,春花有"落红不是无情物,化作春泥更护花"的牺牲精神。

学会感恩,古人李密有"乌鸟私情,愿乞终养"的至孝情怀。

学会感恩,我们更有"为中华之崛起而读书"的壮志豪情。

在人生这场马拉松比赛中,我们得到了太多的关怀和照顾:家是我们的避风港,社会是我们的实践地,学校是我们修身养性的圣地……因此,我们是最幸运的。然而,我们不能只是一味地索取,我们应该懂得感恩,懂得回报。

学会感恩,感恩父母,用我们的微薄之力回报给他们更多的温暖。黄香是东汉时期江夏安陆人,九岁那年母亲病故,他怀着悲痛的心情对父亲尽心照顾。在烈日炎炎的夏季,每当夜晚小黄香便手拿一把扇子,将父亲的枕头扇凉,将帐子里的蚊虫赶跑,再去请父亲睡觉。在冰天雪地的严冬,晚饭后,小黄香便先睡到父亲冰冷的被窝里,待被褥暖和后才请父亲入睡。

"天下无双,江夏黄童。""谁言寸草心,报得三春晖。"父母是我们最亲的人,我们索取了他们的青春、自由及容貌。因此,我们要学会感恩,用我们的肩膀支撑起他们的脊梁。

学会感恩,感恩家乡。用我们的豪情点缀家乡的风景。邢利

---

[*] 韩燕荣,嵩阳高中二一班学生。

斌出生于吕梁山腹地山西柳林县槐树沟村的一个贫困家庭,1986年考入山西大学,1990年毕业分配时,学校根据他的综合成绩分配他到省城太原的一家设计院,父母知道后欣喜万分。但他却想:在家乡生活这么多年,家乡有丰富的煤铁资源,不少企业由于人才和技术短缺,不仅没有取得应有的经济效益,而且造成了严重的污染。因此考虑到自己已有的科学知识,他舍弃了省城优越的生活、工作环境,自愿到贫困山区承包了一家乡办企业。苦干了七年,终将一家濒临倒闭的小厂发展成为了一流的大型煤焦企业——山西得瑞煤化集团有限公司,为家乡赢得了丰富的经济效益。

学会感恩,感恩祖国。用我们所学的知识为国家建设做贡献,使祖国更加强大。钱学森是我国著名的科学家,被称为火箭之父,早年在美国留学。1955年,他要求回国,却遭到美方阻拦。当年的海军处长金博尔曾说:"我宁可把这家伙枪毙,也不能让他回到中国。无论在哪里他都抵得上五个师。"但是他还是冲破重重阻拦,回到了祖国。回国后,马上投入到火箭研究之中。

学有所成,回报家乡。张国臣先生年过半百,身居高位,却从来不曾忘记嵩山的泉水。捐书千册,献出的是他浓浓的爱家之情;回报家乡,流淌的是他滚滚的嵩山之爱。

"灵台无计逃神矢,风雨如磐暗故园。寄意寒星荃不察,我以我血荐轩辕。"让我们共同学会感恩,感恩父母,感恩家乡,感恩国家,做一个懂得感恩的人。

(辅导老师 刘秋珍)

像鲜花一样活着*

崔莹达

种子被植入土地后,努力汲取养分,迅速生长。因为它不甘平庸,所以成就了阳光下一抹夺目的绚丽。

是春夏最耀眼的艺术品,它是——鲜花。

雏鹰被丢弃于山巅时,奋力飞翔,展翅高空。因为它不甘平庸,所以成就了蓝天下一道亮丽的风景。

是山巅最惊人的工艺品,它是——雄鹰。

他们起初都是微不足道的生命体,一样的躯体,一样的存活客观条件,不一样的是那颗坚韧的上进心,是吃苦耐劳、肯登攀的毅力。正是那些不一样成就了他们的独特,塑造了他们的成功。"做常人不敢做的",这是哪位名家讲的已不记得了,只是这句话印在脑海中,抹不去,擦不掉。

WESTPOINT,鼎鼎有名的西点军校。二十三则校规校训,成就了千千万万个伟人。其中最朴实的一条便是"肯吃苦"。这是我们亿万莘莘学子学有所成的必由之路。我们应当上得了书山,下得了题海。高中时期是人这辈子的腰,腰板挺不直,基础夯不实,你拿什么来指点江山、激扬文字,你又何谈为社会、为人类作贡献?

首要任务:学有所成

综上所述,先铺好垫脚石,才能走好以后的路。那些伟人,不

---

* 崔莹达,嵩阳高中二十四班学生。

是靠炒作,不是靠宣传,靠的是能力。就像蝴蝶,只要你冲出了蛹,即便外面的天空再阴霾,也遮不了你的绚丽;就像钻石,只要你肯被打磨,即使闪光灯再亮丽,也挡不住你的璀璨。人,就要被打磨,被磨砺,并自我奋斗,忍受得了煎熬与痛苦,才能成就光荣与理想。

华丽的词藻只是过眼云烟,一阵风的袭来便可将它送上断头台。有梦有理想才是真的,真的才能让人铭记于心,才能让人为之痴,为之迷,为之付出不懈的奋斗。现在的流汗总比若干年后在某个不知名的角落落泪要好几万倍。学有所成,就是要我们学出个样,成就梦想,实现理想。

历史上溯到1977年,中国恢复了高考,那一年登封小县的学生张国臣被河南大学录取。这是他寒窗苦读十余年的成果。他成功了,便为自己的将来奠下了基础,铺下了一条阳关大道,他走得稳健,走得气势,走得雄赳赳、气昂昂。

最终目的:实现梦想!

有了台阶,人便可以蒸蒸日上。张国臣用几年的心血铸造了一架梯子,一架通往更辉煌处的梯子,他攀援而上。

他心怀家乡,他的目的是要将感恩付于实际行动。他便通过不懈的努力达到理想,造福登封。那个养他四十年的登封,那个他心中的登封,感恩的人是有良知的人,他有良知,便会感恩,懂得回报。正如鲜花要回报养育它的土壤一样,"化作春泥更护花"。正如落叶要回报养育它的枝干一样,"来年更比今年旺"。

最美丽的模样,不是被装裱在相框里,而是映照进他的精神里。

最动人的歌声,不是被录进CD和VCR上,而是传唱一代又一代。

最迷人的图像,不是一片大图,而是贡献出的一点一滴的色彩。

"学有所成,感恩家乡"——最响亮的号角。

(辅导老师　陈素鹏)

中国书法家协会主席启功题赠嵩山"流水"

他教会我感恩[*]

许亚鹏

看了我校"嵩阳高中国臣图书馆"揭牌仪式后,我的内心久久不能平静。

张国臣教授的话让我的心灵顿时明亮。从他小时候借书抄诗的故事中,我看到了他对知识的渴求,也看到了他小小年纪就十分超人的一面,更看到了早在那个年代他心中就萌动的豪情壮志——嵩山不能缺书。想想我们,虽已快成大人,但却犹如小孩一样贪图玩乐,安于现状,感觉心里很不是滋味。有人说,那是受社会大环境的影响,可张教授早年的社会条件难道比现在好吗?想想他用手指头抠麦粒的情形你就知道那是一个什么样的年代。

所以,作为21世纪的青少年,作为"90后",我们更应该发奋图强,点燃自己内心的希望!

空有满腔豪情,即使学有所成,它真正的目的又是什么呢?"谁言寸草心,报得三春晖。"张教授用他自己的行动诠释了它真正的内涵——感恩。

捐书虽不是一件十分伟大的事,却绝对是一种最亲切的感恩。嵩山培养了他,成就了他,他永远记得感恩,这便是他最令我钦佩的一面。看看张教授,反观我自己,发现我真是不懂得感恩,或者说我只是把感恩定义在了回报父母这个小见识上。张教授的事迹

---

[*] 许亚鹏,嵩阳高中二一班学生。

让我明白了：感恩是一种有着博大胸怀的回报，感恩就是学有所成时的一种"顾本"之举。

张教授一路走来的成就，让我明白了学习的威力。正是他的刻苦学习，才使他有了优异的成绩。这种刻苦的精神不正是我们面临高考的人所急需拥有的吗？他研究嵩山，书写嵩山，更是一种深远的学习，而我们却仅限于自己薄薄的书本里，不是应该认真反省一下吗？一个人只有学得广、学得精、学得深才会有高度，这是我从张教授的行动中读到的。

只有学有所成，才有雄厚的"资本"回报家乡，回报社会！

张教授的义举，虽算不上惊天动地，却在我的心中"阳光普照"。授人玫瑰，手留余香。奉献爱心，收获希望。作为学生，我一定要在他的激励下，"登封登峰，再登高峰"！

他教会我的将是我此生都要铭记的，我的内心会永远珍藏两个字——感恩！

（辅导老师　刘秋珍）

滴水之恩[*]

杨一星

滴水之恩何以报？涌泉报之！
——题记

捏花间，是花瓣落地的恋语；笔落时，是抒情的相思。推开窗，看着阳光透过每一片树叶，以一种无声而又朴素的方式与生命对话，舞动着那丝丝心动。

寥廓苍穹、鹰击长空是雄鹰的回报；浩瀚海洋、鱼翔浅底是游鱼的回报；灿烂秋日、硕果压枝是树木的回报……学有所成、感恩家乡是我们的回报！

"泉流不息，终汇成海"，这不仅是一个句子，更是张国臣先生多年来砥砺奋进的形象。2011年5月16日，张国臣先生学有所成，感恩家乡，特向登封市中小学捐赠图书，为登封教育事业做出了巨大贡献。张先生的童年生活，并不精彩，他凭着那份坚韧、那份毅力描绘出自己的梦想，一本《唐诗三百首》，照亮了他前进的路。今天，他完成了儿时的心愿，他将"谁言寸草心，报得三春晖"展现得淋漓尽致。作为嵩山之子，他弘扬嵩阳文化，为家乡服务，为人民服务，在他身上，我们不仅看到了他的成就，还看到了他那颗感恩的心。

嵩泉流大海，报恩长思追！追随历史，我们收获了感动。舜时

---

[*] 杨一星，嵩阳高中二三班学生。

大禹奉命治水,疏通江河,兴修沟渠,发展农业,劳神焦思,治水13年,三过家门而不入。为了家乡,他舍小家为大家,这是一种伟大,因为治水有功,他被四方部落首领推选为继承人。感恩,让我们知道了一种伟大。

滴水之恩,当以涌泉相报。作为嵩山之子,我们喝着嵩山的泉水,感悟着嵩山文化的博大精深;作为嵩阳高中的学子,我们沐浴着嵩山脚下的温暖春风,在春光灿烂中感悟知识的力量。

今天,我以青春的名义宣誓:我会全力以赴,力争上游,一步一个脚印,努力做到最好,用优异的成绩,收获明天的希望,努力,努力,学有所成,回报家乡!

(辅导老师 王海民)

心中的明月[*]

翟亚丽

露从今夜白,月是故乡明。
————题记

故乡是每个人的心灵归宿。故乡的花,馥郁芳香;故乡的树,高大参天;故乡的水,清澈明净;故乡的山,雄伟壮丽。而最令人牵挂的则是那连绵不断的山峦,它缔造了一个个不朽的传奇……

传奇一:禹

禹本是夏氏部落的领袖,舜时奉命治水,疏通江河,兴修沟渠,发展农业,劳神焦思,治水 13 年,三过家门而不入,终被选为继承人,居阳城,后徙阳翟,会诸侯于涂山。正是禹怀着一颗赤子之心、爱民之心以及对故乡山水的无限热爱,才缔造了这样一个传奇。

传奇二:程颢、程颐

一代杰出的理学家、教育家。是他们使儒学在北宋得到了新的发展,成为了程朱理学的奠基者。二程以他们对故乡的热爱,培

---

[*] 翟亚丽,嵩阳高中二二班学生。

养了一代又一代的学生,把嵩山文化传遍天下,他们循循善诱,诲人不倦,释疑解惑。"程门立雪"的故事更成为尊敬老师、诚信求学的典范流传至今!

传奇三:郭守敬

他是我国古代伟大的天文学家、数学家。是他用自己单薄的身躯推动滚滚的历史长轮,为人们打开一扇光明的大门。是他在登封阳城主持建造观星台,这是我国现存最古老的天文台,对于我国天文史和建筑史都有很高的价值,编造了世界上最先进的历法《授时历》。

传奇四:张国臣

是他在幼年时就立下誓言:"嵩山的学校不能缺书,我要成为作家,把自己写的心血之书献给嵩山,捐给家乡的学校。"的确,数十年后的今天,他实现了自己的愿望,遵守了自己的诺言,他回到登封,为登封人带来了无数的知识宝藏。

故乡的山水,养育了一代代杰出才俊,成就了一代代名人骚客。故乡的山水,我们心中的明月。

(辅导老师 郭志飞)

著名画家秦岭云绘《山村行脚》

做人,要有一颗感恩的心*

张国强

爱是纯的,心是诚的;感恩是真实的,感动是永恒的;拥有一颗感恩的心,便拥有了一眼爱的源泉。

——题记

感恩是最容易被人提及的话题,却又是常常被人忽略的话题,感恩不需要华丽的辞藻来修饰,它需要你实实在在的行动。

多少志得意满的留学生在出国前曾信誓旦旦地说:"待我学成之时便是我中华民族腾飞之时!"然而短短几年的时间,他们淡薄了自己的信念,他们为优厚的条件滞留国外,不愿再提及家乡。他们忘了一点:做人要有一颗感恩的心。

但看世事淡如烟,铭记恩情存如血。

张国臣先生向我校赠书这一举动,令社会各界、全体师生备受感动。听听他的演讲,听听他的成长,方知幼年饱尝生活之苦、青年遭遇十年浩劫的他能抓住机遇,积极上进,成为班里的第一个"三好学生",成为班里的第一个少先队员,以全县第一名的成绩考入河南大学……他曾在家乡执教,把知识传递给下一代,后来上大学、留校工作,加入共产党,进入政界,他干一行爱一行,做了官,就要用人民赋予的权利为人民谋福利,他孜孜不倦,用他最大的努

---

* 张国强,嵩阳高中二十三班学生。

力感恩回报登封父老乡亲们。工作之余,他也不忘创作,数年来著述颇丰,"少林文化学"的开创彪炳学苑。此次捐书活动,更加彰显了他伟大的人格和对家乡父老乡亲的感恩之情!

穿越历史的长河,跨越国与国的界限,动人的感恩典范不胜枚举,这些成功者或纵横商海,运筹帷幄;或潜心学界,激扬文字;或驰骋沙场,决胜千里;或叱咤政坛,独领风骚。尽管他们看起来风光至极,但他们都拥有一颗难能可贵的感恩之心。

登封从古至今都是一个不乏名人的地方,许由、夏禹、颍考叔、陈胜、杜密、鬼谷子……哪一个不是流芳百世?他们的功绩是登封子民的骄傲,但登封的子民从来不会啃老本,前人感恩,后人亦感恩,循环往复,不断向前。

"受人滴水之恩,当以涌泉相报。"张先生给予我们的,我们将给予我们的后人。作为嵩高之子,我一定以张先生的善举激励自己,以张先生的人生经历为学习榜样,立志读书,发奋图强,勤奋进取,拼搏不息,力争早日成为国家栋梁,为登封,为河南,为中华民族振兴作出应有的贡献。

学会感恩,便学会了做人。

愿你我在感恩路上携手同行!

(辅导老师　陈素鹏)

富有的是精神[*]

景晓慧

看到了张国臣先生的伟大,我想到了永恒。历史是民族的记忆,民族和人一样,只记住自己愿意记住的事情。

巴金先生说出了我们的心里话:"我的心里怀着一个愿望,这是没有人知道的:我愿每个人都有住房,每个口都有饱饭,每个心都得到温暖。我想揩干每个人的眼泪,不再让任何人拉掉别人的一根头发。""我只想把自己的全部感情,全部爱情消耗干净,然后问心无愧地离开人世,这对我是莫大的幸福,我称它为'生命的开花'。"他的一生遭遇过多少不幸,经历了多少困难,可是他始终昂着头勇敢地乐观地继续前进。

我想,同巴金先生一样,张先生向登封各个中小学捐书的初衷也同样是为求问心无愧,为求自己的善举可以激励着我们登封的莘莘学子。他的每一本书,如汩汩流动的清泉,滋养着我们的生活,并且洗涤着我们的心灵;张先生更像是一本大书,他富有的是精神,他的文化底蕴,宽广胸襟,善良本心,更是值得我们用一生去品读!

从古至今,我们登封也涌现了不少的历史文化名人:治水有功的大禹,发动中国历史上第一次大规模起义的陈胜,天文学家、数学家、水利专家和仪器制造家郭守敬等等,他们都有着一种大无畏

---

[*] 景晓慧,嵩阳高中二十班学生。

的献身精神和敢于与恶劣环境抗争的坚强意志,可歌可泣!

富有的是精神!

张先生情系登封,学有所成后,仍不忘潜心研究中原文化,为嵩山文化扬名中外做出了巨大的贡献,他的所为可以说就是一次辉煌壮举,他为家乡捐赠图书,是授人以渔、造福桑梓的一大善举,令人感动、敬佩!

当有一天,我们学有所成时,也要怀着张先生那样感恩家乡的心回报社会,回报养育了我们的一方水土,为嵩山文化开创出一个更加灿烂的明天!

富有的就是这种精神。

(辅导老师　李孟武)

将文化之火永传*

刘 洋

> 为什么我的眼里常含泪水,因为我对这土地爱得深沉。
> ——题记

悠悠嵩山,华夏文明,颖水河畔养育了多少优秀登封儿女。清澈的嵩泉又涤荡了多少人的心灵。

杨奂游卢崖,留下"避名名自在,身瘠道还腴"的敬仰赞叹;王维归嵩山,写下"清川带长薄,车马去闲闲"的宁静恬淡;康熙访少林,题写出千年古刹"少林寺"的匾额。

而今,在这肥沃的中原大地上,正在演奏着传播嵩山优秀文化的动人之歌。张国臣教授为了登封的教育发展,为了嵩山优秀文化更好地传播,为了登封的学子有书读,将自己多年珍藏的书籍无偿捐给嵩阳高中,数千册的图书,一座大型的图书馆,他的善举确实令人敬佩。

他,勤勤恳恳,踏踏实实,亲手抄写《唐诗三百首》的举动只是为了最初的一个梦想:千千万万的学子可以有书读;他,心系家乡,热爱嵩山,为天地之中申请世界文化遗产的行动只是为了让嵩山文化走得更远,走向世界,走向未来;他,不忘旧恩,关怀教育,支持教育的作为只是让这片曾经养育他的土地能孕育出更多的栋梁之

---

* 刘洋,嵩阳高中二十二班学生。

才。张国臣教授的善举感动着我们每一个人。

吃水不忘挖井人,他正是在用行动来回报着自己成长历程中党给他的关怀;滴水之恩,当涌泉相报,他正是在用感恩来演绎着回馈家乡的赞歌;泉流不息,终汇成海,他正是用作品来延续着传递华夏文化的乐章。

我们作为新一代的高中生,在党的关怀下茁壮成长,我们有理由将华夏文明传播下去,让中原文化生生不息,代代相传。

当然,这一切是建立在牢固的科学文化基础上的,只有深入地了解这根植于故乡的文化,才能更好地弘扬我们的文化。

在中岳独奥的嵩山之巅,感受天地的博大与宽容,让自己的身心寄于山水之间,接受日月精华的恩泽;在千年古刹少林寺的山门前,体会禅家的深邃,让自己在芸芸众生中,感悟心灵归属的一片净土。

我们是朴素的华夏文明之子,我们有义务将文化之火世代相传。作为下一代的文化火炬手,我们坚信嵩山文化将永垂不朽。

让我们从先辈中接过这文化的火炬,用我们的责任、爱心、青春、热血将这阙文化传承的赞歌奏响。

传递文化,我们任重道远。

接力感恩,我们义不容辞。

(辅导老师　毕瑞红)

我和你,心连心[*]
——写给嵩山

王梦迪

我和你,心连心。

我在注视着你——透明的玻璃窗外,是你伟岸的身躯。没有奇峰怪石,没有陡崖峭壁,静静地立在那里,大智若愚。青色的外衣,间或裸露着白色的肌肤。恰到好处,风雨中,愈发的成熟、敦厚。

忽然想到,那少林寺也是你的骨肉。禅武之源,很多年后依然能窥到些许奥秘。少林弟子习武的一招一式,虽是简单的动作,但却有深刻的禅理,年复一年,日复一日,连脚底下的石板也凹下去。还有那久远的寺庙,酝酿着的,便是少林寺最诱人的芳香。

那曾活跃过程颢、程颐的嵩阳书院也该是你的血肉吧!讲学十余载,释疑解惑、循循善诱中,程朱理学浸润到书院的每一个角落。直到今天,书院心系的,仍是程朱理学,而理学铭记的,也该是书院和那背后的嵩山吧!

你该微笑吧,面对着阳城的观星台,规整的砖瓦结构,分毫不差地测出了回归年。在当时,郭守敬那颗敬业、执著的心让他上书皇帝,在这天地之中,中国之中,修建了观星台。我想,面对着新编制的历法,郭守敬是高兴的,那种使命感、成就感是内心真实的写

---

[*] 王梦迪,嵩阳高中二二班学生。

照。而你,是不是也为他而欢喜呢?

特别是今天,当你的孩子——张国臣先生向登封市中小学捐书时,你该是由衷地幸福吧!授人以渔,造福桑梓,你是不是一直在渴望如此。你的文化博大精深,研究者更是灿若星河。作为你的孩子,张国臣教授30年如一日,在繁忙的工作之余,孜孜以求,坚持不懈地探索嵩山文化的奥秘。又带领调研组实地考察嵩山文化,长期的坚持努力,让世人知道了你的精神。《嵩山的流泉》等专著中书写着你的迷人魅力:像是一坛老酒,溢出醇香;像是一幅国画,勾出风骨;像是一曲古筝,弹出美妙。你的一切,在他那赤子之心的关怀下,愈发明白,流淌,积淀,永恒。

而千千万万的你的孩子——我们,将会一直努力,不变地关怀,永久地牵挂,和你一起,在时间的过滤下,留下你的最美,不断更新着你的血液。让你长生不老、活得更朝气,会是我们一代嵩山孩子最真挚的愿望。

因为,我们和你,心连心。

(辅导老师 郭志飞)

嵩山流泉　泽润天中[*]

任世泽

往事并非如烟,沧海桑田,沉淀下的是闪光的记忆,安静地流淌着。中天峻极,嵩岳大地从没有忘记湮没在历史长河中的点点滴滴,"五代同堂"的岩石中珍藏着亿万年前的生命,嵩阳书院古柏枝头凝练着人文的情怀,"石淙会饮"谱写着千年的吟唱,武曌（zhào,同"照"）的金简沉默地记忆着虔诚,中岳人民勤劳地书写着嵩阳的传奇。

漫步三皇寨,不必留心登山步道边上地质运动的讲解标识,不必惊诧大自然的鬼斧神工,山间溪流潺潺的韵律伴着空谷的鸟鸣,天人之境,便是恰到好处了。

踏青少室山,烟柳鹅黄戏尘烟,远看草色沁心间,漫将韶华负山水,纵无青蚨也涣然。静临高阁,闲看山间草木,枯荣之间,人生的境界便独自从容了。登高峻极,放眼中天,云卷云舒,坦荡无垠横自浮现。

深山碧溪,小桥人家,喜鹊枝头,大道东风骏马,自信登封人驰骋华夏。

历史何曾忘却,观星台上先人们窥探宇宙的秘密,一切的轨迹在时间的长河中变得越发清晰,中轴一线,简简单单却是天上人间的万象。简易、变易和不易诉说着坎坷中平实的规律,一砖砖的构

---

[*] 任世泽,登封五中学生。

思在看似平凡中彰显伟大。在方丈之地，先人们知道了行与恒的表征，有了规律的总结，也有了谶纬的图解，历史烟云恰自消隐其间，留待后人的端详。

书声朗朗响彻星空，韦编已断，散落满地的星辉，继而装订起大汉琅寰天子学堂，山环水抱，藏风聚气，古木翠柏掩映着书院的张扬，才子向往地，佳人翘首向，儒家的血脉源远流长。唱不息的诗词雅韵，滴不尽的桐间雨露，道不完的世事风流。嵩阳书院静如处子，颔首沉思，聆听溪流淙淙而过；竟而宛若游龙挺入云天，笑傲嵩山两不厌。山水与诗韵在此变得模糊，诗书变得厚重如山、灵动如水，山水恰是韵律盎然，一切如是，风骚百年，沧海桑田，纵然换了人间，今又是谦虚依旧。宫阙万间纵然做土，千年古柏清晰依旧，漱石枕流吟长啸，风骨肃然俨still存。平凡的砖瓦砌出了文人的肖像：温和、善良、恭敬、节俭和谦让。漫步嵩阳书院，天地之道弥纶其间，幽明之故顿悟焕然，雷霆鼓动风雨润，日月运行寒暑往，天下之理，位乎其中。

是谁熟知天文，点下正穴，兴建了蔚然壮观的栋宇，青龙、白虎、朱雀、玄武淡定四方，"师法自然"的思想闪烁其间，阴阳鱼游走在中岳庙的各个角落，座座道观彰显着华夏美学的自然，收藏着鲜为人知的人文哲理，蕴含了华夏大地的珍奇古玩。至真素朴的道士修炼其间，养天地之气，羽化登仙，逍遥而自得，幻化为中原大地的一缕青烟，老庄的哲学袅袅不断。消逝放纵的心胸，怀着童心，真诚地超脱一切，与道泯然，未留羁绊在人间。

一苇渡江，面壁九年，拈花一笑已是穿越千年。河畔的沙弥走进深山，晨钟暮鼓悠然传入耳畔，老者在菩提树下已经化，智者的步履开始轻盈，青莲出水，净植远观，朝圣的笛韵飘然四起。从北魏到开元，冠盖满途车骑的喧嚣，不及一句"阿弥陀佛"轻盈安详，叹宇宙之大，世界之小，人间苦短，得失几何？少林寺，承载着佛学的精髓，衣钵单传至今，几多磨难，几多浩劫，几多沧桑，不变的是前世、今生和来生,长存的是救苦救难、舍己为人和普渡苍生。禅武少林,昭示天下,武魂酿成月光洒遍嵩岳大地。大乘与小乘不甚计较,心中的谦虚内敛、仁爱博大,犹如清晨莲叶上的露珠晶莹剔透。六如的境界,几人参透,仰观俯察,宇宙品物,简简单单、自自然然,从燃烛到焚香,从浮屠到塔林,从出世到入世,平凡中的真谛,一如莲花的开落。

三教九流,输来其间,一如三月草长莺飞,甚为璀璨。文人雅士的绚丽,农民牧者的平淡,交相呼应构成平凡真实的世界。晓风残月也好,大江东去也罢,高雅的艺术熠熠生辉;山歌浅唱小曲儿,细腻傲然的梆子儿,家常的文化根深叶茂。东村的根雕惟妙惟肖,西村的糖人活灵活现,诸如此类的民间工艺代代流传。

"有朋自远方来",和谐康宁的嵩岳大地,人文情怀,造化自然,禅武风云,彼此心灵的火花在此等待碰撞。三月天,双溪清流生春草;六月时,嵩阳峻极近中天;九月初,空山一叶惊秋红;十月末,一曲长歌到天明。最是袭人君须记,嵩阳亘古是多情。

看不完秦时明月,赏不尽嵩阳奇观。点滴的记忆汇成历史的长河,平淡地走远,登封质朴而厚重,君子赴远道,驻足登封,放下些许浮躁的躯壳,等等彼此沉静的灵魂,在嵩岳大地聆听天人合一的天籁之音,感受嶙峋石不怪的霁月光风,读懂质朴憨厚的人文雅韵,顿悟沉淀出的至善真言。

得象忘意,得意忘言,言之不足故嗟叹之,啊!登封的魅力,在一山一水,一草一木,一亭台一池阁,一感叹一翛然。

(辅导老师 孟振东)

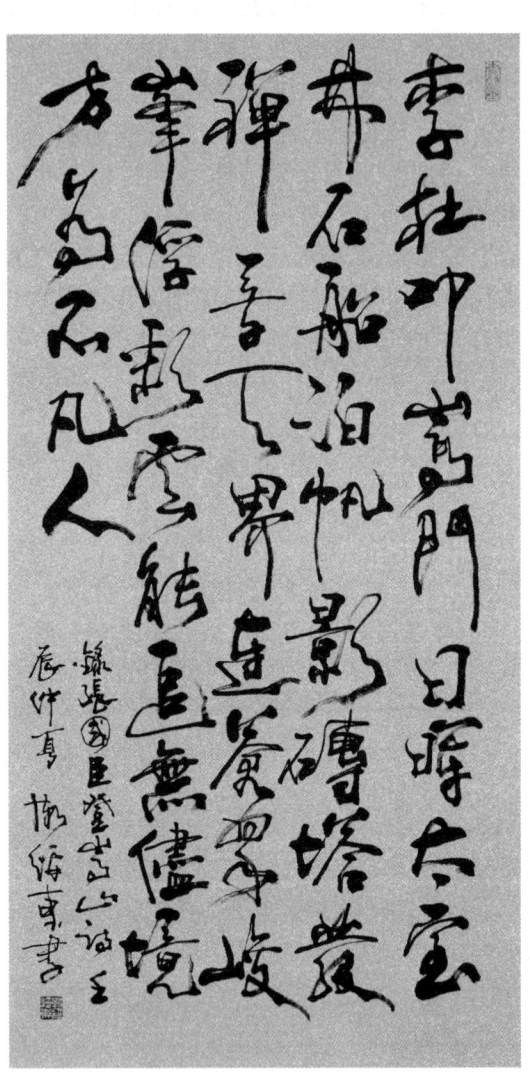

著名书法家靳绥东书张国臣诗《登嵩山》

点亮感恩的灯*

李菲菲

花朵感激绿叶,因为绿叶使它鲜艳美丽;小鸟感激蓝天,因为蓝天任它自由翱翔……

自然界中的动植物尚知感恩,我们岂不更应该学会感恩吗?

在我们的身边就有着感恩的故事在上演:

张国臣是登封市宣化镇人,他1977年以登封县第一名的成绩考入河南大学中文系,大学毕业后留校任教,1999年获河南大学经济学硕士学位,2003年获华中科大管理学博士学位。他在读大学期间就研究嵩山文化,出版了中国改革开放后第一部介绍嵩山文化的专著《嵩山》。多年来,他坚持把理论创新、人文关怀、法治精神与文化传统结合起来,先后出版《少林诗词选注》、《少林武术》丛书、《中国少林文化学》、《神奥嵩山》、《嵩山的流泉》丛书等30余部文化专著,创作了10集文化风光电视片《嵩山》文学脚本并在中央电视台4套向全球播放。其中,《中国少林文化学》获首届"中国山花奖优秀著作奖",被国家学术媒体评为"中国少林文化学第一人"。张国臣尤以创立"中国少林文化学"新学科为社会各界称道,以《嵩山的流泉》九卷文集为学术界赞扬,对登封"天地之中"历史建筑群成功申报世界文化遗产作出了理论宣传方面的积极贡献。

---

* 李菲菲,登封市直一初中八二班学生。

他这样激励自己:"我感恩,是党组织精心培养了我;我感恩,是人民群众多年养育了我;我感恩,是社会各界的领导、老师、朋友支持了我。"他说,从登封读小学、初中、高中,到获大学学士、硕士、博士学位;从学写作文到发表作品,出版400多万字的文集,成为中国作家协会会员、教授,自己每前进一步都是党的培养和众多领导、老师、同学、朋友关心支持的结果。

张国臣回顾了他年少读书时缺书的情景,"借了一本《唐诗三百首》,我花了几天时间抄完。"他深情地说,困厄的境况让他年幼时便立志当作家,"写书赠与嵩山子弟"成为他的理想。他说今天是圆梦的时刻,他把自己和家人的全部藏书赠与嵩山子弟,"希望所有的学生好好学习,成为国家有用之才"。

山感恩地,方成其高峻;海感恩溪,方成其博大;天感恩鸟,方成其辽阔。

"饮水思源"的古训家喻户晓,"谁言寸草心,报得三春晖",表达了儿女对母亲的恩惠报答不尽的感情,让感恩的思想深深根植于每个华夏子孙的心中。

张国臣这样说:"嵩山是我的家乡,我是喝嵩山泉水长大的,作为嵩山子孙,我今后要以共产党员的标准严格要求自己,更加刻苦学习、勤奋工作,开拓创新,乐于奉献,继续为家乡服务,为人民服务,弘扬嵩山文化,以扎实的工作成绩,报答家乡父老的培养和厚爱,为登封人民的幸福生活增砖添瓦。"

是啊,吃水不忘挖井人。我们享受着国家、社会、学校提供的便利,我们更应好好学习,为母校添光彩,感恩社会,回报家乡。

不论我们将来如何,我们都不能忘记,我们是登封人,我们要向张国臣学习,不忘家乡恩,不忘教育情。

我们只有点亮感恩的明灯,才会照亮前行的路,才会成为一个大写的人,成为一个顶天立地的人。

(辅导教师 王玉斌)

情系教育　感恩家乡*

马雯珂

2011年5月16日,是一个振奋人心的日子;2011年5月16日,是一个令人难忘的日子。因为这一天著名的嵩山文化学者、河南省检察院常务副检察长张国臣爷爷向家乡中小学捐赠图书暨"嵩阳高中国臣图书馆"揭牌仪式在登封隆重举行。省委常委、郑州市委书记连维良,副省长徐济超分别发来贺信,高度评价张国臣爷爷对嵩山文化的贡献和造福教育的善举。

蒋笃运教授在捐赠仪式上说:"嵩山文化博大精深,研究者灿若星河,而张国臣就是其中的佼佼者。"这次,张国臣爷爷把自己的专著赠给登封的260多所中小学,把自己和家人的数千册藏书捐给嵩阳高中国臣图书馆。捐赠的图书涉及文学、经济、管理学等多个门类。

张国臣爷爷是一位关注民生、乐于奉献、勤奋善良的好共产党人。是我们学习的楷模。他小时候就爱书如命。他向同学借一本书,砖头般厚,一连几天将那本书抄完。笔头磨破了,但眼界开阔了、作文水平提高了。因为他当时缺书,所以就暗立心愿,嵩山的学校不能缺书,今后他要成为作家,把自己的心血之书献给嵩山,捐给家乡的父老兄弟姐妹们!世上无难事,只要肯登攀!今天,张爷爷把自己多年来的心血之书,赠给嵩山的260多所中小学,诚心

---

* 马雯珂,商埠街小学五六班学生。

诚意地表白了自己的心愿!

　　对于张爷爷的这个做法,我感到十分敬佩。这可以使同学们的阅读量大大提高,丰富大家的课外知识。我们应该感谢张爷爷,更应该感恩家乡。这不得不使我又想到了那次活动:我校一个同学的家长捐赠了两千多本《弟子规》给我们的学校。类似这样的活动还有很多,一切都因为大家对下一代的关心与关怀,更是因为登封养育了这么多的好儿女。我们都是祖国的花朵,长大都要成为国家的栋梁之才。有如此多的人关心我们,我们更应该学会感恩,认真细心的学习态度就是对家乡最好的回报。虽然我们不能做什么惊天动地的大事,可是却可以努力学习,献出自己的一份力,认真看捐赠的书,从书中学到知识,这不也是对家乡的感恩吗?

　　授人玫瑰,手留余香;奉献爱心,收获希望。我相信,张爷爷这一义举,必将给更多的热心助学者起到典范作用。我也真诚地希望,我们每一位学生,都能珍惜这些书,用好这些书,德、智、体、美全面发展,成为国家的栋梁之才,为登封、为河南、为中华民族的振兴作出更大的贡献!

(辅导老师　李燕飞)

读《嵩山的流泉》有感*

程晨怡

上星期,学校发给我们一本《嵩山的流泉》,我怀着无比激动的心情一口气看完了。我真是佩服!张国臣爷爷是喝嵩山的泉水长大的。他读大学期间就研究嵩山文化,出版了中国改革开放后第一部介绍嵩山文化的专著《嵩山》。多年来,他坚持把理论创新、人文关怀、法治精神与文化传统结合起来,先后出版《少林诗词选注》、《少林武术》丛书,《中国少林文化学》、《神奥嵩山》、《嵩山的流泉》丛书等30余部文化专著,创作了10集文化风光电视片《嵩山》文学脚本并在中央电视台播出。其中,《中国少林文化学》获首届"中国山花奖优秀著作奖",被国家学术媒体评论为"中国少林文化学第一人",郑州市委、市政府授予张国臣爷爷"发展旅游文化特别贡献奖"。

"泉流不息,终汇成海。"多年来,张国臣爷爷孜孜以求,长期执著于对中原文化的研究与探索,而且多有开创先河之举。早在20世纪70年代末于河南大学求学期间,他就把一个文化探险者的步履印满嵩山和浩瀚书卷之中,从少林禅宗、武术文化,到箴言搜集、嵩山探奥,30年如一日,勤奋不辍,并不断引进新学科,采用新方法,从少林文化扩大为嵩山文化,又推及河岳文化和中原文化、政法文化,终成正果,出版了这部集散文卷、诗词卷、武术卷、文

---

* 程晨怡,东华镇第五小学六年级学生。

学脚本卷、评论卷、理论卷、演讲卷、箴言卷、摄影卷于一体的巨著《嵩山的流泉》。

在事业取得了辉煌成就的时候,张国臣爷爷并没有忘记家乡人民,他以一个成功者独到的目光大力支持家乡教育事业的发展。2011年5月16日,张国臣爷爷向家乡登封市中小学捐了此书。捐赠仪式在登封嵩阳高中举行。省委常委、郑州市委书记连维良,副省长徐济超分别发来贺信,高度评价张国臣爷爷对嵩山文化的贡献和造福教育的善举。此次为家乡捐赠图书,实是授人以渔、造福桑梓的一大善举,令人感动、敬佩!这一举动传递的是爱心,营造的是希望,对弘扬嵩山文化、中原文化、中华文化具有重要意义,对于推动我省教育事业繁荣发展具有积极意义,是向即将到来的中国共产党90华诞献上的一份厚礼。

从中我领会到了张国臣爷爷勤政、治学相得益彰,堪为人师的品格。同时,我也看到,勇于实践、艰苦奋斗是实现理想的根本途径。

我们要确立远大的理想很容易,但是要实现远大的理想就要付出很多的努力,这就像我们登山,想要登山很容易,但是上山的路却是崎岖的、难走的,我们只有日日努力,时时刻苦,才能到达理想的高峰。

信仰是无底的深海,升腾着心中的火焰,燃烧着无尽的力量。崇高的理想信念是一个人的精神支柱,是我们前进的旗帜。我要以张爷爷的这种精神为动力,树立远大理想,力争长大后为祖国、为家乡作出贡献。

(辅导老师　王晓阳)

滴水之恩　涌泉相报[*]

范玉玺

没有阳光,就没有温暖;没有水源,就没有生命;没有父母,就没有我们自己;没有亲情、友情和爱情,世界就会是一片孤独和黑暗……这些道理,也许我们会懂,但生活中的我们在理所当然地享受着这一切的同时,却常常缺少了一颗感恩的心。

"谁言寸草心,报得三春晖。""谁知盘中餐,粒粒皆辛苦。"老师曾经让我们背诵的这些诗句,讲的就是感恩。

2011年5月16日,一批珍贵的图书回到了山花烂漫、人文厚重的嵩山怀抱。张国臣爷爷向家乡登封市中小学捐赠图书,并为国学大师文怀沙教授题写馆名的"嵩阳高中国臣图书馆"揭牌。

张爷爷在繁忙工作之余,笔耕不辍,著述颇丰,尤以创立"中国少林文化学"新学科为社会各界称道,以《嵩山的流泉》九卷文集为学术界赞扬,对登封"天地之中"历史建筑群成功申报世界文化遗产理论宣传做出了积极贡献。此次张爷爷为家乡捐赠图书,实是授人以渔、造福桑梓的一大善举,令人感动、敬佩!这一举动传递的是爱心,营造的是希望,对弘扬嵩山文化、中原文化、中华文化具有重要意义,对于推动登封教育事业繁荣发展具有积极意义,是向即将到来的中国共产党90华诞献上的一份厚礼。

张爷爷以智慧为师,长期致力于嵩山文化的研究和传播,积累

---

[*] 范玉玺,唐庄乡第五小学六一班学生。

了跨学科、多领域的学术成果,丰富和发展了嵩山文化的精神内涵,推动了嵩山文化研究不断深入拓展。传播知识,贡献教育,泽被后人。

"感恩"之心,就是对世间所有人、所有事物给予自己的帮助表示感激,铭记在心;"感恩"之心,就是我们每个人生活中不可或缺的阳光雨露,一刻也不能少。无论你是何等的尊贵,或是怎样的看似卑微;无论你生活在何地何处,或是你有着怎样特别的生活经历,只要你胸中常怀一颗感恩的心,随之而来的,就必然是不断地涌动着诸如温暖、自信、坚定、善良这些美好的处世品格。

感恩是每个人应有的基本道德准则,是做人的起码修养。学会感恩,感谢父母的养育之恩,感谢老师的教诲之恩,感激同学的帮助之恩,感恩一切善待帮助自己的人,感恩对家乡奉献爱心的您——张爷爷。

学会感恩,就是要学会懂得尊重他人,对他人的帮助时时怀有感激之心;学会感恩,就是让你知道每个人都在享受着别人通过付出给自己带来的快乐生活;学会感恩,首先要拥有一颗感恩的心,一个人只有懂得感恩,才会懂得付出,懂得付出后,才能获得感恩;学会感恩,要培养谦虚的品德,对待比自己弱小的人,要知道躬身弯腰伸出援助之手;学会感恩,要有奉献精神,无论做什么事,应以"公"为先,做一个大公无私、乐于奉献的人。

在我们身边,每天都有感恩的故事发生,如果用心去体会,时时都会有终生难忘的温馨。

(辅导老师　刘新水)

情似嵩山　心若嵩泉
——张国臣教授考察嵩山文化(2007年)

后记

情似嵩山　心若嵩泉[*]
——学习《嵩泉的回响》体会

鲍晋选

嵩岳苍苍,河水泱泱;仁者之风,山高水长。

嵩山,又名嵩高山、崇山。巍峨耸峻,峰岭叠翠;上摩天际,下接地心。嵩山之奥,源远流长;嵩山之魂,震古烁今。

自古嵩洛出才俊。张国臣教授是嵩山文化的拓荒者,数十年来,他视嵩山文化如生命,孜孜以求,锲而不舍,创立嵩山文化学;他是嵩山文化的传承者,以弘扬中华文明为己任,超越自我,与时俱进,在探索和弘扬嵩山文化的道路上,唱响了一曲曲嵩山文化的传承之歌,书写了一篇篇弘扬嵩山文化的盛世华章。

近年来,我多次跟随张国臣教授走基层,进机关,调查研究,研讨工作。作为领导干部,他恪尽职守,开拓创新,我感受到了他勤政廉政、执政为民的正直品格;作为文人学者,他辛勤耕耘,上下求索,我感受到了他高度的文化自觉和文化自信,弘扬嵩山文化的信心、决心与行动;作为师长师者,他博学多才,为人师表,我感受到了他崇尚精神力量和传道授业解惑的高尚情怀。今天,读了《嵩泉的回响》一书,我更加清晰地看到了张国臣执著探索嵩山文化的心路历程,看到了嵩山文化所赋予张国臣的丰富个性、人生期冀

---

[*] 鲍晋选,法学硕士、河南省人民检察院检察官。

与人格魅力。

一、嵩高惟岳,求索心灵之路

《诗经》云:"嵩高惟岳,峻极于天。"在我看来,"嵩高"既是山之高,山之巍峨雄伟,也是人之高,人之心性品格之高尚正直。孔子曰:"仁者乐山。"嵩山是"圣山",是天地大书,是华夏文明之树的主根。张国臣钟情嵩山,挚爱嵩山,探索嵩山,研究嵩山,矢志嵩山。国学大师文怀沙教授在给张国臣《嵩山散文三十篇》的序言中写道:"嵩山仰止"!由此,我感受到了嵩山的高大雄伟,感受到了张国臣先生嵩山般的人格品性,感受到了他对弘扬嵩山文化的执著追求,更感受到了他求索心灵之路的魂灵心志。

追求崇高。悠久的嵩山文化,给世人留下了各个时期的名胜古迹和美丽动人的传说故事,为伟大祖国的壮丽山河和河南的悠久厚重的历史增添了数不尽的耀眼光辉。美国著名民权领袖马丁·路德·金说:"我有一个梦想。"张国臣也有一个梦想,那就是以"独立之精神、自由之思想",用宁静的心,做入世的学问,探索嵩山文化,弘扬嵩山文化。在这个梦想的指引下,他"勇敢地追随自己的灵魂与直觉",坚持把理论创新、人文关怀、法治精神与文化传统结合起来,致力于嵩山文化的研究与传播,展现了火一样的热情性格。诠释国臣同志挚爱生命、执著奋进、升华境界、陶冶情怀的动力源泉,就是嵩山的一山一水、一草一木。可以说,嵩山提升了他不断攀登的人生境界,嵩泉润育了他执著奋进的美好情怀。在2010年河南省社会科学院、河南省社会科学界联合会和河南大学联合主办的《嵩山的流泉》文化丛书出版学术研讨会上,著名作家二月河评价说:"我认为应该学习国臣同志这种对于人类善良本心的追求,以及对于人类构建和谐美丽文化的追求热爱和信念。"可谓情之真真,意之切切!

崇尚为学。学习就是力量。荀子曰:"学不可以已。"国学大师季羡林先生也说过,"天下第一好事还是读书"。在张国臣看来,知识改变命运,天下第一人品还是读书。在中学时代,他家境贫寒,没钱买书,他从同学那里借来一本《唐诗三百首》,连续几天抄了一遍,并立下誓言:"嵩山的学校不能缺书,今后我要成为作家,把自己用心血写的书献给嵩山。"大学时代,他如饥似渴地每天都在图书馆忙着读书,他在《图书馆记》中写道:"图书馆,今天你培育了我们;明天,我们定将用汗水浇灌出鲜花,敬献在你的面前。""问渠哪得清如许,为有源头活水来。"张国臣治学严谨,在繁忙的工作之余,他相继攻读了华中科技大学管理学博士学位和中国政法大学法学博士学位,成为双冕博士。特别是在他调任河南省检察院常务副检察长后的短短一年多时间里,他深入调查研究,深刻把握工作规律,撰写了《中国控告申诉检察管理模式研究》一书,从管理学的视角,以散文的笔法,写出了理论的文章,河南省检察院蔡宁检察长评价该书是"思路方法的创新,管理理念的创新,管理模式的创新",著名法学家张晋藩也赞曰这是"理论的升华,实践的超越"。

宁静致远。"政者,正也。"做官先做人,为政先修德。诸葛亮有句名言:"夫君子之行,静以修身,俭以养德。非淡泊无以明志,非宁静无以致远。"康德在《实践理性批判》一书中写道:"有两样东西,我对它们的思考越是深刻和持久,它们在我心灵中唤起的惊奇和敬畏就会日新月异,不断增长,这就是我头上的星空和心中的道德定律。"在人心浮躁、物欲横流的今天,作为一名领导干部,要远避世俗,淡泊名利,需要多大的毅力和人格力量去支撑。作为领导干部,张国臣经常告诫自己,要以德立身,以德润才,不贪不枉,不党不私;要心存敬畏,敬畏法律,敬畏道义,敬畏人心,敬畏良知。多年来,从郑州市委办公厅主任、河南省委政研室副主任、河南省委政法委常务副书记到河南省检察院党组副书记、常务副检察长,他都坚持职随责走,责随心走,心底无私,心地澄明,刚正不阿,清正廉洁,执政为民。"心随朗月高,志与秋霜洁。"中共河南省委常委、郑州市委书记连维良称赞他"勤政治学,相得益彰,堪为人师"。台湾著名书法家杨祥麟也题赠"中岳苍苍,黄河浃浃,仁者之风,山高水长",称赞他嵩山、黄河一样的高风亮节和高尚情怀。

二、天道酬勤,谱写文化之魂

鲁迅先生说过:"我们自古以来,就有埋头苦干的人,有拼命硬干的人,有为民请命的人,有舍身求法的人。""这就是中国的脊梁。"一千多年前,玄奘孤身一人西游取经,行程十万里,历时十七年,历尽千难万险,始终坚定"求取真经、弘扬佛法"的信念,终成正果。张国臣是一个勤奋执著的人,是一个不达目标誓不罢休的人,尽管通往成功的路充满艰辛,但他笃信天道酬勤!从他身上,我看到了他为继承弘扬嵩山文化而不畏艰难、坚定信念、顽强拼搏的精神和力量。

秉持勤恒之心。"四朝忧国鬓如丝,龙马精神海鹤姿。"龙马,传说中形态像马的龙,追月逐日,披星跨斗,乘风御雨,不舍昼夜。龙行天下,就要有龙马精神。初祖达摩,一苇渡江,十年面壁,影入于石,精诚所至,金石为开。张国臣曾无数次在驻足过的嵩山少林寺发出感慨:"达摩面壁创禅宗,群雄劈峰化神拳;立雪断臂鉴诚信,倡德护国有遗篇。"学问勤中得,萤窗万卷书。机遇首先迎候的是勤奋者,天分首先偏爱的是勤奋者,命运首先光顾的也是勤奋者。他就是凭着这种执著勤恒的态度,在探索嵩山文化的道路上辛勤耕耘,取得了一个又一个丰硕的成果,先后出版了《中国少林文化学》、《神奥嵩山》、《嵩山的流泉》等30多部文化专著,为中央电视台撰写了10集文化风光片《嵩山》文学脚本,在中央电视台4套向全球播出,为弘扬和传承嵩山文化,为登封"天地之中"历史建筑群成功申报世界文化遗产成功作出了理论宣传上的积极贡献。全国人大原副委员长费孝通题词,"求索嵩山神奥处,谱写中原文化魂"。全国政协原副主席张思卿题词,"纸上得来终觉浅,绝知此事要躬行"。

秉持坚韧之心。"天行健,君子以自强不息。"古往今来,凡立大事者,不惟有超世之才,亦必有坚忍不拔之志。李嘉诚曾经说过:"这世界很公平,你想要最好,就一定会给你最痛。"坎坷是良药,知识出智慧。嵩山神奥的吸引,少林禅境的洗礼,让张国臣矢志研究嵩山文化。他曾暗暗发誓,要在不惑之年写出不惑之书,完成一部全国第一的著作。他把所有的八小时之外都用到了研究和写作上,曾一连三个春节闭门谢客,累得晕倒在书房。疲劳、疾病,甚至爱人、女儿的流泪劝说,都没有让他放下手中的笔。终于,在他四十岁时,一部拓荒性的研究巨著《中国少林文化学》面世,引起社会各界极大关注。国家新闻出版署署长于友先称该书"建立起自己的体系,构成了一门学问",著名文化学者余秋雨评介该书"心寄少林",河南省委常委、省委宣传部长林炎志评价该书"以深邃的哲理让人回味,具有独到的学术创新,实现了区域文化研究的一个新突破"。该书获首届"中国山花奖优秀著作奖",《光明日报》评价他为"少林文化第一人",郑州市委、市政府授予张国臣"发展旅游文化特别贡献奖"。

秉持精进之心。司马迁写《史记》,究天人之际,通古今之变,终成"史家之绝唱,无韵之离骚"。张国臣以蚂蚁啃骨头的精神,搬走了一个又一个"绊脚石",撵走了一个又一个"拦路虎"。古诗《谒少林寺》中有一句"花开五叶地生金",他怎么译也弄不明白,他就壮着胆子向中国佛教协会会长赵朴初写信求教。一个月后,赵老委托秘书回信:"达摩从印度到中国,发出'花开五叶'弘扬佛法的誓愿,在少林寺创立禅宗,分为五派,广为流传。"他说,要有天道酬勤的笃定,要有铁棒磨针的勤恒,向书本学习,向实践学习,在创造中学习。人生只干成一件事又何妨!我深切地感到,勤奋已转化为他内在的一种力量,驱动着他在人生的旅途中,不断地挑战自我、超越自我。他也以自己的行动,揭示了嵩山文化的博大精深,发展了嵩山文化的精神内涵,真实地再现了时代发展的足迹。

三、上善若水,拳拳赤子之情

老子曰:"上善若水。"也就是说,至高至纯的善行就像水的品性。孔子说,"知者乐水",并把水看作是真君子。在张国臣看来,水,滋润万物,谦和无声,平静聚力,勇往无前,这是水最为谦虚的美德。他"为天地立心,为生民立道,为去圣继绝学,为万世开太平",并以实际行动践行着这样的美德。

感恩嵩山,心昭日月。感恩是中华民族的传统美德。从莘莘学子到著名学者,到勤政领导,从学写作文到发表作品,出版400多万字的文集,张国臣每前进一步都感恩在心。嵩泉流大海,报恩常思追。他把报效国家作为人生品德的最高境界。2011年5月16日,他向登封市264所学校捐赠了自己收藏的图书一万多册,由国学大师文怀沙老先生题写馆名的"嵩阳高中国臣图书馆"揭牌。河南省人大副主任蒋笃运、省政府副省长徐济超、省政协副主席高体健等高度评价张国臣对嵩山文化的贡献和造福桑梓的善举。张国臣在捐赠仪式上接连说了三个"我感恩",表达了自己内心深处的感动:"我感恩,是党组织精心培养了我;我感恩,是人民群众多年养育了我;我感恩,是社会各界的领导、老师、朋友支持了我。"而这感恩也化作一股清泉,流淌向嵩山,流淌向中原,让下辈年轻人学会感恩,用感恩将心灵填满。一个叫张跃聪的同学动情地写张国臣,"追逐心愿的脚步,听风吹过自己心灵的声音,心中那一片属于春天的花田,定然开得卓然艳丽"。

拳拳爱心,造福桑梓。"嵩山是我的家乡,我是喝嵩山的泉水长大的。"张国臣不仅这样说,更将回报家乡付诸于行动,并且成为"口的巨人,行的高标"。正因为怀着一颗感恩的心,他不放过任何一次为家乡作贡献的机会。他积极向省委省政府提出以嵩山文化为中心,建立郑、汴、洛三点一线旅游黄金路线的建议,进入省委决策,推进了旅游事业发展;他积极向省委省政府主要领导建言献策,促成了利用国债资金修筑嵩山步道的重大工程,方便了游人登山健身;在登封扶贫期间,四处奔走,多方协调,为开设郑少洛高速登封西下线出口铺平了道路,富了一方百姓;为家乡父老乡亲福祉所系,向省政府主要领导争取支持,使登封成功列入第二批全国新农保试点县市。

赓续文脉,弘扬国学。教育是民族振兴、社会进步的基石。张国臣以传承嵩山文化,弘扬国学文化为己任,心系教育,泽被后人,结出了一个又一个硕果。早在1987年,他便多次"游说"河南大学领导考察嵩山,考察嵩山文化,最终促成河南大学与登封市政府联办河南大学少林武术学院,成为登封最早创办的高校之一;2008年,作为省人大代表,在人代会上提出了《弘扬嵩山文化,建立郑州大学嵩阳国学院》的议案,得到省人大常委会的认可,引起省委省政府的高度重视,2009年9月2日,郑州大学嵩阳书院举行揭牌仪式,为嵩山文化的传播、中原文明的传承、河南教育事业的发展付出了辛勤努力。他践行嵩山文化传统美德、弘扬国学、报恩乡里的心香一瓣又一次开花结果。

文化淬炼时代精神,文化凝聚奋斗力量。透过《嵩泉的回响》,我看到了胸襟浩荡的张国臣,假嵩山以为风骨,织天机以为华章,在探索和弘扬嵩山文化的道路上所取得的丰硕成就;看到了张国臣身上所体现出的嵩山文化的精神,会激励更多的人为我国文化事业的大繁荣大发展奉献出自己的青春、智慧和汗水。

"路漫漫其修远兮,吾将上下而求索。"衷心祝愿张国臣教授在探索嵩山文化、弘扬中华文明的征程中,百尺竿头,更进一步,成就更加光辉的人生!

不来峻极游,何以小天下?

2012年5月1日于郑州

打造学术精品　服务教育事业
河南大学出版社
读者信息反馈表

尊敬的读者：

　　感谢您购买、阅读和使用河南大学出版社的_____一书,我们希望通过这张小小的反馈表来获得您更多的建议和意见,以改进我们的工作,加强我们双方的沟通和联系。我们期待着能为您和更多的读者提供更多的好书。

　　请您填妥下表后,寄回或发 E-mail 给我们,对您的支持我们不胜感激!

1. 您是从何种途径得知本书的:
   □书店　□网上　□报刊　□图书馆　□朋友推荐
2. 您为什么决定购买本书:
   □工作需要　□学习参考　□对本书感兴趣　□随便翻翻
3. 您对本书内容的评价是:
   □很好　□好　□一般　□差　□很差
4. 您在阅读本书的过程中有没有发现明显的专业及编校错误?
   如果有,它们是:
   _____
   _____
5. 您对哪一类的图书信息比较感兴趣:_____
   _____
6. 如果方便,请提供您的个人信息,以便于我们和您联系(您的个人资料我们将严格保密):
   您供职的单位:_____
   您教授的课程(老师填写):_____
   您的通信地址:_____
   您的电子邮箱:_____

请联系我们:
电话:0371-86059712　0371-86059713　0371-86059715
传真:0371-86059713
E-mail:hdgdjyfs@163.com
　　通讯地址:河南省郑州市郑东新区 CBD 商务外环路商务西七街中华大厦2304室
　　河南大学出版社高等教育出版分